필연적 혼자의 시대

필연적 혼자의 시대

The Inevitable Loneliness

김수영 지음

다산초당

들어가며

늘낙지. 엄마가 어릴 적부터 지금까지 나를 부르는 별명이다. 늘어지게 흐느적거리는 낙지라는 뜻의 방언. 나는 남보다 행동이 굼뜨고 생각도 느렸다. 말이 얼른 나오지 않아 집에 돌아와서 혼자서 뒤늦게 대답을 상상하곤 했다. 그래서 입으로 하는 말보다 글로 하는 말이 편했다. 글 쓰는 기자가 되기 위해 언론정보학과에 들어갔지만, 기자는 발이 빨라야 한다는 사실을 깨닫고 바로 계획을 접었다. 그렇게 가만히 듣고 천천히 생각하고 돌아와 글을 쓰는 연구자가 되었다.

사회과학자인 나는 사회에서 잘 들리지 않는 사람들의 이야기를 기록하고 옮기는 일을 해왔다. 대학 입학과 함께 상경한 1998년

겨울, 서울역은 유난히 스산했다. IMF 금융위기로 집과 일터를 잃고 배회하는 사람들이 수천 명씩 몰려나왔다. 정처 없이 떠돌며 어디에서 밥을 먹을지 몰라 헤매는 모습이 나와 닮았다고 생각했다. 그때부터 노숙인, 쪽방촌 사람들, 수급자, 비정형 노동자들. 우리 곁에서 자주 볼 수 있지만 귀 기울여지지 않는 사람들의 목소리를 수집하기 시작했다. 그리고 집으로 돌아와 한참 녹취록을 들으며 그 의미를 사회적인 언어로 해독하는 작업을 했다. 경험의 주인은 그들이었지만, 그들에게는 자신이 겪는 어려움의 의미를 생각하고 전달할 여유나 시간이 주어지지 않았다. 나는 그들이 말하지 못했던 일상을 대신 말해주는 일을 하고 있다고 여겼다. 누군가는 내가 지금 앉아 있는 책상을 만들어주었고, 오늘 먹은 채소를 길러주었던 것처럼, 나도 내가 잘할 수 있는 일로 이 사회의 구성원이 되고 싶었다.

그런데 2019년, 나의 연구 궤적에 거대한 지각변동이 일어났다. 현재 재직하는 대학에서 3년에서 9년까지 장기 연구를 지원하는 연구과제 공모가 있었다. 미래의 사회문제를 긴 호흡으로 다룰 수 있는 흔치 않은 기회였다. 앞으로 한국 사회가 맞게 될 사회적 위험에 관심이 많았던 나는 연구 테마를 고민하고 있었다. 그때 제자 중 한 명이 1인가구 연구를 해보는 것이 어떻겠냐고 제안했다. 나는 즉각 고개를 저었다. 왜 그랬는지 당시에는 알지 못했다.

나도 오랜 기간 혼자 살아온 1인가구다. 하지만 이 연구를 시작하기 전까지 스스로를 1인가구라고 정체화한 적이 단 한 번도 없었다. 우리가 한국에 살지만 스스로 한국인이라는 정체성을 거의 인지하지 못하고 사는 것처럼 말이다. 연구자, 딸, 이모, 고모, 언니, 동생, 여성, 중년, 나를 서술하는 수많은 정체성이 있다. 하지만 그 중에 1인가구는 맨 뒤였다. 아예 떠올리지 않았다고 해야 정확하다.

제자의 제안에 즉각적인 거부감을 느끼면서 깨달았다. 나는 1인가구라는 정체성과 마주하고 싶지 않았던 것이다. 적당한 거리를 두고 타인의 삶을 연구해 오던 나는 나 자신을 연구하고 싶지 않았다. 그간 연구자라는 정체성을 최우선으로 삼으며 살아왔기에, 다른 정체성이 이와 섞이는 것을 원치 않았다. 타인의 이야기를 듣는 것이 아니라 나 자신에 대해 발화해야 한다는 것. 그 당사자성이 내 일상을 뒤흔들어 놓을 것만 같았다.

하지만 깊은 고민 끝에 결국 1인가구 연구에 뛰어들기로 했다. 1인가구 또한 우리 곁에서 흔히 볼 수 있지만 귀 기울여지지 않는 사람들이기 때문이다. 나조차 혼자 사는 나 자신을 외면하고 있었던 것처럼 말이다. 현재 혼자 사는 사람들은 엄청나게 빠른 속도로 증가하고 있다. 20년 넘게 대학에서 20~30대 학생들을 봐왔는데, 이들에게 결혼은 점점 당연한 수순이 아니게 되어가고 있다. 혼자 사는 사람들의 증가는 피할 수 없는 미래라는 직감이 들었다. 그런데 당시 연구들은 대부분 개인주의 성향이나 비혼주의 문화처럼 개인의 선택에만 집중할 뿐, 이들의 선택을 추동하는 사회구조에는 주목하지 못하고 있었다. 사회과학자로서 그 지점이 계속 마음이

갔다. 그렇게 6년간의 Alone 프로젝트가 시작됐다.

나는 혼자 일하기, 혼자 돌보기, 혼자 놀기, 혼자 죽기 등 매해 인터뷰 테마를 정한 후 결혼하지 않고 혼자 사는 비혼 1인가구들을 만나러 다녔다. 이들이 어떻게 일하고 쉬며, 무엇을 먹고 입으며 어디에서 사는지, 자신의 삶과 죽음에 대해서 어떤 생각을 하는지, 그리고 이 모든 것을 둘러싼 사회구조는 무엇인지 살펴보았다. 이들은 겉보기에는 배경과 조건이 매우 달랐다. 하지만 아무도 기다리지 않는 불 꺼진 집으로 향하는 귀갓길이 이들을 같은 상황에 처한 사람들로 묶어주었다. 경제적 결핍이 아니라 관계적 결핍이 이들이 겪는 공통의 위험이었다. 이들의 이야기는 그간 해왔던 어떤 연구보다 내 마음에서 크게 부딪히며 요동쳤다. 수많은 인터뷰 참여자들의 목소리를 수집하고 곱씹으며, 그들의 이야기 속에서 나 자신과 직면하지 않을 수 없었다.

가장 고통스러웠던 순간은 2023년 강남에서 수학강사로 활동하던 40대 남성의 고독사 뉴스를 접했을 때였다. 당시 안식년으로 네덜란드에 가 있던 나는 이 기사를 보고 제자들에게 카카오톡으로 공유했다. 학력이나 소득과 관계없이 보통의 1인가구도 고독의 위험을 피할 수 없구나, 우리의 문제의식이 틀리지 않았구나 하는 은연중에 안도하는 감정이 기사를 공유하는 손끝에 묻어 있었다.

그런데 나중에 이 기사의 주인공이 누군지를 알고 나는 한동안 아무 일도 할 수 없었다. 바로 내 사촌동생이었기 때문이다. 가족이나 친구들과 떨어져 타지에서 일해온 사촌동생은 바쁘면 전화를 잘 받지 않는 버릇이 있었다. 그래서 쓰러지고 한참 후에야 발견된 것이다. 내가 안식년을 가지 않았더라면, 우리가 조금만 더 자주 연락했더라면, 우리가 그렇게 바쁘게 살지 않았더라면, 이 비극을 피할 수 있었을까. 가장 허무했던 것은, 친지들의 자랑이자 기쁨이며 나에게는 커다란 공감이고 위안이었던 그의 삶이 아주 짧고 건조한 뉴스 기사로 남았다는 사실이다. 이 사건 이후 나는 연구자로서만 1인가구를 볼 수 없게 되었다. 친척끼리도 좀처럼 꺼내지 않는, 사촌동생이 겪어낸 고독에 사회적 이름을 붙여주고 싶었다.

수년간 수집한 인터뷰들, 그리고 나와 사촌동생의 이야기가 하나씩 모이면서 커다란 강줄기가 되었다. 해가 지날수록 이 강줄기가 현대 사회의 풍경을 그리고 있다는 걸 깨달았다. 그 풍경을 보면서 한 가지 의문이 들었다. 우리가 혼자 살게 된 이유가 정말 개인의 성향이나 처지만으로 설명될 수 있을까. 인터뷰가 쌓일수록, 훨씬 더 큰 구조적 힘이 우리를 혼자로 밀어내고 있다는 감각이 분명해졌다. 그렇게 혼자의 시대상을 담은 여러 편의 논문들이 완성되었다. 그 논문들이 이 책 각 장의 토대가 되었다.

이 책은 비단 혼자 사는 1인가구의 이야기만은 아니다. 사회역학자 리처드 윌킨슨Richard Wilkinson은 『평등해야 건강하다』에서 알코올의존자가 많은 사회는 애초에 알코올 소비량이 높은 사회라고 말한다. 폭행 사건이 많은 사회는 폭력적인 사회이며, 성폭력이 잦은 사회는 성차별이 일상인 사회이다. 한 집단이 경험하는 문제는 그 집단이 살아가는 사회에 만연한 징후를 드러낸다. 1인가구도 마찬가지다. 이들은 겉으로 보이는 빙산의 일각일 뿐이다. 그 수면 아래에는 각자도생해야 하는 무한 경쟁의 사회가 자리하고 있다.

무한 경쟁 사회에서는 누군가와 함께 살아도 인생은 여전히 혼자라고 느끼는 사람들이 많다. 이 책을 한창 집필하던 2025년 10월, 드라마 「서울 자가에 대기업 다니는 김 부장 이야기」가 방영되었다. 드라마 OST에서 김 부장의 테마곡 제목은 「혼자였다」이다. 노래 가사처럼, 김 부장은 해고를 앞두고 "그리 오래 좇아온 것들 먼지처럼 부서지고, 세상이 더는 필요로 하지 않는" 혼자가 된다. 그는 생존을 위해 고군분투하는 우리들의 실상이다. 그러니 누군가가 1인가구만 혼자서 애쓰는 게 아니라고 말한다면, 그 말이 맞다.

그래서 이 책은 너나 나만이 아닌, 우리 모두의 이야기이기도 하다. 다만 혼자 사는 사람들이 이 개인화된 사회가 초래하는 위험들을 제일 먼저, 가장 선명하게 마주하고 있을 뿐이다. 나의 20~30대 제자들처럼 앞으로 혼자 살기를 고민하는 사람들에게, 나처럼 지금까지 혼자 살아온 사람들에게, 그리고 김 부장처럼 누군가와 함께 살아도 여전히 혼자라고 느끼는 사람들에게. 이 책은 우리 시대의 모든 혼자들에게 건네는 안부이자 질문이다. 우리 지금, 괜찮은 걸까?

차례

3장 나를 수리하는 여가

4장 돈 많은 1인가구, 과연 행복할까?

5장 왜 셰프도 혼자 살면 라면만 먹을까?

6장 혼자 하는 살림의 경제학

7장 아낌없이 주는 나무의 생애

8장 마무리가 있는 인생

일러두기

- 이 책은 1인가구의 삶을 연구한 다섯 편의 질적연구 논문에 기반하고 있습니다. 연구를 위해 2021~2023년 사이 109명의 1인가구를 인터뷰했으며, 그중 56명의 이야기가 이 책에 담겼습니다. 참여자들의 이름은 모두 가명을 사용했습니다.
- 일부 참여자는 두 번 이상 만났습니다. 인터뷰 시점에 따라 같은 사람의 나이나 직업이 다르게 나타날 수 있습니다. 인터뷰는 구어에 최대한 가깝게 인용했기 때문에 때로 어법에 맞지 않을 수 있습니다.
- 각 장에 등장하는 참여자의 기본 정보는 책 끝에서 확인할 수 있습니다.

1장

가보지 않은 길

얼마 전까지만 해도 내가 결혼하지 않았다는 걸 알게 되면 윗세대 어른들은 안타까운 표정으로 이렇게 묻곤 했다. "어쩌다가 결혼을 못 했대?" 결혼하지 않은 삶은 설명이 필요했다. 설명이 필요한 삶은 한 사회에서 소수의 위치에 있다는 방증이기도 하다. 사람들은 "어쩌다가 결혼을 했대?"라고 묻지 않는다. 다수의 삶은 설명이 필요 없으니까.

하지만 최근 들어 판세가 역전되기 시작했다. 국가데이터처(옛 통계청) 인구주택총조사 결과를 보면, 2015년만 해도 한국의 전체 가구에서 1인가구가 차지하는 비중은 27.2% 정도였다. 하지만 2019년부터 1인가구가 가장 높은 비중을 차지하기 시작하더니, 2025년 행정안전부 조사 결과에는 1012만 가구를 넘어섰다.[1] 전체 가구수가 2412만 가구이니, 42%가 현재 혼자 사는 세대다. 열 가구 중 네 가구가 1인가구일 정도로 흔한 형태가 되었다.

실제로 몇 년 사이 나를 대하는 사람들의 반응도 드라마틱하게 바뀌었다. 이제 어르신들도 내가 싱글이라는 걸 알았을 때 질문을 하는 대신 응원을 한다. "혼자 사는 것도 괜찮지." "능력 있으면 혼자 사는 게 장땡이야." 그런데 사실 나는 "어쩌다가 결혼을 못 했대?"라는 물음만큼 "혼자 사는 게 장땡이다"라는 말 역시 뭔가 불편하다. 일부러 싱글이 된 것도 아닌데, 싱글로서 멋들어진 삶을 사는 모습을 보여줘야 할 것만 같다.

2022년, 나처럼 혼자 사는 지인의 추천으로 서울대 사회학과 박경숙 교수가 출연한 「세바시」 강연을 보게 되었다. 지인은 그 강연이 "마치 솔로들의 고백록 같았다"고 귀띔해 주었다. 같은 사회과학대학 건물에서 근무하고 있었지만, 박경숙 교수가 혼자 산다는 사실은 알지 못했다. 뭔가 동지를 만난 듯 반가웠다. 바로 검색해서 찾아본 「세바시」 강연 섬네일에는 '나 혼자 산다 현실판'이라고 쓰여 있었고 '불확실과 불안의 시대: 누가 나를 보호할 수 있을까'라는 제목이 달려 있었다. 영상 속 박 교수는 코로나 시절, 혼자 사는 사람으로서 겪었던 고립과 불안에 대해 진솔하게 털어놓았다. 불안정한 사회에서 싱글라이프가 얼마나 위태로울 수 있는지 말이다. 뜻밖이었다. 전문직 싱글 여성은 자타에게 당당하고 멋지게 사는 모습을 보여야 한다는 압박을 받는다. 그러니 이렇게 취약함을 드러내려면 적잖은 용기가 필요할 게 분명했다.

어떤 직업을 가졌든, 자산이 얼마든 간에 혼자 살아가는 삶에는 불안과 불안정이 깔려 있다. 하지만 최근 들어 '불안'의 이면은 가려진 채 '자유'라는 이미지가 싱글의 삶에 덧씌워지고 있는 듯하다. 몇 년 전 인기 유튜버 박막례 할머니가 '꽉찬여자'라는 닉네임을 가진 구독자의 고민을 듣고 해준 대답이 한동안 온라인 커뮤니티를 뜨겁게 달궜다. 그 구독자는 "결혼할 생각이 별로 없는데, 노년에 쓸쓸할까 봐 걱정되니 결혼하는 게 좋을까요?"라고 물었다. 이에 박할머니는 "능력 있으면 혼자 살아! 개 키우며 살아!"라고 답했는데, 이 말이 쿨내 나는 명언으로 등극한 것이다. 능력을 갖추고 반려동물과 함께하는 삶. 누군가에게는 묘책일 수 있다. 하지만 모든 싱글이 취할 수 있는 해법은 아닐 것이다. 사실 박막례 할머니가 현재의 영향력을 가질 수 있었던 가장 결정적인 이유는 손녀 김유라 씨가 할머니를 유튜버의 세계로 이끌어주었기 때문이다. 엄밀히 말해 박막례 할머니의 능력은 개가 아니라 가족에서 나왔다.

시대에 맞지 않는 가족 제일주의를 외치려는 것이 아니다. 가족과 함께하는 삶에도 명과 암이 존재하듯, 1인가구의 삶에도 당연히 명과 암이 드리워져 있다는 사실을 말하려는 것이다. '무능한 솔로'라는 과거의 이미지만큼 '자유로운 싱글'이라는 현재의 이미지도 혼자 사는 삶을 왜곡한다. 이제 1인가구는 통계상으로는 다수를 차지하게 되었다. 하지만 여전히 오해가 많고, 그래서 아직 설명이 필요한 존재라는 데는 변함이 없다.

매뉴얼이 없는 시대의 도래

혼자 사는 사람들의 증가는 세계적인 현상이다. 부부와 자녀로 이루어진 전통적인 핵가족이 급속히 줄어드는 동시에, 과거에는 소수에 불과했던 1인가구가 전형적인 라이프스타일로 자리매김하고 있다. 2019년 EU 산하 유럽통계청Eurostat의 조사를 보면, 덴마크, 핀란드, 독일 등 다른 유럽 국가들에서도 1인가구의 비중이 40%를 넘었다. 스웨덴에서는 56%에 달한다. 미국에서도 1960년 전체 가구의 6.7%에 불과했던 1인가구 비중이 2022년 37%를 초과했다.[2]

이는 단지 서구 국가들의 현상만은 아니다. 미네소타대학교 인구학 센터가 수집한 마이크로데이터를 분석했더니, 1960년부터 2019년까지 전 세계 75개 국가 중 53개 국가에서 1인가구가 증가한 것으로 나타났다. 「그림1」에서 볼 수 있듯 국제 통계 사이트 아워월드인데이터OWID가 다양한 데이터를 종합한 결과에서도 극소수 국가를 제외한 대부분의 국가에서 1인가구가 빠르게 늘고 있다.[3]

한국은 그중에서도 증가세가 매우 가파른 나라다. 1970년 3.7%에 지나지 않았던 1인가구 비중이 50년 만에 10배 이상 증가했

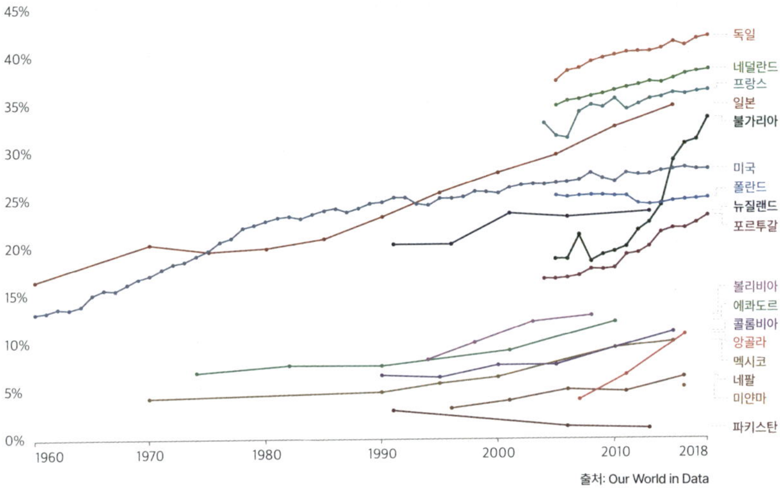

그림1. 전 세계 국가별 1인가구 비율(1960-2018)

전 세계 각국에서 전체 가구 수 대비 1인가구 비율의 연도별 변화를 보여준다. UN과 국가별 자료를 종합한 추정치다.

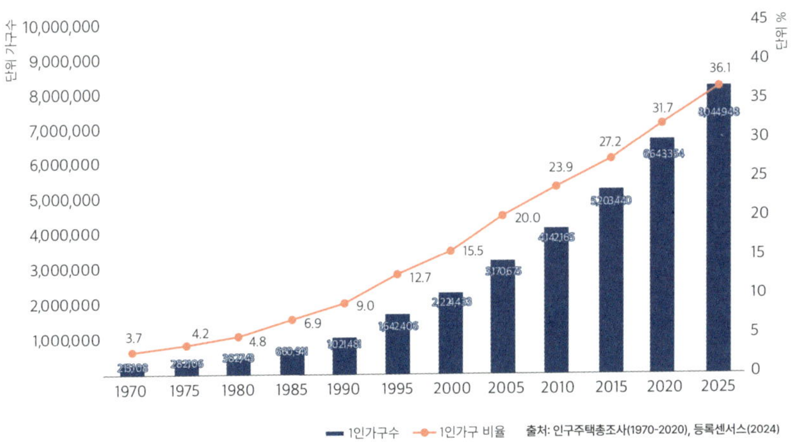

그림2. 한국의 1인가구 수와 비율(1970-2025)

1970–2020년은 5년 주기의 인구주택총조사 자료를 사용하였으며, 2025년은 당해 시점에서 이용 가능한 2024년 등록센서스 자료에 기반한다.

다(그림2). 하지만 그간 우리 사회는 1인가구를 문제로만 보고 억누르거나 되돌리려는 데 집중한 나머지, 이미 찾아온 현실 자체를 깊이 이해하려는 노력에는 소홀했다.

가족과 함께 사는 다인가구의 일상에는 오랫동안 쌓인 매뉴얼 같은 서사가 존재한다. 2030세대의 결혼과 출산, 4050세대의 자녀 양육, 6070세대의 자녀 독립과 황혼기. 이 생애주기는 드라마를 통해서도, 부모의 삶을 통해서도 어느 정도 짐작이 가능하다. 반면 혼자 사는 인생에 대해서는 축적된 경험담이 별로 없다. 청년에서 노년에 이르기까지, 싱글로 살아갈 때 생애주기마다 어떤 삶이 펼쳐질지 우리는 의외로 잘 알지 못한다. 2030세대 싱글은 5060세대 싱글을 만나본 적이 거의 없다. 따라갈 수 있는 삶의 궤적이 보이지 않는다. '편하다', '자유롭다', '개인주의적이다' 혹은 '외롭다', '불쌍하다', '고독하다' 이런 단어들이 안개처럼 떠돌며 1인가구의 실상을 가리고 있다.

이러한 막연한 편견과 1인가구의 현실 사이에는 어떤 간극이 있는지, 1인가구가 전 세계적으로 증가하는 이유는 무엇인지, 1인가구는 어떻게 일하고, 쉬고, 관계를 맺으며 살아가는지, 이들의 삶의 의미는 무엇으로 채워지고 있는지, 제대로 이야기해 본 적이 없다. 1인가구에 대한 우리의 인식은 여전히 흐릿하다.

보통 사람 1인가구

1인가구에 대한 시선은 크게 둘로 나뉜다. 첫째는 1인가구를 어딘가 결여된 미완의 존재로 여기는 시선이다. 오랫동안 '정상적인 가정'의 기본값이 부부와 자녀였기 때문에, 그 틀에서 벗어난 이들은 정상가족을 이루지 못한 존재로 비쳤다. 정부의 정책들도 이런 관점을 반영했다. 1인가구를 저소득층의 특징으로 다루었고, 독거노인을 그 대표적인 존재로 보았다.

둘째는 혼자 사는 삶을 동경의 대상으로 보는 시선이다. '기혼의 꿈이 미혼'이라는 우스갯소리도 여기 속한다. 특히 최근 미디어에서는 경제적으로 여유롭게 살면서 자신의 가치관과 문화적 취향을 추구하는 싱글들의 일상이 인기 콘텐츠가 되었다. '골드미스', '골드미스터'로 표상되는 이들은 솔로이코노미, 1코노미와 같은 새로운 소비시장의 주요 고객으로도 주목받고 있다. 1인가구가 문화트렌드를 이끄는 존재로 재탄생한 것이다.

그러나 이 두 초상은 1인가구의 극히 일부 모습에 불과하다. 1인가구가 보편적 라이프스타일이 된 현재, 이렇게 양극단의 이미지에 들어맞는 사람들은 소수에 지나지 않는다. 일상에서 만나는 1인가구는 사회문제도, 로망도 아니다. 압도적인 다수는 평범하게 일하며 살아가는 우리 주변 사람들이다. 2025년 국가데이터처 발표에 따르면, 1인가구의 63.4%가 취업 중인 것으로 나타났다.[4] 이는 독거노인이 많은 농어촌을 포함한 조사로 생산연령인구가 밀집된 도시를 중심으로 하면 이 수치는 더욱 높아진다. 실제 2022년 서울시가 벌인 1인가구 실태조사를 보면, 응답자 중 89%가 노동시장에서 경제활동을 하고 있는 직장인이었다.[5] 나는 해당 조사를 맡았던 서울연구원 연구진들이 기존의 '가난한' 1인가구 이미지와 실태조사 결과가 너무 달라서 이를 어떻게 해석해야 할지 당혹스러워했다는 후일담을 들은 적이 있다.

그도 그럴 것이 2017년 서울시가 처음 1인가구 실태조사를 실시했을 때만 해도 응답자들은 '경제적 불안감'(31%)을 가장 심각한 어려움으로 꼽았다.[6] 그러나 그로부터 불과 5년이 지난 2022년 다시 같은 조사를 했을 때, '경제적 어려움'(10.2%)은 4위로 밀려났다.[7] 더는 저소득이 1인가구의 주된 문제가 아니었다. 앞서 언급한 국가데이터처의 2025년 통계에 의하면 1인가구의 직업은 전문직이나 관련 종사자가 24.8%로 가장 많았고, 그 뒤를 사무직 종사자가 16.8%로 따랐다.[8] 연령대도 20대에서 70대 이상까지 모든 세대에 거의 고르게 분포한다. 1인가구는 더 이상 어떤 소득 계층이나 연령대에 국한되지 않는다. 그저 우리 사회를 구성하는 보통 사람들일 뿐이다.

결혼이 더 불안한 세대

지난 10년 동안 1인가구가 급증한 배경에는 청년들이 느끼는 '가족 만들기'에 대한 부담감이 자리하고 있다. 특히 과도한 결혼비용, 주거비용, 양육비용은 청년 세대가 결혼을 감당하기 힘들게 만들었다. 2010년대 초에 등장한 'N포 세대' 담론은 결혼을 하고 싶어도 할 수 없어 포기하는 청년들의 상황을 대변했다. 불안정 노동시장에서 88만 원 세대로 불릴 만큼 낮은 임금을 받으며 일하는 청년들에게 결혼은 짐이 되었다. 2011년 연애, 결혼, 출산을 포기하는 3포 세대라는 말이 처음 등장한 이후, 4포, 5포, 6포로 포기하는 항목은 계속 늘었다. 2015년에는 인간관계, 내 집 마련, 희망까지 포기하는 9포 세대로까지 이어졌다.

2016년은 청년 세대의 결혼 담론이 한 번 더 전환되는 순간이었다. 2016년 강남에서 발생한 여성혐오 살인사건으로 한국 사회에서 억눌려 있던 젠더 갈등이 본격적으로 수면 위로 떠올랐다. 공교롭게도 같은 해 결혼한 여성이 겪어온 성차별과 불이익을 그린 『82년생 김지영』이 출판되면서, 여성들이 품고 있던 불만과 의문이 폭발했다. 이른바 결혼 적령기가 된 여성들은 결혼과 함께 딸려 오는 시월드의 갈등, 혼자 감당해야 하는 육아, 경력 단절의 부당함 앞에서 "결혼이 과연 최선인가"를 되묻기 시작했다. 이들은 엄마처럼 살고 싶지 않았다. 결혼제도 자체에 대한 근본적인 회의가 확산되면서 비혼주의는 하나의 해답이 되었다. 2019년 《한겨레》 신문의 「한국 청년이 만약 100명이라면」 시리즈에서는 여성 50명 중 20명이 "결혼하면 죽을 때까지 노예가 된다"라고 응답했다.[9]

이는 비단 여성만의 반응이 아니었다. 비혼주의는 청년 남성들 사이에도 빠르게 확산되었다. 남성들 역시 가부장으로서 짊어져야 할 경제적·정서적 부담을 토로했다. 혼자서도 살아남기가 힘들어진 시대에 배우자와 자녀의 생계까지 책임져야 한다는 전통적인 가장의 역할을 더 이상 받아들이기 힘들었다. 2020년대 들어 유행하기 시작한 '퐁퐁남', '설거지론'은 이러한 남성들의 심리를 드러낸다.

미디어가 그려내는 결혼과 육아의 풍경도 청년들에게 큰 영향을 미쳤다. 사람들의 생활 반경이 좁았던 과거에는 자신이 직접 보고 듣고 겪은 경험이 세상의 전부였다. 하지만 현대인들은 미디어를 통해 세상을 간접경험한다. 청년들은 아직 오지 않은 결혼과 육아의 미래를 미디어를 통해 미리 겪었다. 「금쪽같은 내새끼」를 보며 육아가 보통 일이 아니라는 것을 깨달았고, 「이혼숙려캠프」를 통해 잘못된 결혼이 가져올 불행을 간접 체험했다. 성공한 결혼과 양육도 부담스럽긴 마찬가지였다. 「슈퍼맨이 돌아왔다」에 등장하는 경제적으로 풍요롭고 시간도 넉넉한 아빠의 모습은 도달하기 어려운 이상이었다. 결혼과 육아는 어떤 모습이라도 부담이 되었다. 실패하면 지옥이고 성공하려면 슈퍼맨이 되어야 한다. 혼자 사는 삶이

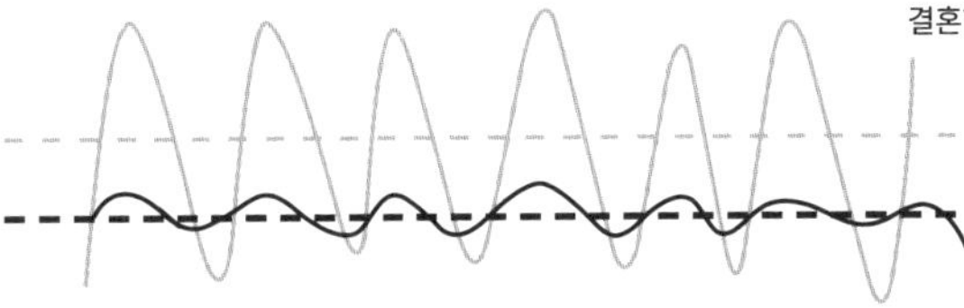

그림3. 한 비혼 청년이 그린 결혼과 비혼의 행복의 흐름

출처: 김연수(2025, p72)의 그림을 재편집

결혼한 삶은 평균적으로 더 행복할 수 있지만 기복이 크고, 비혼의 삶은 큰 행복은 없어도 변동이 적다는 인식을 담고 있다.

함께 사는 삶보다 훨씬 편해 보였다.

실제로 청년들에게 비혼은 위험을 회피하는 안정적인 선택으로 여겨진다. 2019년 한국리서치는 결혼과 자녀에 대한 인식조사에서 19세 이상 성인, 1000명에게 '출산과 육아가 주는 행복과 부담 중 어느 쪽이 더 클 것이라 예상하느냐'고 물었다. 이 질문에 기혼자는 70%가 행복이 더 크다고 답한 반면, 비혼자는 57%가 부담이 더 클 것 같다고 말했다.[10] 내 제자인 연수도 「청년은 왜 결혼을 기피하는가?」라는 석사학위논문에서 비슷한 경향을 발견했다.[11] 이 연구를 위한 인터뷰에 참여한 한 청년은 그래프 하나를 직접 그리며 비혼에 대한 자기 생각을 밝혔다(그림3). 그는 결혼을 하면 행복한 일도 많겠지만 고생스러운 일도 더 많은 반면, 결혼을 하지 않으면 행복한 일은 적겠지만 부담도 덜할 것이라 여겼다. 결혼하면 평균적으로 더 행복할 수 있더라도, 불안정한 시대에 굳이 결혼하면서까지 큰 변동성을 떠안고 싶지 않다는 것이다.

비혼은 이제 남녀를 막론하고 청년 세대의 주된 선택지이다. 2024년 통계청이 발표한 인구주택총조사 확대 공표 결과를 보면, 현재 20대의 95.2%, 30대의 51.3%가 비혼으로 살고 있다.[12] 평균 초혼 연령도 1990년 남성 27.8세, 여성 24.8세에서 2024년 남성 34세, 여성 32세로 6세 이상 높아졌다.[13]

2025년 8월 27일, 행정안전부가 '1인가구 천만 시대 도래'를 공식 발표하자 언론들은 일제히 이 소식을 전했다. KBS 뉴스는 자유로운 삶을 위해 비혼을 선택한 1인가구의 일상을 인터뷰 형식으로 소개했다. 한 응답자의 답변은 이랬다. "식구가 있으면 제약이 너무 많고 나의 자유로움이 사라지는 것 같아서 지금의 상태가 너무 편해요."[14] 이는 많은 1인가구의 인식을 대변한다. 2022년 서울시 1인가구 실태조사에서도 무려 86.2%가 현재의 삶에 만족한다고 밝혔다. 이들이 꼽은 싱글라이프의 가장 큰 장점은 '자유로운 생활(36.9%)'과 '혼자만의 여가시간(31.1%)'이었다.[15]

하지만 1인가구가 늘어나는 이유를 자유와 평안을 추구하는 개개인의 선택으로만 보는 게 합당할까? 앞선 이야기들은 결혼을 할 수 없다고 생각했든, 결혼을 하기 싫다고 생각했든 혼자 사는 삶을 개인이 결정한 것으로 간주한다. 나는 개인에게 기댄 이러한 해석은 1인가구가 급증하는 심층적인 원인과, 그래서 우리가 맞고 있는 현시대를 충분히 진단하지 못한다고 생각한다.

인간은 외부세계와 끊임없이 상호작용을 하는 사회적 존재다.

근래 자유를 추구하며 비혼을 선택한 개인들이 많아졌다면, 이 또한 사회적 환경이 만들어낸 결과이다. 한 사회의 구성원인 그 누구도 순수하게 혼자서 자기 삶의 방식을 선택했다고 말할 수 없다. 개인주의나 비혼주의와 같은 문화적 트렌드는 1인가구 증가를 가속시킨 촉매일 순 있지만, 이를 가능하게 한 사회구조의 본질적인 변화를 충분히 설명해 주지 못한다. 그리고 무엇보다도, '자유로운 선택'이라는 담론은 본래 관계 지향적인 인간 존재가 혼자서 살아간다는 것이 실제 어떤 현실인지를 가려버린다.

숫자가 보여주는 현실

내가 싱글라이프를 이상화하는 최근의 경향을 석연치 않게 여기는 이유는 1인가구의 삶이 자유라는 한 단어로 퉁치기에는 개개인에게 생각보다 큰 위협이 되기 때문이다. 혼자 살아가는 삶의 그림자는 통계 속 숫자들에 짙게 드리워져 있다.

2022년 서울시 1인가구 실태조사에서 응답자들이 혼자 살 때 가장 어렵다고 말한 것은 '몸이 아프거나 위급할 때'(35.9%)였다. 그 뒤를 '식사 해결의 어려움'(30.8%)이 바짝 따랐다.[16] 중앙정부도 비슷한 결과를 발표했다. 2023년 여성가족부 전국 가족실태조사에서는 1인가구의 42.6%(1위)가 '균형 잡힌 식사를 하기 어렵다'고 말했고, 37.6%(2위)가 '아프거나 위급할 때 혼자서 대처하기 어렵다'고 답했다.[17] 경제적 불안감을 제치고 1·2위에 오른 이 답변들은 혼자 사는 삶이 취약한 지점을 잘 드러낸다. 1인가구가 어려움을 겪는 영역이 소득에서 돌봄으로 이동한 것이다.

혼자 살 때 제일 먼저 흔들리는 것은 식사다. 1인가구의 식사 습관은 다인가구와 확연한 차이가 난다. 아침식사를 거르는 비율이 다인가구보다 유의미하게 높고 하루 한 번 이상 외식하는 비율도 40%에 육박한다. 혼자 사는 사람들은 가족이 있는 사람들보다 알코올과 패스트푸드를 더 많이 먹고, 채소와 과일, 생선은 훨씬 적게 먹는다. 그 결과 1인가구의 영양결핍률은 다인가구의 두 배 수준에 달하며, 식이섬유와 수분 섭취량도 현저히 낮다.[18]

불규칙하고 질 낮은 식사는 신체 건강의 적신호로 돌아온다. 1인가구는 비만, 고혈압, 당뇨병, 뇌졸중 같은 만성질환에 더 취약하다. 2022년 서울시 조사에서 1인가구의 만성질환 유병률은 31.5%로, 11.8%인 다인가구보다 세 배 가까이 높았다.[19] 전 세계 약 42만 명의 건강 데이터를 분석한 연구는 더 충격적인 결과를 보여준다. 혼자 사는 것이 심혈관 질환 위험을 22% 증가시키며, 심혈관 질환 사망률을 23% 높였다.[20]

그렇다면 정신적 건강은 어떨까? 앞서 서울시 조사에서 1인가구의 86%가 현재 삶에 만족한다고 답했지만, 지난 수십 년간 이어진 연구들은 조금 다른 이면을 보여준다. 혼자 살아가는 삶이 정신 건강을 위협하는 주요 요인 중 하나라는 것이다. 2025년 국가데이터처에 따르면, 1인가구 중 외로움을 자주 느끼는 사람의 비율은 48.9%로 38.2%인 다인가구보다 10%p(퍼센트포인트) 이상 높다. 더 큰 문제는 이 외로움이 쉽게 우울로 전이된다는 점이다. '혼자 사는 게 마음 편하다'는 인식과 달리, 1인가구의 우울 수준은 다인가구보다 훨씬 높다. 2016년 한국복지패널 응답자 1만 4037명을 대상으로 살펴본 결과, 1인가구의 우울 위험은 다인가구의 2.4배였다.[21] 부산의료원 연구진이 국민건강영양조사(2013~2014)를 토대로 분석한 연구에서도 1인가구의 우울 증상은 다인가구의 2.07배로 나타났다.[22]

사람은 누구나 우울에 빠질 수 있다. 하지만 1인가구에는 이를 희석해 줄 일상 속 지지망이 부족하다. 힘들 때 회복 속도가 느리고, 감정의 골이 깊어질 때 바로 곁에서 붙들어 줄 누군가가 없다. 그래서 1인가구가 자살 생각에 빠지는 비율(10.6%)은 다인가구(2.8%)에 비해 무려 3.8배 높다.[23]

거대한 판의 이동

이런 데이터들이 싱글들의 반감을 불러일으킬지도 모르겠다. 혼자 사는 이들에게 통계적으로 위험하다는 사실을 알려준다고 해서 삶의 방향을 바꿀 이들은 그리 많지 않을 것이다. 오히려 "나는 지금도 잘 사는데 왜 불안을 조장하느냐"라는 저항감이나, "그래서 이제 와서 어쩌란 말인가"라는 무력감만 들게 할 수도 있다. 그럼에도 이런 불편한 사실을 말하는 이유는 이 그림자가 앞으로 우리가 함께 마주하게 될 미래이기 때문이다.

1인가구의 증가는 개인의 선택을 넘어선 거대한 구조적 전환이다. 지구 위의 개인들은 자신이 원하는 대로 동서남북으로 자유롭게 움직이고 있다고 생각한다. 하지만 지구 밖에서 보면, 우리 모두는 태양 주위를 서에서 동으로 함께 공전하고 있다. 개인의 자유로운 움직임과 무관하게, 우리가 발 딛고 있는 지구라는 판 자체가 구조적으로 움직이고 있기 때문이다.

1인가구의 증가도 이와 같다. 한 개인이 혼자 살게 된 배경은 매우 다양하다. "왜 혼자 사는가?" 물어보면, 경제적 이유, 가족사적 트라우마, 존재론적 신념, 인간관계에 대한 철학, 성적 정체성, 그리고 그냥 어쩌다 보니 싱글이 되어 있는 경우까지 대답은 각양각색이다. 하지만 1인가구의 증가를 개인의 선택들이 모여 우연히 도달한 결과라고만 볼 수 없다. 만약 이것이 순전히 개인의 선택이라면, 왜 세계 곳곳에서 동시다발적으로 1인가구가 폭증하는지를 온전히 설명할 수 없다. 우리는 지금, 혼자의 시대로 함께 이동하고 있는 것이다.

생각해 보면, 얼마 전까지만 해도 한 개인이 혼자 살고 싶다고 해서 혼자 살 수 있는 시대가 아니었다. 굳이 조부모 세대까지 거슬러 올라갈 필요도 없다. 바로 앞 세대만 보아도 개인주의적 성향이나 가난은 결혼을 하지 않는 이유가 될 수 없었다. 개인의 성격은 무언가를 결정하는 데 중요하게 고려되지 않았고, 오히려 가난에서 탈출하려고 결혼하는 사람들도 있었다. 지금 우리가 혼자 사는 삶을 선택할 수 있게 된 것은 이 시대가 그러한 선택을 허용하고 있기 때문이다.

그렇다면 우리 사회는 어떻게 싱글을 권하는 사회가 된 것일까? 한 시대의 가구 구성은 그 시대의 사회구조, 특히 산업구조와 맞물려 있다. 전근대 농업사회에서 사람들은 함께 협동하며 일하기 쉽도록 대가족을 이루며 살았다. 산업화가 되고 제조업이 발달하면서는 공장이 있는 도시로 이동하기 편한 부부와 자녀 가구, 즉 핵가족이 전형적인 가구 유형이 되었다.

그리고 지금, 우리가 사는 현대사회는 서비스업 중심의 후기 산업사회다. 1973년 미래학자 다니엘 벨Daniel Bell이 『후기 산업사회의 도래The Coming of Post-Industrial Society』에서 처음 소개한 개념이다.[24] 당시 산업의 근간이 제조업에서 금융, 통신, 관광, 엔터테인먼트와 같은 서비스업으로 전환되면서 노동시장에도 지각변동이 일어났다. 산업사회의 완전고용과 종신고용은 점차 사라지고, 노동시장은 서비스업의 특성에 맞게 급격히 유연화되었다. 계약직, 파트타임, 프리랜서, 성과연봉제 노동이 늘어났다. 이에 따라 지방이든 해외든 비교적 자유롭게 이동할 수 있고, 24시간 언제든 일에 투입될 수 있으며, 가족 부양의 책임에서 자유로운 1인가구가 유동하는 지금의 노동시장에 최적화된 가구 유형이 되었다. 그렇게 산업구조라는 거대한 판의 이동 위에서 우리는 더욱 쉽게 혼자 사는 삶을 택하기 시작했다.

그러나 후기 산업사회에 최적화된 선택이 인간의 안위에도 최적화된 선택인 것은 아니다. 혼자 남겨진 공간에서 각 개인은 부실한 식사, 돌봄의 공백, 신체 건강의 위협, 정신 건강의 위기와 맞닥뜨리고 있다. 만약 홀로 사는 삶이 순전히 개인의 선택이라면, 이 그림자 또한 결국 개인이 책임져야 할 몫일 것이다. 하지만 구조적 흐름의 결과라면, 그럼에도 우리는 이 모든 위기를 혼자 감당해야만 하는 것일까?

바로 이 지점에서 나는 '나 혼자' 사는 이야기가 아니라 '우리가 혼자' 살게 된 공통의 서사를 찾아야겠다고 생각했다. 1인가구 당사자들을 만나 그들의 이야기를 엮으며, 보이지 않는 판의 지도를 그리고 싶었다. 그래야만 혼자들의 시대를 넘어, 함께 다음 시대로 나아갈 수 있을 테니 말이다.

진실에 가닿는 응시

그간 이루어졌던 1인가구에 대한 양적 통계분석이나 실태조사는 큰 흐름을 파악하는 데 유용했다. 인구의 몇 퍼센트가 혼자 사는지, 연령과 성별 혹은 계층적 분포는 어떠한지 가늠하게 해주었다. 하지만 이들이 어떻게 하루를 보내는지, 아침과 저녁에는 무엇을 먹는지, 무슨 생각을 하는지, 이들이 가장 소중히 여기는 관계는 무엇인지를 알 수는 없었다. 통계는 무수한 개별적 삶들의 총합이다. 그래서 개인의 삶을 같이 들여다보지 않으면 숫자는 자칫 표면적인 이해에만 그치게 만든다.

그렇다면 우리는 어떻게 1인가구의 삶을 더 깊이 읽을 수 있을까? 숫자의 진정한 의미는 조금 더 느리고 깊은 응시를 통해 드러난다. 나는 지난 6년 동안 100명이 넘는 1인가구를 직접 만나 몇 시간에 걸친 심층 인터뷰를 진행했다. 어떤 이들은 여러 차례 만났고, 일상의 사진을 찍어 함께 들여다보며 이야기를 나누기도 했다. 사회과학에서 질적연구라고 부르는 방법이다.

"당신은 어떻게 살아왔나요?"라는 질문으로 시작된 이 대화는 '1인가구'라는 명칭이 주는 막연한 이미지를 걷어내고 삶의 실체에 가닿게 해준다. 나는 인터뷰를 통해 편견 너머의 실제 인생을 들을 수 있었다. 가족관계를 부담스러워하는 개인주의자로 비치지만, 알고 보면 부모의 부양을 도맡거나 조카들에게 애정을 쏟아붓는 싱글들. 자칭 비혼주의자지만, 사실은 비혼을 계획했다기보다 일을 우선순위로 두다 보니 자연스레 혼자의 길을 걷게 된 싱글들. 표면적 편견 뒤편에는 저마다의 사연들이 있었다. 당사자의 목소리에는 통계적 현상의 이면을 비추는 힘이 있다.

1인가구는 이미 수적으로 다수가 되었고, 그 비중은 점점 더 커질 것이다. 하지만 숫자가 많다고 주류가 된 것은 아니다. 1인가구는 아직 사회적 소수자다. 이들에겐 여전히 많은 설명과 변명이 필요하다. 1인가구라는 삶의 형식 안에 존재하는 드넓은 스펙트럼은 양적 연구로는 충분히 가늠하기 어렵다. 이런 간극을 메우기 위해 이 연구가 시작되었다. 나는 수입도, 직업도, 나이도, 성별도, 교육수준도, 삶의 경험도 다른 1인가구들을 만나 그들의 이야기에 귀를 기울였다. 이들이 1인가구가 된 이유는 자발적 선택인가, 비자발적 결과인가? 동거 가족이 없는 1인가구는 무엇을 위해 일하고 무엇을 하며 쉬는가? 1인가구가 식사하기 어려운 이유는 무엇인가? 1인가구에게 삶과 죽음은 어떤 의미일까? 하나하나의 응답은 개인의 독특한 사연이면서, 동시에 1인가구라는 사회적 집단이 남긴 공통의 서사이기도 했다.

수백 시간 동안 1인가구들의 목소리를 수집하고, 수천 시간 동안 그들의 이야기를 되짚으면서 계속해서 자문했다. 이 모든 이야기들이 향하는 종착지는 어디일까? 오랜 사유 끝에 도달한 진실은 명확하다. 인간은 혼자 살면서도, 결코 혼자 살 수 없는 존재라는 것이다. 소통과 소속감은 인류의 본래적 욕구다. 아무리 혼자가 편하다고 말하는 사람일지라도 이 본성은 사라지지 않는다. 태어날 때 탯줄을 끊어줄 누군가가 필요했듯이, 죽은 이후에도 장례를 치러줄 누군가가 필요한 것이 인간이다.

그런 우리가 역사상 유례 없는 초솔로 시대를 맞이하게 되었다. 그리고 그 과정에서 수많은 어두운 그림자를 마주하게 될 것이다. 그렇다면 이제 어떻게 해야 할까? 100여 명의 사례를 바탕으로 '혼자 잘 사는 법'을 다룬 자기계발서를 쓸 수도 있겠다. 하지만 개인의 생존만을 응원하는 것이 답은 아닐 것이다. 그렇다고 여기에서 '함께 잘 사는 법'에 대한 섣부른 대안을 제시하는 것도 맞지 않다. 나 혼자서는 우리가 가야 할 길을 찾을 수 없다. 그래서 고심 끝에 한 명의 전업 사유가로서 지금까지 기록해 두었던 싱글의 삶들을 있는 그대로 펼쳐 보이고, 이에 대한 내 생각을 덧붙이기로 했다. 인터뷰에 참여한 1인가구의 발언들은 따옴표나 인용구로 고스란히 살렸다. 굳이 해법을 서둘러 말하지 않아도 진실된 응시와 경청에는 사회를 치유하는 힘이 있다고 믿는다. 보이지 않던 것을 보이게 만드는 것이 내가 내디딜 수 있는 변화의 한 걸음이라고 생각한다. 그리고 이 책을 통해 혼자들의 목소리를 듣게 될 당신도, 책을 덮은 뒤 혼자들 이후의 시대를 위해 각자의 한 걸음을 내디뎌 주길 바란다.

비난이 가리는 것

2024년 한국의 합계출산율은 0.75명으로 전 세계 최저 수준을 기록했다. 생산인구가 급감하는 인구절벽 현상은 이제 우리의 현실이다. 언론과 정부는 저출산의 원인을 결혼하지 않고 출산하지 않는 싱글들에게 돌리곤 한다. 그러나 가구 유형과 마찬가지로, 이러한 인구구조의 변동도 산업구조의 전환과 관련이 깊다. 론 레스타게Ron Lesthaeghe와 디르크 판더카Dirk van de Kaa같은 인구학자들은 현대사회의 출산율 저하가 크게 두 번에 걸쳐 일어났다고 말한다. 두 학자는 전기 산업사회의 핵가족화 현상을 제1차 인구변동으로, 후기 산업사회의 탈가족화 현상을 제2차 인구변동으로 명명했다.[25]

제1차 인구변동은 산업화로 경제가 성장하면서 출산율과 사망률이 동시에 낮아지는 현상이다. 전근대 농경사회에서는 영아사망률이 높아 부모들이 자녀를 많이 낳았다. 동서양을 막론하고 가구당 자녀 수가 5~10명을 넘는 것이 일반적이었다. 그러나 산업화 이후 영아사망률이 낮아지고 공교육이 체계화되면서 부모들은 한두 명의 자녀만 낳아 양육과 교육에 자원을 집중 투자하기 시작했다.

제2차 인구변동은 핵가족 체계가 흔들리며 탈가족화가 진행되는 현상을 말한다. 동거, 기러기가족, 딩크족, 한부모가구 등 핵가족 바깥의 가구들이 늘어나는 시기다. 1인가구 급증도 제2차 인구변동의 대표적인 모습이다. 이 단계에서도 소수의 자녀만 낳는 제1차 인구변동과 마찬가지로 출산율이 떨어진다. 아예 가족제도에 편입되지 않는 삶이 많아지면서 파생되는 결과다.

이러한 인구변동은 아시아와 유럽 모두에서 일어나는 현상이다. 하지만 그 시기와 속도에는 상당한 차이가 있다. 일본의 사회학자 에미코 오치아이落合惠美子는 UN 인구통계연보의 출산율 추이를 비교하면서 유럽과 아시아에서 인구변동의 시기를 「그림4」, 「그림5」와 같이 가늠했다.[26]

유럽은 150년에 걸쳐 두 단계의 인구변동이 완만하게 진행됐다. 1870년대부터 1930년대까지 제1차 인구변동, 1970년대경부터 현재까지 제2차 인구변동을 겪었다. 시간적 간극이 있었기에 현재의 출산율 저하가 핵가족화 때문인지 탈가족화 때문인지 구분할 수 있었다. 유럽 국가들은 이미 도래한 탈가족화 시대를 인정하고, 그

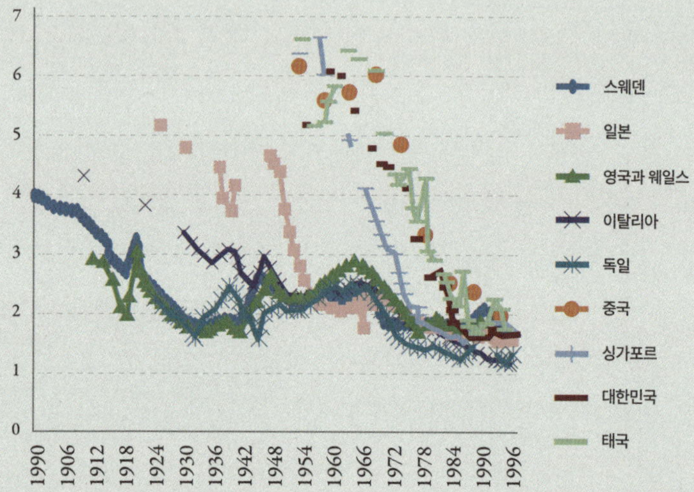

그림4. 아시아와 유럽의 출산율 추이

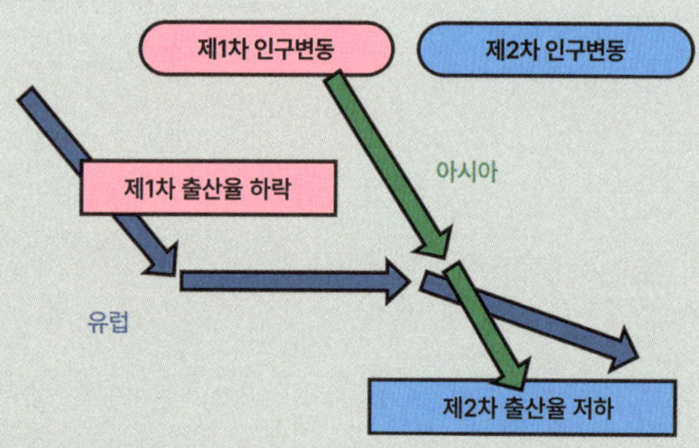

그림5. 아시아와 유럽의 인구변동

출처: Ochiai(2014, p. 12, 13)의 그림들을 재편집

안에서 해법을 찾기 시작했다. 동거 상태에서 낳은 아이나 비혼모의 아이도 차별 없이 지원하는 방식이었다. 이와 함께 출산율도 반등했다. 현재 OECD 국가들의 평균 혼외 출생아 비율은 약 43.2%에 달한다.[27]

반면 한국처럼 압축적 근대화를 이룬 아시아 국가들에서는 두 단계의 인구변동도 거의 동시에 일어났다(그림5). 한편에서는 결혼정보회사가 성행하고 자녀를 위한 사교육 시장이 과열될 만큼 강력한 핵가족 중심주의가 존재한다. 그런데 다른 한편에서는 비혼주의와 같은 탈가족화가 빠르게 확산되고 있다. 서로 다른 시대적 풍습이 한 시대에 공존하는 셈이다. 독일의 철학자 에른스트 블로흐Ernst Bloch는 이런 현상을 비동시적인 것의 동시성이라고 불렀다.[28]

문제는 한국 정부가 출산율 저하 현상을 제1차 인구변동의 시점에서만 바라본다는 점이다. 이미 부상하는 탈가족화의 흐름을 충분히 수용하지 않은 채, 신혼부부와 다자녀가구 지원 같은 결혼·출산장려정책으로 부부와 자녀로 이루어진 핵가족을 늘리면 문제가 해결될 것이라 믿는다. 반면 결혼 바깥의 출산은 여전히 비정상으로 낙인 찍혀, 혼외 출산 비율은 전체 출산 중 2.3%에 불과하다. 하지만 탈가족화가 동시에 진행되는 상황에서 핵가족 형성을 목표로 하는 결혼·출산장려정책은 효과가 제한적일 수밖에 없다. 본래 가족을 이루려던 사람들에게는 도움이 될지 몰라도, 이미 탈가족화의 궤도에 들어선 이들을 되돌리지는 못한다. 설령 핵가족 지원에 성공하더라도 둘째 출산으로 이어지는 경우는 드물어 출산율 회복은 요원하다.

그러나 서구처럼 혼외 출산을 적극적으로 권장하는 방향 또한 지금의 한국 사회에 적합한 대안인지 고민하지 않을 수 없다. 한국과 서구는 문화적, 역사적 맥락이 매우 다른 사회다. 그래서 동일한 제도가 동일한 결과를 가져온다고 장담할 수 없다. 강력한 가족주의와 비혼주의가 여전히 공존하는 한국 사회에서 제도적인 변화만을 앞세웠을 때, 비혼부모와 그 자녀들이 마주할 갈등과 어려움을 충분히 예상할 수 있다. 따라서 현재 우선되어야 할 것은 재빨리 특정한 정책을 도입하는 것이 아니라, 한국 사회가 어떤 선택지를 받아들일 준비가 되어 있는지에 대한 진지한 사회적 논의다.

그런 논의를 가능케하려면 우리는 먼저, 출산율 저하를 특정 집단의 탓으로 돌리는 태도부터 버려야 한다. 개인의 선택을 비난하는 데 집중하다 보면, 인구와 가구변동의 근본 원인인 산업구조의 전환을 간과하게 된다. 지금은 누군가를 비판하기보다는 이미 도래한 새로운 시대에 함께 대응해 나가기 위한 대화가 필요한 때다.

2장

나를 갈아 만든 일

"가족을 지킨다는 거, 그거 사실 나를 지키는 거야. 숭고하고 그런 거 아니야. 나를 지키는 거야, 나를."

2025년 가을에 방영된 「서울 자가에 대기업 다니는 김 부장 이야기」의 주인공 김낙수 부장은 미혼인 후배 정 대리가 가장의 무게를 어찌 견디냐고 묻자 이렇게 답했다. 이 드라마는 직장인의 애환을 극사실적으로 담아 큰 인기를 끌었다. 서울 자가 아파트에 대기업 부장이라는 타이틀부터가 이미 가진 자의 삶이라는 일부 반응도 있었다. 하지만 가정을 책임지려고 고군분투하는 김낙수의 모습은 평범한 가장의 것이기도 했다. 그는 아내가 밖에서 일하면서 고생하지 않기를 바랐고, 아들이 좋은 직장에 들어갈 수 있도록 교육에 물심양면으로 지원을 아끼지 않았다. 평소에는 불통인 남편이자 아버지였지만, 사실 그도 알고 있었다. 가족이 그가 힘써 일하며 살아가게 만드는 힘이라는 것을.

김 부장에게만이 아니다. 가족은 근대 자본주의 사회에서 노동자들을 끊임없이 일하게 만드는 가장 강력한 동기였다. "아빠, 힘내세요. 우리가 있잖아요" 하는 동요를 누구나 한 번쯤은 들어봤을 것이다. 심지어 제목도 「아빠, 힘내세요」인 이 동요 속 아빠는 직장에서 이리저리 치이다가도 가족이 기다리는 집에 와서 하루의 고단함을 푸는 존재로 그려진다. 이 아빠는 가족의 응원에 힘입어 다음 날 다시 출근길에 올랐을 것이다. 그런데 사실 퇴근하는 아빠와 그를 기다리는 가족의 풍경은 산업사회라는 시대적 조건 속에서 만들어진 모습이다.

무책임한 가장은 해고했던 이유

가구경제가 굴러가는 방식, 즉 가계는 그 사회의 경제체제와 맞물려 변해왔다. 과거 농경사회에서는 남성과 여성, 부모와 자녀를 막론하고 모두가 농사일에 동원되었다. 가족 중 누가 누구의 생계부양자라고 말하기가 어려웠다. 농가는 일터와 가정의 구분이 모호해서 딱히 출퇴근이랄 것도 없었다. 독일의 정책학자 비르기트

파우에핑어Brigit Pfau-Effinger는 모든 가족구성원이 경제활동에 참여하는 농경사회를 가족경제모델family economy model이라고 불렀다.[1]

그러나 산업구조가 농업에서 제조업 중심으로 바뀌고 도시화가 진전되면서, 핵가족이 주된 가족 형태로 부상했다. 직장과 가정도 공간적으로 분리되었다. 이와 함께 남성이 가족을 위해 직장을 오가며 생계비를 벌어 오는 남성 생계부양자 모델male breadwinner model이 탄생했다. 노동과 가사에 있어서 남녀 역할 분업도 더욱 뚜렷해졌다. 남성 가장은 노동시장에서 일을 하고, 여성은 가정에서 노동력을 재생산하기 위해 가사와 양육을 전담하기 시작했다. 마르크스는 이를 산업 자본주의 사회의 생산-재생산 메커니즘이라고 정의했다.

산업사회에서 남성 노동자의 최종 목표는 가족 부양에 있었다. 실제로 산업혁명을 선도했던 영국에서 1868년 창립한 노동조합회의Trades Union Congress는 노동자의 목적을 "여성과 자녀의 안정적인 가정생활 유지"라고 규정했다. "아빠, 힘내세요. 우리가 있잖아요"라는 노랫말은 아내와 자녀가 가장에게 불러주는 산업사회판 노동요 같은 것이었다. 노동시장에서 생계부양자로서 책임을 다하는 남성 노동자는 '좋은 아버지'이자 '좋은 남편'으로, 가정에서 미래 노동자를 잘 길러내는 여성은 '좋은 어머니'이자 '좋은 아내'로 이미지화되었다.

산업 자본주의가 어떻게 가족 중심의 생산-재생산 메커니즘을 토대로 발전했는지 한눈에 보여주는 예시가 바로 미국 포드사의 고용 방침이다. 포드사는 1908년 표준화된 컨베이어벨트를 만들어 자동차 모델 T를 대량 생산하는 데 성공하면서 제조업을 선도하는 기업으로 발돋움했다. 그러나 농경사회를 갓 벗어난 노동자들에게 끊임없이 움직이는 컨베이어벨트는 익숙하지 않았다. 사고가 빈발했고 이탈률도 치솟았다. 이에 포드사는 1914년 노동자를 기계 앞에 붙들어 놓기 위해 2.5달러에 불과했던 일당을 5달러로 올리는 특단의 조치를 취했다.

여기에는 한 가지 우려가 뒤따랐다. 높은 임금을 받게 된 남성 노동자들이 도박, 술, 성매매에 빠질 가능성을 좌시할 수 없었다. 포드사는 노동자의 가정생활을 관리하기로 했다. 예를 들어, 합법적인 결혼을 하지 않았거나, 배우자와 자녀를 제대로 부양하지 않거나, 혼외관계를 맺거나, 가계 유지 외의 일에 돈을 낭비하는 노동자들을 즉시 해고하는 식이었다. 가정에 충실한 가장이 직장에도 충실할 것이라는 생각이었다.

포드사의 상대적으로 높은 임금은 **포드주의적 가족임금**Fordist family wage이라 불렸다. 그 후 '노동자의 임금은 개인만이 아니라 부양가족의 생계비를 고려해 정해져야 한다'는 뜻의 가족임금이 산업사회 노동시장에서 일반적으로 통용되는 임금책정 기준으로 자리잡았다. 지금은 여성의 노동시장 진출로 남성 생계부양자 모델은 낡은 것이 되었다. 하지만 여전히 여러 직장에서 부양가족이 있는 노동자에게 별도의 가족수당을 지급한다. 자녀의 학비나 가족의 건강검진을 지원하는 회사도 있다. 가족임금의 유산이다.

국가의 정책도 가족 중심의 생산-재생산 메커니즘을 뒷받침하는 방식으로 설계되었다. 건강보험은 직장인이 보험료를 내면 배우자와 자녀가 피부양자로 혜택을 받게 했다. 산재보험의 유족급여나 국민연금의 유족연금은 가입자가 사망하면 직계가족과 배우자에게 생계비를 지원하기 위해 만들어졌다. 여성 노동자가 증가하면서부터는 이들이 가정에서 재생산 활동을 병행할 수 있도록 출산휴가, 육아휴직, 유연근무제와 같은 모성보호제도도 확대했다. 현재는 부모휴가제도나 일·가정 양립제도로 불리기도 하는 정책들이다. 이처럼 전통적인 형태의 핵가족은 기업과 국가가 나서서 그 존속을 지원할 만큼 산업 자본주의 사회를 작동하게 하는 핵심적인 전제였다.

이제 누구를 위해 일해야 하나

하지만 근래 들어 산업사회를 지탱했던 가족 중심의 생산-재생산 구조가 크게 흔들리고 있다. 2025년 행정안전부 발표에 따르면, 한국의 1인가구 비율은 전체 가구의 42%를 넘어섰다.[2] 이중 상당수는 독거노인도 골드족도 아닌, 김 부장의 부하 직원 정 대리와 같은 평범한 직장인이다. 실제 2025년 국가데이터처 발표 결과, 1인가구의 63.4%가 취업 중이었다.[3] 이들은 전체 취업자 네 명 중 한 명에 해당할 정도로, 오늘날의 노동시장에서 상당한 비중을 차지한다.

여기서 근본적인 질문이 생긴다. 혼자 사는 사람들은 이제 누구를 위해 일하는 것일까? 가족이라는 외부 동기가 사라진 이들은 어디서 일할 힘을 얻고, 무엇을 돌보며 살아가고 있을까? 그리고 여기에서 더 나아가 1인가구가 보편적 라이프스타일이 되었는데도 자본주의의 생산-재생산 메커니즘은 어떻게 멈추지 않고 돌아가는 것일까? 핵가족이라는 중심축이 희박해진 혼자의 시대에 생산과 재생산 활동은 과연 어떤 모습인지를 새로운 관점에서 조명해 볼 필요가 있었다. 이 질문이 내가 2020년 1인가구 연구를 시작한 출발점이 되었다.

이에 답하기 위해 나는 혼자 살면서 일하는 비혼 직장인들을 만나기 시작했다. 지인의 지인을 소개받거나, 인터넷에 공고를 내 인터뷰 참여자를 모았더니 21명이 되었다. 20대부터 50대까지, 프리랜서부터 대기업 직원까지, 수입도 직종도 다른 사람들이었다. 나는 이들과 한 사람당 한 시간 반 넘게 인터뷰하면서 하나의 공통점을 발견했다. 바로 '가족'이 차지하던 중심축을 자기 자신, 즉 '자아self'가 대신하게 된 현상 말이다. 이들에게 노동은 가족을 부양하는 활동이 아니라 자기 자신을 만들어가는 활동이었고, 여가는 가족을 돌보는 시간이 아니라 자신을 계발하고 회복시키는 시간이었다. 후기 자본주의 사회의 생산-재생산 메커니즘이 가족 중심에서 자기 중심으로 전환된 것이다. 나는 이를 자기생산-자기재생산 메커니즘이라고 부르기로 했다.

지금 내 코가 석 자입니다

내가 만난 비혼 직장인들에게서 가장 먼저 받았던 인상은 일을 삶의 최우선 과업으로 삼고 있다는 점이다. 특히 2030세대 인터뷰 참여자들에게 이 경향은 더욱 두드러졌다. 이들은 구직 활동을 비롯한 생존의 문제를 급선무로 여겼기 때문에, 가정을 꾸릴 생각이 거의 없었다.

26세 여성인 이서연 씨는 대학원에서 통계학 석사 학위를 취득하고 빅데이터 스타트업에 취직했다. 하지만 향후 일자리 안정을 위해 더 큰 조직으로 이직해야 할 필요성을 느끼고 대기업을 목표로 다시 구직 활동을 벌이고 있었다. 취업이 우선인 그에게 과거 20대 중반 여성에게 기대되었던 결혼은 "딴 세상 이야기"였다. 30세 남성인 박현준 씨도 과외교사와 대학원 공부를 병행하며 미래 진로를 고민하느라 "결혼은 거의 포기"한 채 살아갔다. 26세 남성인 디자이너 조의진 씨는 앞으로 더 불안정해질 노동시장을 전망하며 아이까지 "책임질 자신이 없다"고 말했다. "혼자 먹고살기도 바쁜" 젊은 직장인들에겐 비혼이 결혼보다 자연스러웠다.

1990년대까지만 해도 노동시장은 거의 완전고용에 가까웠다. 1995년 청년 실업률은 3.8%에 불과했다. 대다수의 사람들이 전통적인 생애주기에 따라 20대 초중반에 취업을 하고 25세 전후로 가정을 이루는 수순을 밟았다. 그러나 후기 산업사회에 노동시장의 불안정성이 증가하면서 완전고용의 시대는 막을 내렸다. IMF 경제위기 직후인 1999년 청년 실업률은 13.4%로 사상 최고치를 기록했고, 2000년대 초반 이후에도 6~9%를 오르내렸다. 취업에 성공해도 고용은 여전히 불안정했다. 전체 노동자 중 비정규직이 차지하는 비중은 2010년대 후반 이후 30%대를 유지하거나 증가하는 추세를 보여왔다. 비정규직 임금이 정규직의 60~70%에 불과한 상황에서, 한때 당연했던 정규직은 이제 온 힘을 다해 추구해야 할 목표가 되었다.

『위험사회Risk Society』의 저자 울리히 벡Ulrich Beck은 '졸업→취업→결혼→출산'으로 이어지는 표준화된 삶이 가능했던 과거를 포드주의 체제Fordist regime로, 불안정성과 불확실성이 심해진 현재를 위험 체제risk regime로 정의한다.[4] 서연 씨는 "둘이 힘을 합쳐 잘살아 보자"는 것이 예전 세대의 마인드였다면, 이제는 "둘이 망하느니 혼자 망하는 게 낫다"는 것이 비혼자들의 마인드가 되었다며 위험사회의 세태를 짚어냈다.

울리히 벡은 이런 위험사회를 살아가는 개인은 자기 전기를 스스로 만들어나가야 하는 절실한 상황do-it-yourself biography에 놓이게 된다고 말한다. 평생직장이라는 정해진 루트가 사라지면서 자신의 힘으로 길을 개척해야 한다는 압박이 커졌다는 것이다. 그는 이처럼 자기 서사의 온전한 책임자로 살아간다는 것은 삐끗하면 추락하는 외줄타기와 다름없다고 말한다. 바람이 불어 줄에서 미끄러진다 한들 혼자서 감당해야 하는 불행일 뿐이다. 이런 상황에서 개개인이 한 직장에 쏟는 헌신은 줄었다. 하지만 각자가 자신의 커리어를 관리해야 하기에 일 자체에 대한 몰입은 오히려 더 강력해졌다. 청년들은 취업을 위해 학교 공부만이 아니라, 어학 점수, 자격증, 인턴십, 해외 경험, 봉사 활동 등 다양한 스펙을 쌓아야 했다. 게다가 『스토리가 스펙을 이긴다』라는 베스트셀러 자기계발서의 제목이 시사하듯이, 각 스펙에 대한 개인의 스토리까지 곁들여야 하는 이중의 부담을 안게 되었다. 커리어 개발에 관해 연구해 온 심리학자 장 기샤르Jean Guichard의 말처럼, 현대사회의 개인은 일평생 자기를 디자인해야 하는 상황에 놓인 것이다.[5] 자기 커리어를 구축하는 과업에 매진하는 상황에서 결혼해 가족을 만드는 과업은 부차적인 것으로 밀린다. 비혼 직장인의 커리어 중심적 삶은 경쟁적인 노동시장에서 살아남기 위한 필연적인 결과다.

내가 좋아서 하는 일

그러나 내가 만난 혼자 사는 노동자들은 자신이 일에 몰두하는 이유를 단지 경쟁 사회에서 살아남기 위한 어쩔 수 없는 선택으로만 여기진 않았다. 오히려 그들은 "나를 위해서", "성취감과 보람을 얻기 위해서" 일한다고 답했다. 현재 외국계 자동차 회사에 근무하는 43세 여성인 엄민아 씨는 20~30대에는 취업을 준비하고 직장에 적응하느라 정신없이 살았다. 이제 경력이 어느 정도 쌓이면서 '내 코가 석 자'인 시기도 벗어났지만, 여전히 "내 커리어가 우선"이었다.

> 굳이 가족을 이루고 살아야 하나 그런 거에 니즈가 별로 없어요. 그냥 자기계발이나 커리어 개발이 더 중요했었던 것 같아요. 가족이 있었으면 달랐을지 모르겠지만, 저는 사실은 그냥 개인, 저 자신을 위한 성취감이 더 중요한 것 같아요. 누구를 위해 일하는 게 아니라 나를 위해서. (엄민아, 외국계 자동차 기업 회사원, 43세)

나이, 성별, 소득수준이 다양한 21명의 인터뷰 참여자 중 자기 성취나 보람이 아닌 생계 자체가 일을 하는 최우선의 목적이라고 답한 사람은 단 한 명에 불과했다. 민아 씨 외에도 참여자들의 거의 압도적 다수가 "일을 통해 성취감을 느끼는 것"을 중요하게 여겼다. 대기업 부장인 42세 유희영 씨는 이런 성취감이 "재미"와 "행복"의 원천이라고 말하기도 했다. 중소기업 대표인 강진모 씨도 인터뷰 중 일에 관해 이야기할 때 가장 신이 났다.

일단은 뭔가 성과를 만들어내는 게 재미있어요. 세일즈맨으로 일할 때는 뭔가 갖다 팔았다는 것 자체가 재미있는 거죠. 그것 때문에 저한테 월급도 더 들어오고 이런 것도 좋지만, 내가 뭔가 성과를 만들어낸 거잖아요! (강진모, 중소기업 대표, 53세)

물론 과거에도 사람들은 일을 통해 보람을 느꼈다. 가족의 생계를 책임지는 것이 자부심이자 기쁨이었다. 그런데 후기 산업사회에서는 일의 또 다른 핵심 목적으로 자아실현이 급부상했다. 이제 사람들은 그 누구보다 자기 자신을 기준 삼아 행동한다. 사회학자 앤서니 기든스Anthony Giddens는 이를 자기 준거 시스템self-referential system이라고 불렀다.[6] 현대사회에서 개인은 타인이 아니라 자기 자신에게 충성하는 방식으로 신념 체계를 만들고, 자신이 무엇을 선택하고 어떻게 살 것인지에 대한 방향을 개인 내면에서 설정한다. 과거에는 가족, 공동체, 종교 같은 외부의 준거점이 삶의 방향을 결정했다면, 이제는 자기 자신이 모든 선택의 기준이 된다는 것이다.

'나는 무엇을 원하는가?', '나에게 의미 있는 것은 무엇인가?', '나는 어떤 사람이 되고 싶은가?', 그리하여 결국 '나는 무슨 일을 하며 살 것인가?' 이런 질문들이 일을 할 때도 가장 중심에 놓인다. 딸린 식솔들을 먹여 살리려고 평생 농사를 짓던 조부모 세대, 묵묵히 직장을 다니던 부모 세대는 던지지 않았을 이런 질문들을 오늘날 우리들은 끊임없이 던지며 자기 진로를 고민한다. 현대인들은 타인을 위해 헌신하는 방식이 아니라, 자기 자신에게 제일 충성하는 방식으로 일하기 시작했다. "누구를 위해 일하는 게 아니라 나를 위해서" 일한다는 민아 씨의 말이 이런 변화를 드러낸다.

생계보다 자아실현이 우선의 가치가 된다면, 일의 양상은 어떻게 달라질까? 내가 만난 거의 모든 인터뷰 참여자가 '나의 성취와 재미'를 노동하는 1순위 동기로 꼽았다. 그 결과 노동시장이 불안정해서 안정된 직장을 구하기 어려운 상황에서도 자아실현의 유무가 일자리를 선택하는 중요한 기준이 되었다.

이런 경향은 생존 경쟁의 한복판에 있는 청년 세대들도 마찬가지였다. 단지 돈을 벌 목적으로 '일할 의미'가 없는 직장에 다니고 싶지는 않았다. 2024년 고용노동부가 발표한 청년층 취업동향조사를 보면, 응답자 4,001명 중 53%가 임금이나 복지보다 회사가 나의 가치관에 맞는지가 더 중요하다고 답했다.[7] '취업 후 직무에 임하는 데 있어서 무엇이 가장 중요하다고 생각하는지'를 묻는 질문에는 67.7%가 적성과 흥미를 꼽았다. 청년들은 빠른 취업보다 맞는 취업을 원한다. 단지 돈을 벌기 위한 직장에 만족하지 않고, 자신의 가치에 맞는 일자리를 찾기 위해 장기간 취업을 유보하는 느린 취업 slow employment 현상도 확산되고 있다.

어느 정도 안정된 수입을 보장하는 직장이라도 자아실현에 도움이 되지 않으면 이직을 하는 경우도 늘었다. 구현지 씨는 외국계 회사에서 매니저로 일하면서도 곧 설립될 또 다른 외국계 회사로의 이직을 앞두고 있었다. 현재 직장은 업무도 익숙하고 고용도 안정적이었다. 하지만 새로운 직장에서 더 재미있고 의미 있는 일을 할 수 있을 것으로 기대되기 때문에 이직을 결심했다.

> 이직할 곳의 일이 좀 더 생산적이고 재미있는 일인 것 같은 거예요. 여기는 똑같이 계속 돈 왔다 갔다 하고 이런 거지만 그쪽은 뭔가 프로젝트도 많고, 새롭게 뭔가를 만들어나가는 거 같은 기분이 들어서 해보고 싶었어요. (구현지, 외국계 식음료 기업 회사원, 41세)

16년째 한 대기업에 다녀온 유희영 씨도 회사의 "네임밸류보다 자신에게 흥미와 재미를 줄 수 있는 직장"에 이직하기를 희망하고 있었다. 직장은 나에게 안정과 수입, 소속감을 주는 곳이기도 하지만, 인터뷰 참여자들은 그런 가치를 넘어 "내가 계속 재미있게 할 수 있는" 일을 추구하고 있었다.

과거 산업사회에서 이직은 가계의 안정을 위협할 수 있는 커다란 모험이었다. 지금은 전보다 이직이 흔해졌지만, 가족의 생계를 도맡아야 하는 기혼 직장인에게는 여전히 부담되는 일이다. 하지만 현지 씨나 희영 씨를 포함해 내가 만난 싱글 직장인들은 자기의 적성, 취향, 흥미, 여건에 맞는 직장을 찾아 이직하거나 직업을 바꾸길 원했다. 이들에게도 이직은 가벼운 사건이 아니지만, 그 부담을 홀로 지면 되기 때문에, 훨씬 수용적이고 개방적인 태도로 임했다. 이들은 직장을 옮겨 다니는 데 있어 고려해야 할 걸림돌들이 상대적으로 적어서 노동시장의 변화에 빠르게 대처할 수 있다. 이런 이유로 공교롭게도 혼자 사는 노동자들은 자신이 의도했든 의도하지 않았든 간에 불안정하고 유연한 신자유주의적 노동시장 환경에 가장 잘 적응하는 사람들이 되었다.

울리히 벡은 이미 1992년에 유연성을 추구하는 신자유주의 시장 경제가 바라는 사회는 결국 자녀 없이 혼자 살아가는 무자녀 사회childless society라고 지적했다.[8] 나는 노동시장의 흐름에 민첩하게 대응하는 비혼 직장인들의 모습 속에서 벡의 통찰이 이론을 넘어 현현하는 사회를 목도했다.

업무용으로 최적화한 삶

IT 기업 디자이너인 서경수 씨의 집은 회사까지 도어 투 도어로 15분 거리에 있다. 아침 7시 30분에 일어나도 8시 30분까지 출근하는 데 무리가 없다. 오후 7시에 퇴근하면 집으로 돌아와 다시 노트북을 펴기까지 30분이면 충분하다.

직장에서 집이 차로 15분 거리예요. 그래서 쉽게 왔다 갔다 하고 있어요. 직장이 바뀔 때마다 그 근처로 웬만하면 다 이사를 했었던 경우라서, 혼자이기 때문에. 결혼 전에 제가 자유로운 상황일 때는 직장 근처로 잡는 것이 최고인 것 같아요. (서경수, IT 기업 디자이너, 41세)

경수 씨처럼 일 중심으로 사는 싱글 직장인들은 생활방식도 일에 맞춘다. 거주지가 대표적이다. 내가 만난 혼자 사는 노동자들도 대부분 직장 가까운 곳에서 살고 있었다. 회계사인 세현 씨나 고위공무원인 혜수 씨도 “항상 일하는 곳과 가까운 데” 집을 구했다. 원칙은 늘 같다. 이름하여 ‘직주근접’. 그들에게 사는 곳은 직장 생활의 효율을 높이기 위한 하나의 세팅이다.

이렇게 직장과 인접한 곳에 집을 구할 수 있는 것은 이들이 혼자 살고 있기 때문이다. 가족이 있는 사람들은 주거 입지를 선택할 때 학군과 양육 환경 등 다른 가족구성원의 필요도 함께 고려해야 한다. 자녀가 생겨 큰 평수의 집이 필요하게 되면 상대적으로 집값이 저렴한 도시 외곽으로 이동하기도 한다. 물리적으로 멀어지면 심리적으로도 직장과 거리가 생기기 마련이다. 반면 혼자 사는 사람들에게는 일 외에는 특별한 고려대상이 없다. 경수 씨가 말했듯 출퇴근 시간도 아끼고 체력 소진도 막으려면 “직장 근처에 사는 것이 최고의 전략”이다.

이런 경향은 통계적으로도 관찰된다. 2023년 통계청은 정부의 통계등록부와 SK텔레콤 모바일 위치·이동정보를 결합하여 712만

명의 통근자에 대한 빅데이터 분석을 시도한 적이 있다.[9] 그 결과 1인가구 통근자는 평균 17.3km를 이동하는 반면, 다인가구 통근자의 통근거리는 평균 18.6km로 실제로 직장과 집의 거리가 더 멀었다. 보통 데이터 규모가 커질수록 집단 간 차이는 희석되기 마련이다. 수백만 명의 통근자 데이터를 대상으로 한 분석임에도 불구하고 이 정도 차이가 확인되었다는 점은 시사하는 바가 크다.

과거 산업사회에서는 공적 공간인 일터와 휴식을 취하는 사적 공간인 집의 경계가 비교적 명확했다. 집은 물리적 공간일 뿐만이 아니라 정서적 공간이기도 하다. 가정은 사회생활로 억눌렸던 내 존재가 받아들여지고 보듬어지는 공간이자, 진정한 휴식을 취할 수 있는 장소로 여겨진다. 그러나 직주근접을 거주지 선택의 일차 요건으로 꼽는 싱글 노동자에게 집은 일을 위해 필요한 기능적인 공간이자 대기실 같은 곳이다. 이들에게 집은 들어가서 "잠만 자는 곳", 혹은 "제 물건을 놔두고 잠을 잘 수 있는 곳"이었다.

직장에서 거리가 먼 아파트 대신에 회사 근처 오피스텔과 원룸을 선택하며 아낀 시간은 더 많은 일을 하는 데 쓰인다. 실제로 IT 기업 디자이너인 경수 씨와 회계사인 세현 씨는 꼭 야근을 하지 않아도 되는 상황인데도 자진해서 추가 근무를 해왔다. 30세 세현 씨가 "커리어를 쌓고자 하는 목표가 있기 때문에" 추가 근무를 자처했다면, 이미 회사에서 입지를 다진 41세 경수 씨는 이젠 "그냥 일하는 것"이 일상이 되었다. 그에게는 퇴근도 퇴근이 아니었다.

> 야근 신청을 따로 하지 않아도 저는 평소에도 스스로 그냥 일을 좀 하는 편이에요. 한 두세 시간 더 일을 하는 것 같아요. 지금도 일하고 있었고. 할 거 없으면 일하는 경우도 좀 생기고. 그래서 사실 저는 개인적으로 진짜 쉬고 있지 않으면 거의 대부분 일을 하고 있어요. (서경수, IT 기업 디자이너, 41세)

이는 한국 사회에서만 벌어지는 현상은 아니다. 영국의 사회학자 크리스털 윌킨슨Krystal Wilkinson과 그 동료들은 혼자 사는 직장인 36명을 대상으로 가정이 없는 이들에게 일·가정 양립work-family balance이 어떤 모습일지 살펴보았다.[10] 연구진은 1인가구들은 양육과 돌봄 부담에서 자유롭기에 여가나 취미에 더 많은 시간을 쓸 것이라 짐작했다. 하지만 예상과 달리 이들은 그 시간을 자기 일에 쏟아부었다. 일-가정 양립이 아니라 일-일 일체인 삶이다. 연구진은 일-가정의 양축에서 가정이 빠지면서 일이 싱글 직장인들의 유일한 닻primary anchor이 되었다고 표현했다.

가족은 장시간 노동에 브레이크를 거는 존재다. "언제 퇴근해?", "캠핑 가고 싶어." "아침 등원은 당신이 맡아줘." "당신, 요즘 너무 무리하는 거 아니야?" 가족이 있는 직장인이라면 익숙한 말들이다. 하지만 혼자 사는 노동자들은 이런 요구를 받거나 걱정 섞인 잔소리를 들을 일이 거의 없다. 언뜻 보면 이는 자유로움으로 다가온다. 그런데 가족으로부터 해방된 시간과 공간을 다시 일에 투입하다 보면, 이들의 일상은 자신도 모르게 일에 잠식당한다. 브레이크 없는 자유는 결국 멈출 수 없는 질주가 된다. 그렇게 '자발적'으로 업무용 인생이 된다.

관계는 운명이고 커리어는 계획이다

내가 만난 1인가구 직장인들은 미래도 일을 위한 시간으로 인식했다. 이들에게 미래에 대해 물었을 때, 대부분 망설임 없이 자기 일에 대한 계획을 열정적으로 설명했다. 미래는 커리어를 쌓기 위해 존재했다. 직장 일을 병행하면서 최근 스마트 스토어를 개설한 33세의 패션 디자이너 박선주 씨는 자신이 운영하는 스마트 스토어를 유명 패션 브랜드로 키우고 싶다는 꿈을 갖고 있었다. 그녀는 그 목표를 위해 마케팅이나 경영에 대해서 배울 계획이었다. 외국계 맥주 회사로 이직을 앞둔 구현지 씨 또한 퇴직 후에도 현재의 업종 경험을 살릴 수 있는 구체적인 시나리오를 짜고 있었다.

> 이직한 곳에서 잘되면 오퍼레이션 매니저로 10년 정도 일을 할 수 있을 거예요. 그러면 50대가 되니까 그때 되면 맥주 가게 하나 차릴 수 있을 거고, 아니면 맥주와 관련된 다른 길도 있잖아요. 이 회사를 크게 하면서 저도 회사에서 많이 배우고 싶어요. (구현지, 외국계 식음료 기업 직원, 41세)

영국의 사회학자 니컬러스 로즈Nikolas Rose는 신자유주의 시대는 개인들이 기업가적 자아entrepreneurial self를 품도록 독려한다고 말한다.[11] 종신고용이 평범한 삶이었던 시대에 개인들은 근로자, 즉 '근면한 노동자'로 불렸다. 한 직장에 성실히 근속하면 되었다. 그러나 지금처럼 실업, 퇴직, 이직이 잦아진 시대에 개인은 자기 커리어에 대한 전망을 세우고 미래의 로드맵을 설정해야 한다. 내가 만난 싱글 직장인들도 자기 자신이라는 사업체를 경영하는 CEO가 되어, 5년 후, 10년 후를 내다보며 자기 커리어를 설계했다.

그러나 일에 관해서는 구체적인 계획을 세우는 이들의 로드맵에서 가족과 같은 인간관계에 대한 계획은 거의 찾아보기 어려웠다. 20대부터 직업 전선에 뛰어들었던 41세 현지 씨는 소위 말하는 결혼적령기와 멀어지면서 자연스럽게 배우자를 찾는 노력을 하지 않게 되었다. 그 외 인터뷰 참여자들도 직업적 성취를 위해서는 체계적으로 계획을 세우고 적극적으로 임했지만, 결혼은 매우 추상적이고 모호한 가능성으로만 남겨 두었다. 딱히 결혼 자체에 부정적인 것은 아니었다. 다만 노동시장의 난관에는 진취적으로 대응하면서도, 가족계획 앞에서는 "좋은 사람이 나타나면…"과 같이 운명주의적 입장을 취하며 말꼬리를 흐렸다.

> 그냥 좋은 사람이 나타나면… 제가 결혼하고 싶은 사람이 생기면 그때 하고 싶고…

진지하게 생각을 했으면 그 계획도 구체적으로 있을 텐데…. 그동안 이런 생각은 진지하게 안 했던 것 같아요. (서경수, IT 기업 디자이너, 41세)

저는 '결혼 절대 안 해!' 그런 건 아니거든요. 당장 내일이라도 괜찮은 사람 있으면 뭐…. 운명이면 만나는 거고 아니면 어쩔 수 없고. 그러면 혼자 사는 거고. 제가 그렇게 찾으려고 노력을 안 한 것 같긴 해요. (구현지, 외국계 식음료 기업 직원, 41세)

20~30대 인터뷰 참여자들은 취업 때문에 결혼을 미룰 수밖에 없다고 말했다. 그런데 직장이 안정된 40대 이후 참여자들도 결혼에 별반 관심을 두지 않았다. 기업가 정신으로 무장한 이들은 자신의 생산성을 높이는 방향으로 커리어를 기획하는 데는 능숙했다. 하지만 가족, 결혼, 자녀 출산이 자신에게 어떤 의미인지, 친밀한 인간관계가 자신에게 필요한지 아닌지 "진지하게 생각하고 계획할 여유가 부족"했다. 삶에서 일만큼 중요할 수 있는 인간관계에 대해서 별다른 계획을 갖지 못하고 막연한 상만 가지고 있었다.

그러나 조금 더 들여다보면 이러한 경향은 단순히 관심의 부재라기보다는 기업가적 자아가 초래한 불가피한 결과이다. 기업가적 자아는 학력, 스펙, 커리어처럼 노력 대비 성과가 예측 가능한 영역에 관심을 갖는다. 하지만 친밀한 관계나 가족 만들기는 성과 지표가 불분명하고, 실패했을 때 비용도 크다. 결혼과 출산은 더 이상 자연스러운 생애 단계가 아니라, 실패의 책임을 전적으로 개인이

지는 고위험 인생 프로젝트이다. 프리랜서 강사인 권은성 씨는 결혼 계획을 세우지 않는 이유를 이렇게 설명했다.

> 사실 결혼생활을 제가 구체적으로 미리 정할 수 없죠. 왜냐면 결혼이라는 게 모든 것이 다 예측 불가능한 것 같고 뭔가 내가 결정할 수 없는 일 같아요. 결혼에 대해서 명확하게 결정할 수 없으니까 안 하는 거죠. (권은성, 과외교사, 39세)

일이나 학업은 투입한 만큼 결과가 나오는 편이다. 야근을 하면 프로젝트가 완성되고, 공부를 하면 성적을 올릴 수 있다. 하지만 관계는 다르다. 아무리 노력해도 상대방의 마음은 내 뜻대로 되지 않는다. 연애에 시간을 쏟아도 이별할 수 있고, 결혼생활에 헌신해도 이혼할 수 있다. 친밀한 관계는 훈련 가능한 능력이 아니라 통제 불가능한 변수이다. 방송국 PD인 허가은 씨의 말처럼, 기업가적 자아에게 이런 불확실성은 투자 매력도를 떨어뜨린다.

> 일이든 공부든 내가 이제 인풋을 들인 만큼 대개는 아웃풋을 주잖아요. 근데 사람의 관계나 결혼이나 연애는 내가 노력한다고 성과가 나지 않아요. 일할 에너지도 없는데 관계에 힘을 쓰면 아까운 거죠. (허가은, 방송국 PD, 42세)

인풋 대비 아웃풋이 불분명한 영역에 에너지를 투입하는 것은 기업가적 자아에게 비합리적인 선택이다. 그 결과 이들은 가족계획을 의식적으로든 무의식적으로든 뒤로 미루다가 어느 순간 삶에서 지워버린다. 적극적으로 포기했다기보다는 자연스럽게 사라지게 내버려두는 것이다. 그렇게 '어쩌다 싱글'이 된다.

교육자와 회계사의 갈림길

싱글 직장인들의 삶을 자세히 들여다보며 눈에 띈 다른 한 가지는, 혼자 살면서 일에 몰두하는 이들의 선택이 결코 혼자만의 결정이 아니라는 점이었다. 어떤 업계에서 일하느냐에 따라 선택이 갈릴 수 있다. 예를 들어, 세현 씨는 교육학과를 졸업했지만, 고민 끝에 교사가 아닌 회계사가 되는 길을 택했다. 금융권에서 일하게 된 그는 교사로 일하는 대학 동기들을 만날 때면 낯선 기분을 느낀다. 동기 중에 자기만 싱글이다. 그는 "교사는 직업 특성상 시간적 여유가 있고 비슷한 사람들이 모이다 보니 결혼하고 자식 낳고 집 사는 삶의 공식이 일반적"이라고 설명했다. 처음부터 교사의 길을 선택한 사람들의 가치관도 그런 안정적인 방향에 가까운 것 같다는 본인의 분석도 덧붙였다. 반면 자신이 현재 몸담은 금융업계는 그렇지 않았다.

제가 일하는 곳은 확실히 분위기가 달라요. 상사, 전무 이런 분들이 40대 후반인

데 딩크족도 많이 있고요. 30대 후반들을 봐도 아예 결혼을 안 하신 분들도 많고. 당연히 결혼해야 한다는 분위기가 저희는 없는 거죠. (최세현, 회계사, 30세)

최근에는 모든 직종에 신자유주의적 조직문화가 침투하고 있다지만, 교육계는 금융권에 비해 신자유주의적 경쟁과 성과체계에서 상대적으로 자유로운 직종이다. 안정된 직업으로 꼽히는 교사가 된 세현 씨의 친구들은 취업 후 얼마 지나지 않아 대부분 결혼하고 자식을 낳았다. 하지만 끊임없는 경쟁과 자기 증명이 요구되는 금융회사에서는 혼자 사는 삶이 오히려 일반적이고 자연스러웠다. 비단 세현 씨만이 아니다. 30세 노무사 성지나 씨, 47세 회계사 정영철 씨, 50세 대학교수 홍수경 씨를 포함해 내가 1인가구를 연구하며 만난 다른 전문직 싱글들에게서도 비슷한 이야기를 들었다. 전문가 라이선스를 따기까지, 박사학위를 취득하기까지, 고시에 합격하기까지, 어느 정도 반열에 오르기까지 밤낮없이 일에 매진하다 보니 오늘에 이르렀다.

2023년 노벨 경제학상을 받은 클로디아 골딘Claudia Goldin은 이런 직종을 **탐욕스러운 일자리**greedy work라고 불렀다.[12] 금융, 법률, 컨설팅, 연구직처럼 높은 보상과 지위를 제공하는 대신 노동자의 시간과 헌신을 무제한으로 요구하는 직종이다. 이런 일자리들은 물 먹는 하마처럼 인간의 시간을 빨아들이며 성장한다. 야근이 일상이고, 개인의 커리어 개발이 생존과 직결되며, 언제든 일을 최우선에

둘 준비가 되어 있어야 한다. 이런 업무 환경에서 일 중심으로 살아가는 것은 선택이 아니라 필수다. 그러다 보니 이런 업종에서는 싱글이 상대적으로 많고, 분위기 자체도 '혼자 사는 게 대세'인 쪽으로 흘러간다. 2025년 국가데이터처 발표에서 1인가구의 직업별 비중 1위가 전문가 및 관련 종사자(24.8%)였던 것은 우연이 아니다.[13]

한편, 다소 보수적이라고 알려진 유아용 교구 회사에 다니는 공하은 씨는 세현 씨와는 정반대 경험을 했다. 그녀는 원래 비혼주의자였지만 직장에 다니며 생각이 조금씩 달라졌다. 하은 씨가 다니는 회사의 30대 중후반 직원들은 대부분 결혼했고 자녀가 있었다. 회식 자리의 대화 주제도 자연스럽게 아이 이야기로 흘러가고, 교구 점검을 위해 방문한 동료들의 자녀도 자주 접했다.

> 처음에는 저도 혼자 산 지 좀 되다 보니 혼자 더 살아도 될 것 같았는데, 이 업계에 있으면서 아이들을 많이 보고 이야기를 듣다 보니 생각이 좀 바뀌는 것 같긴 해요.
> (공하은, 교구회사 직원, 29세)

세현 씨와 하은 씨의 이야기를 듣다 보니 준거집단효과reference group effect라는 개념이 떠올랐다. 사람들은 자신의 삶을 평가할 때 고립된 상태에서 판단하지 않는다. 일상에서 함께 시간을 보내는 동료들, 그들이 당연시하는 삶의 방식, 그 집단에 흐르는 분위기가 선택의 기준점을 형성한다. 결혼과 육아가 자연스러운 문화로 여겨지는 공공기관에서는 그 규범이 개인의 선택을 견인하고, 반대로 탐욕스러운 일자리가 지배하는 금융·전문직 분야에서는 독신 중심의 규범이 삶의 청사진을 재구성한다.

이런 의미에서 개인의 선택은 오로지 개인의 의지만이 아니라, 누구와 함께 시간을 보내며 어떤 삶을 '정상'으로 목격하느냐에 좌우된다. 앞서 살펴보았듯 앤서니 기든스는 현대인이 자기 자신을 기준으로 삼는 자기 준거 시스템 안에서 살아간다고 말했다. 하지만 엄밀히 말하면 그 자기 준거는 오롯이 개인 내부에서 형성되지 않는다. 사람들은 스스로 결혼이나 비혼을 선택했다고 생각하지만, 실제로는 자신이 속한 업계나 직장의 문화, 그곳의 동료들이 보여주는 삶의 경로를 자신의 기준으로 점차 내면화한다. 자기 준거는 결국 사회적 준거를 통과하면서 완성된다.

독창성의 이름으로

처음 1인가구를 만나기 시작했을 때, 영상제작자, PD, 작가, 디자이너와 같은 문화·예술업계 종사자가 유독 많았다. 특히 눈에 띈 직종이 미디어 종사자들이었다. 질적연구에서 인터뷰 참여자를 선택할 때, 통계적 비율을 꼭 똑같이 맞춰야 하는 것은 아니다. 하지만 다양한 직종의 사람들을 만나고 싶어서, 후반부에는 가급적 미디어 종사자들을 피하려 했다. 그런데 너무 자주 만나게 되니 피한다고 완전히 피할 수도 없었다.

내가 인터뷰 참여자 표집을 잘못하고 있는 것인지, 아니면 무언가 집단적 특성이 있는 것인지 살펴볼 필요가 있었다. 그래서 가구와 개인의 경제활동 상태를 조사하는 한국노동패널 24차 데이터를 살펴보았다. 결과는 놀라웠다. 직종 및 산업 구분 코드에 따라 '영화, 비디오물, 방송 프로그램 제작 및 배급업', 즉 미디어업 종사자로 분류된 응답자의 비혼율은 무려 85.7%에 달했다. 한국 취업자 평균 나이가 45세 안팎인 것에 비해 미디어업 종사자의 평균 나이는 35세로 연령 효과가 섞여 있을 가능성이 있다. 하지만 그걸 감안하더라도 정말 엄청난 수치였다. 이 수치는 현실과 아주 괴리되어 있는 것 같지 않다. 실제로 한 예능 프로그램 작가에게서 "우리 프로그램 막내부터 메인 작가까지 모두가 싱글"이라는 소리를 들은 적이 있다. 인터뷰 참여자인 방송국 PD 가은 씨도 비슷한 증언을 했다.

> 직장에서 PD들도 비혼자가 많고, 방송작가들도 비혼자 비율이 PD보다 더 높은 편이거든요. 제 나이 또래 여성들도 비혼이 굉장히 많고, 소위 말하는 메인급 이상 작가들은 거의 비혼이죠. (허가은, 방송국 PD, 42세)

미디어 업계에서 일하는 인터뷰 참여자들은 하나같이 "우리 업종에서는 기혼보다는 싱글이 자연스러운 분위기"라고 말한다. 이런 직종에서 일하는 참여자들은 비혼의 삶을 사는 동료들을 보며 혼자 사는 삶을 자신의 삶으로 무리 없이 받아들였다.

그렇다면 이 업계에 혼자 사는 사람들이 이토록 많아진 이유는 무엇일까? 당시 식당을 운영하며 방송일을 병행하던 영상제작자 곽형준 씨를 인터뷰하면서 힌트를 얻을 수 있었다.

> 평균적으로 보면 직장 생활하면서 대리 달고 결혼하고 그러잖아요. 영상제작 쪽은 비율이 좀 떨어지는 것 같아요. 이쪽은 하루에 18시간, 20시간씩 촬영하거든요. 한 2시간 자다가 또 일어나서 출근하고 출장 가고 그러면 지금 잠자기도 바쁘고 밥 먹기도 바빠 죽겠는데 결혼 생각은 어렵죠. (곽형준, 영상제작자, 38세)

편집을 위한 밤샘 작업, 촬영지를 물색하기 위한 출장…. 매일 새로운 콘텐츠가 쏟아져 나오는 미디어 시장에서 제작자, 감독, 프로듀서, 배우, 작가로 살아간다는 것은 정말 쉬운 일이 아니다. 이런 일은 특성상 오랜 기간 들쑥날쑥 작업을 하고, 개인의 개성과 재능을 일에 녹여내야 한다. 자기도 모르게 일과 하나가 되어 자기 자신을 일에 갈아 넣게 된다. '이래선 안 되지' 생각하다가도 내 손길이 닿은 작품이 세상에 나오면 내 분신 같아 뿌듯하다. 형준 씨는 그 맛에 수입이 불안정한 촬영 작업을 그만두지 못했다. 형준 씨처럼 많은 문화·예술업 종사자들은 이런 창작의 늪에 빠진다.

『피로사회』를 집필한 철학자 한병철은 자기착취를 현대인의 번아웃의 원인이라고 지적한다.[14] 오늘날의 노동자들은 타인의 강요가 아닌 스스로의 의지로 자신을 착취하며 살아간다는 것이다. 자아실현, 자기성취, 자기계발, 자기관리의 굴레 속에서 사람들은 기꺼이 자기착취에 가담한다.

일을 통해 자아를 실현하고자 하는 욕구는 오늘날 전 직종에 퍼져 있다. 하지만 창의적 직무에 종사하는 문화·예술업계 종사자들은 이러한 욕구가 더욱더 강하다. 작가, PD, 디자이너 같은 창의 노동자들은 내적 동기로 밤을 새운다. 자기 자신이 설정한 이상적 기준이 그들을 과로로 몰아붙인다. 이처럼 자신이 속한 업계가 개인의 독창성을 중요시할수록 노동자들은 혼자 사는 삶을 당연하게 여기게 된다.

이기는 자아와 사랑하는 자아

개인의 성취를 중시하는 경향은 금융업과 미디어업만이 아닌 서비스 산업 전체의 특징이기도 하다. 2019년에 방영된 드라마 「검색어를 입력하세요 WWW」의 주인공 배타미는 38세 비혼주의자이자, 한국 1위 검색 포털 기업 '유니콘'의 본부장이다. 그녀는 2위 기업 '바로'와 점유율을 두고 치열한 경쟁을 벌인다. 10%가량 점유율 격차가 벌어져 있지만 결코 안주하지 않는다. 드라마에서 그녀는 그 이유를 '우유와 인터넷의 차이'로 설명한다. 손에 잡히는 제조상품인 우유는 우선 돈을 내고 사서 먹어봐야 알 수 있으니 쉽게 바꾸지 않는다. 반면 무형의 서비스인 인터넷은 클릭 한 번으로 순식간에 다른 곳으로 갈아탈 수 있다. 배타미가 1위라는 타이틀에도 불구하고 밤낮없이 일하는 이유가 여기에 있다. 언제든 유저들이 떠날 수 있다는 긴장감 때문이다.

이 드라마는 신자유주의 시대를 살아가는 서비스업 종사자들의 초상을 생생하게 보여준다. IT 산업을 비롯해 금융업, 문화·예술업 같은 서비스 업종은 농업이나 제조업과 근본적으로 다르다. 밭에서 나는 농산물의 양에는 한계가 있고, 공장 기계가 찍어낼 수 있는 제품 수량도 어느 정도 정해져 있다. 하지만 서비스업의 영업과 창작에는 상대적으로 성장에 한계선이 없다. 트렌드도 금방 바뀐다. 그래서 이 업계에서 일하는 사람들은 배타미처럼 끊임없이 성과를 내지 않으면 뒤처진다. 배타미의 남자친구는 사랑과 결혼을 계속 갈구하지만, 그녀에게는 늘 일이 먼저다.

하지만 배타미의 이야기에서 가장 흥미로웠던 부분은 바로 그 헌신과 몰입이 배반당하면서부터 시작된다. 유니콘에서 14년 동안 온 맘을 바쳐 일했던 그녀는 윗사람의 생각과 반대되는 행동을 했다는 이유로 가차 없이 해고당한다. 기업은 그녀의 헌신 따위는 고려하지 않았다. 하지만 배타미의 하늘은 무너지지 않았다. 그녀는 곧바로 2위 기업 바로로 이직하고 이제 아무렇지 않게 바로의 점유율을 올리기 위해 다시 달린다. 일의 목표가 완벽히 반전된 것이다.

배타미만이 아니다. 많은 직장인이 하루아침에 바뀔 수 있는 목표를 위해 그토록 열심히 일하고 있다. 언젠가 잘릴 수 있다는 가능성 위를 외줄 타며 말이다. 그렇다면 배타미가 진정으로 추구하는 삶의 목표는 무엇일까? 드라마 속 다른 인물 스칼렛은 배타미를 "이기기 위해 무엇이든 하는 사람"이라고 비판한다. 그 말이 맞아 보인다. 그녀가 충성하는 것은 유니콘이나 바로 같은 특정 직장이 아니다. 자신이 이기는 것 자체, 성과를 내는 것 자체가 그녀의 목표다. 신자유주의 시대의 직장인들은 이렇게 '이기는 자아'를 지키려고 일한다. 가족을 지키기 위해 궂은일을 마다하지 않던 산업사회의 일꾼들과는 헌신의 방향이 다르다.

한병철은 성과에 매달리는 현대인의 자아를 나르시시즘적 자아로 묘사한다. 그리스로마신화의 나르키소스는 연못에 비친 자기 모습에 도취해 헤어나오지 못했다. 현대사회의 직장인들도 성과에 비친 자신의 유능감에 자족하며 성과에 더욱 집착한다. 대기업 부장인 희영 씨도 조직 내 경쟁자들에게 뒤처져서는 안 되고 계속 승진해야 한다는 생각에 사로잡혀 있었으며 "유능감을 인생 가치"로 삼았다. 이를 위해 결혼은 기꺼이 접었다.

> 저는 혼자 사는 거랑 일을 열심히 하는 게 떼려야 뗄 수 없다고 봐요. 저는 인생의 가치를 생각했을 때 '내가 일에서 능력이 있다. 쓸모 있는 사람이다' 이런 유능감

을 진짜 중요하게 여기거든요. (유희영, 대기업 부장, 42세)

그러나 유능이라는 표상에 매달리는 이면에는 조직에서 자신이 쓸모없는 존재로 비칠지 모른다는 끊임없는 불안이 자리하고 있었다. 경쟁에서 도태되지 않을까 전전긍긍하는 것이다. 정부 부처 국장으로 성공가도를 밟아온 혜수 씨도 마찬가지였다.

내가 노력한 것보다 사람들이 나를 낮게 평가하고 있지 않은가라는 불안이 큽니다. 주변과 비교하면 자격지심도 들어서 불안으로 나타나는 것 같아요. 직장 후배들에게는 능력 있는 선배로 보이려고, 불안해 보이지 않으려고 합니다. (임혜수, 고위공무원, 49세)

이처럼 인터뷰 참여자들은 자신을 성장시켜서 그 성과를 보여야만 존재를 입증할 수 있다고 여기기에, 연애나 결혼은 본인의 삶에서 우선순위가 밀린다고 말한다. 이기는 자아를 지키기 위해 사랑하는 자아는 내려놓는다.

너는 좀 더 일을 해야 마땅해

드라마 「검색어를 입력하세요 WWW」는 방영 당시 서울대 사회과학대학 여성 교수 모임에서도 화제가 되었다. 보통 오피스 드라마의 주인공은 남성인 데 반해, 여성 캐릭터들이 중심이라 클리셰를 뒤집은 스토리로 찬사를 받았다. 드라마 제작진은 배타미를 '모두가 꿈꾸는 이상적 커리어 우먼'이라고 설명한다. 그러나 현실에서 그 이상을 추구하는 과정은 생각보다 가혹하고 처절하다. 배타미가 되기 위해서 싱글 여성들은 남성 동료들보다 더 많이, 더 자주 자신을 증명해야 한다.

방송국 PD로 17년째 일해온 가은 씨는 20대 후반에 몸이 안 좋아 6개월 정도 쉰 적이 있었다. 복직하려 할 때 직장 상사에게 들었던 말이 아직도 귀에 생생하다. "아픈 여자랑은 아무도 일을 같이 하고 싶어 하지 않아." 그 이후로 가은 씨는 자신이 어떤 능력을 가진 사람인지 입증하기 위해 강박적으로 일했다. 비단 몸이 아팠던 이력 때문만은 아니다. "그런 경험이 있든 없든 여성 PD들에게는 역량을 증명해야 한다는 압박이 있다"는 것이 그녀의 설명이다. 이런 경향은 어제오늘 일이 아니다. 2008년 『레이디경향』이 여성 PD 3인방을 인터뷰한 기사에도 "남자들보다 두세 배 더 열심히 해야 인정받을 수 있다"는 여성들의 고충이 담겨 있었다.[15] 그런 현실은 17년이 지난 지금도 크게 변하지 않았다.

울리히 벡과 그 아내 엘리자베스 벡-게른스하임Elisabeth Beck-Gernsheim은 함께 쓴 책 『개인화Individualization』에서 개인의 능력이 중요한 기준이 되는 신자유주의 사회에서는 남녀 간의 불평등 문제가 점차 사라질 것으로 전망했다.[16] 하지만 현실은 그리 낙관적이지 않다. 성별에 따른 차별은 사라진 것이 아니라 형태를 바꿔 작동한다.

과거에는 여성이라는 이유만으로 채용과 승진에서 노골적으로 배제되었다. 여성은 '잠재적 어머니'로서 가사나 육아와 같은 재생산 활동에 많은 시간을 할애해야 해서 회사에 헌신하지 못하는 존재로 여겨졌기 때문이다. 이를 모성 페널티motherhood penalty라고 한다. 지금은 그런 명시적 차별은 많이 줄었다. 기혼 여성 노동자를 보호하는 모성보호제도들도 확대되었다.

그러자 기업들의 우려는 다른 곳으로 향했다. 기업 입장에서 모성보호제도는 비용에 해당한다. 기업들은 여성 노동자가 결혼이나 출산을 하며 휴직하거나 업무에 몰입하지 못할까 봐 내심 염려하며 경계하기 시작했다. 1993년 미국에서 법정출산휴가제도Family and Medical Leave Act 도입 이후, 여성 노동자가 퇴사하지 않고 일을 지속하는 비율은 3% 높아졌다. 하지만 승진할 가능성은 이전보다 8%나 낮아졌다.[17] 한국에서도 2005~2019년 사업체패널조사를 분석한 결과, 모성보호제도가 여성이 경력단절 없이 고용상태를 유지하는 데는 도움이 될지 몰라도, 관리직 승진에는 부정적으로 작용하는 것으로 나타났다.[18] 실제로 중앙노동위원회는 2023년에야 육아휴직을 사용한 여성을 승진에서 배제한 회사에 첫 시정명령을 내렸을 만큼 이는 암묵적 관행이었다. 이런 조직문화 속에서 싱글 여성들은 자신은 휴직 없이 줄곧 일에 매진할 수 있고 생산성이 높은 노동자라는 사실을 피력하며 우려를 잠재워야 한다. 비혼 여성 노동자들에게 일 중심의 삶은 자아실현을 넘어서 생존전략이기도 하다.

하지만 싱글이라는 강점은 어느 순간 아킬레스건이 되어 돌아온다. 혼자 사는 여성들은 기혼 직장인과 달리 '챙길 가정이 없다'는 이유로 더욱 직장에 헌신할 것을 강요받는다. 육아휴직을 앞둔 동료의 업무를 떠맡고, 아이가 아파서 조퇴하는 동료 대신 잔업을 하기도 한다. 그러다 보면 같은 여자라도 기혼 여성 동료에 대한 감정이 복잡해진다. 고위공무원으로 20년 넘게 일해온 혜수 씨는 주변 사람들이 으레 가족이 있는 여성 동료들보다 "너는 좀 더 일을 해야 마땅해"라고 생각하는 것 같다고 말했다. 대기업에서 16년을 일해 온 희영 씨 역시 싱글이라는 삶의 방식이 일터에서 기회이자 속박이 되는 상황에 대해 복잡한 감정을 느꼈다.

> 언제든 투입 가능한 인력이 바로 저 같은 싱글입니다. 육아휴직을 앞둔 동료에게는 중요한 일을 못 맡깁니다. 연속성이 없어지니까. 나중에 애가 아파서, 사고가 나서, 행사가 있어서 급하게 집에 가봐야 한다면, 그때도 그 일은 제 업무가 됩니다. "빨리 가봐, 나머지는 내가 처리할게." 말은 그렇게 하지만, 솔직히 억울한 부분은 있어요. (유희영, 대기업 부장, 42세)

혼자 사는 여성 노동자들은 남성 동료들에게는 실력을 증명해야 하고, 기혼 여성 동료들과는 차별화되어야 하며, 동시에 '가족 없음'을 약점이 아니라 헌신의 증거로 만들어야 하는 몇 겹의 압력을 받는다.

하지만 이들의 숨은 노력이 항상 조직의 합당한 보상과 인정을 받는 것은 아니다. 남성 동료와 똑같이, 어떤 때는 더 많이 일에 투신하는데도 이들 앞에는 여전히 경력 상승의 투명한 장벽, 즉 유리천장glass ceiling이 놓여 있다. 헤드헌팅 기업 유니코써치가 실시한 2023년 조사에 따르면, 국내 100대 기업의 전체 임원 7,345명 중 여성은 6%인 439명에 불과했다.[19] 대기업 부장인 희영 씨와 정부 부처 국장인 혜수 씨도 남성 동료와의 승진 경쟁에서 패배를 맛보았다. 성별에 따른 불평등한 인사체계는 싱글 여성 노동자들에게 깊은 좌절감으로 돌아왔다.

그런데도 이들은 쉽게 일에서 빠져나오지 못했다. 현대사회에서, 특히 가족이 없는 싱글들에게 일이란 사회적으로 인정받을 수 있는 거의 유일한 창구다. 그래서 이들은 억울한 심정을 누르고 "버티고 또 버티며" 자신의 가치를 더 보여주고자 노력한다. 혜수 씨가 말한 것처럼 말이다.

> 당신들보다 내가 절대 일을 적게 하지도 않고, 오히려 많이 하고, 더 늦은 시간까지 더 많은 성과를 내려고 노력한다는 생각으로 버티고 버텨서 지금까지 온 겁니다. (임혜수, 고위공무원, 49세)

내 전체의 인생

대다수 인터뷰 참여자들이 혼자 살아가게 된 것은 어떤 비장한 결단에서 출발하지 않았다. 불안정한 노동시장에서 살아남기 위한 고군분투와 직업에서 성취감을 얻으려는 마음. 그 어딘가에서 그들의 삶의 방식이 결정되었다. 성과를 거두기 위해, 곧 자아를 실현하기 위해 자신의 공간과 시간을 일에 맞추는 과정에서 노동은 더욱 자기 자신과 동일화되어 간다.

독일의 사회철학자 지그문트 바우만Zygmunt Bauman은 이러한 현상의 배경을 근대 사회의 질적 변화에서 찾는다. 20세기 후반, 후기 산업사회로 접어들면서 그간 사람들의 정체성을 구성해 오던 사회제도들이 크게 흔들리기 시작했다. 전통적 가족은 줄어들고, 종교는 권위를 잃었으며, 계급은 연대의식을 형성하지 못했고, 국가는 작은 정부를 외쳤다. 바우만은 가족, 종교, 계급, 국가와 같이 사회제도가 견고히 자리했던 산업사회를 고체 근대solid modernity로, 이러한 제도들이 힘을 잃으면서 구성원들의 삶이 유동적으로 변해가는 후기 산업사회를 액체 근대liquid modernity로 명명한다.[20]

사회제도의 구속력이 약해진 액체 근대 사회는 어떤 면에서 개인에게 자유를 선사한 듯 보인다. 하지만 행복과 성공이 출신이나 배경이 아니라 개인의 능력에 달렸다는 믿음은 사람들에게 일말의 여유도 허락하지 않는다. 무엇보다 임금노동에 하루 대부분의 시간을 투여하는 현대사회에서 노동시장에서의 성취는 자기 정체성과 지위를 좌우하는 매우 중요한 기준이 되었다. 일 없이는 자기 존재를 세우기조차 힘든 사회다. 특히 가족이 없는 혼자 사는 노동자들에게 일은 단지 정체성의 일부가 아니라 정체성 그 자체다. 기혼 노동자들에게는 배우자, 부모라는 역할도 정체성의 일부를 형성한다. 반면 싱글 노동자들은 오롯이 노동자라는 역할 하나에 자신의 정체성을 건다. 이 연구를 위해 만난 인터뷰 참여자들도 마찬가지였다. 이들은 자신의 일이 "나의 정체성"이자, "내 전체의 인생"이며, "내 삶의 형식"이라고 고백한다.

> 저는 제 일이 제 전체의 인생이라고 생각하고 있어요. 이게 돈이 되기 때문에 노동이라는 표현을 쓰긴 하지만, 저는 노동이라기보다는 저라는 하나의 존재 자체가 계속 진행되고 있는 거라고 봐요. (지호준, 1인 디자인 기업 대표, 39세)

> 총체적으로 이 일이랑 나는 이제 떼려야 뗄 수가 없겠구나, 영화를 만드는 과정 자체가 제 삶의 형식 같은 느낌을 많이 받고 있어서. 영화를 만들어서 다른 사람들에게 기여할 수도 있겠다, 하는 생각도 하게 돼서 제가 하는 일의 정당성, 가치를 확인받아서 자존감이 올라가는 것도 있어요. (김아리, 독립영화 감독, 29세)

일하면서 "살아 있음을 느끼고", "일이 존재 자체가 되어", "일과 자신을 떼려야 뗄 수 없게" 된 인터뷰 참여자들에게 노동은 단지 재화나 서비스를 생산하는 활동을 넘어선다. 그것은 자기 자신을 만들어내는 자기생산self-production의 과정이기도 하다. 노동을 멈추면 자기의 존재도 무가치해진다. 그러니 생산을 멈출 수 없다. 싱글 직장인들에게서 두드러지게 나타나는 이러한 자기생산의 메커니즘은 어떻게 부양할 가족이 사라지고 있는 개인화된 사회에서도 노동자들이 일에 계속해서 투신하게 되는지를 잘 보여준다.

신자유주의의 북소리를 따라서

개개인의 차원에서 보면 이들의 삶은 주체적인 선택으로 이루어진 것처럼 보인다. 자아실현을 위해 커리어에 집중했고, 일이 성취감을 주기 때문에 생활환경도 일에 맞춰나갔다. 그러나 21명의 싱글 직장인들의 삶에서 반복되는 현상을 가만히 들여다보면 의문이 생긴다. 왜 이들은 친밀한 관계를 만드는 일보다도, 편안한 집에 사는 것보다도, 깊은 휴식을 취하는 것보다도 일을 우선시하게 되었을까? 인터뷰 참여자들은 "재미있어서" 혹은 "의미 있어서"라고 답한다. 하지만 이 대답은 그들이 왜 유독 일에서 재미와 의미를 찾게 되었는지를 설명하지 못한다. 여기에는 보이지 않는 힘이 작용하고 있다.

프랑스 철학자 미셸 푸코는 현대사회에서 권력은 폭력이나 억압으로만 모습을 드러내지 않는다고 말한다. 사회가 발전할수록 권력의 얼굴은 더 세련되어진다. 사람들이 스스로 어떤 가치와 규범을 '좋은 것'이라고 믿게 만드는 것. 그렇게 하면 통치 권력은 큰 노력을 들이지 않고도 원하는 바를 이룰 수 있다. 이처럼 오늘날의 권력은 강요하지 않는다. 대신 우리 스스로 그렇게 살고 싶게 만든다. 푸코는 이를 **통치성**governmentality이라고 불렀다.[21] 통치성은 개개인의 인식과 행동을 통솔하는 힘이다. 겉으로는 개인의 자유로운 선택 같지만, 실은 사회가 바라는 방식으로 스스로를 관리하게 만드는 보이지 않는 권력이다.

신자유주의 사회의 통치성은 우리를 '자유로운 개인'으로 호명한다. 구조에 지배받지 않고 얼마든지 삶의 방향을 선택할 수 있다고 말한다. 하지만 사회가 제시한 선택지에는 이미 효율성, 성과, 경쟁, 자기계발, 기업가 정신 같은 가치들이 디폴트 값으로 깔려 있다. 사람들은 이 선택지를 체크하면서 자발적인 선택이라고 믿는다.

통치성은 우리의 감정, 관계, 언어, 일상의 사소한 습관에까지 파고든다. 통치성은 경수 씨가 퇴근하자마자 노트북을 펼치고 다시 일하는 습관 속에도, 세현 씨가 커리어를 쌓기 위해 아무도 시키지 않은 야근을 하는 책상 위에서도 존재한다. 현지 씨가 더 재미있는 일을 찾아 새로운 직장으로 떠나는 순간에도 작동한다. 그 누구도 이들에게 가족보다 일을 택하라고 협박하지 않았다. 하지만 신자유주의적 가치들을 내면화하면서 그들은 이 선택을 최선이라 믿게 되었다.

푸코는 한 시대가 추구하는 통치성은 특정한 정치경제체제, 인구구조, 그리고 가족모델과 유기적으로 결합되며 작동한다고 말했다. 실제로 내가 만난 싱글 직장인들의 일상은 후기 자본주의 사회의 경제구조가 1인가구와 같은 개인화된 가족모델과 어떻게 맞물려 돌아가는지를 보여준다. 다인가구 노동자들에게도 기업가적 자아의 특성이 나타난다. 하지만 싱글라이프는 신자유주의가 울리는 성장과 효율의 북소리를 따라 가장 빠르게 움직일 수 있는 모습을 하고 있다. 가족 부양의 굴레에서 벗어났지만, 그들은 더 극단적인 방식으로 노동에 포획된다.

그렇다면 자기 자신을 일에 쏟아부은 싱글 직장인들은 어떻게 지치지 않고 다음 날 다시 일을 시작할 수 있게 되는 걸까? 힘내라고 응원가를 불러줄 사람이 없는데도 말이다. 가족이 제공하던 돌봄과 휴식의 기능은 누가, 어떻게 대체하고 있을까? 이에 답하려면 후기 산업사회의 재생산 메커니즘을 살펴볼 필요가 있다.

작은 가능성

1인분의 복지

기업 복지는 흔히 임금 외에 제공되는 부가적인 혜택 정도로 여겨진다. 그러나 주거와 돌봄, 건강과 휴식의 문제가 개인의 책임으로 전가된 사회에서, 기업 복지는 그 책임의 일부를 보완해 줌으로써 노동자가 일에 온전히 몰두할 수 있도록 지원해 왔다. 다시 말해 오늘날 기업 복지는 임금의 보완물을 넘어, 노동을 지속 가능하게 만드는 핵심적인 사회안전망 역할을 한다.

이러한 기업 복지의 설계에는 사회가 상정한 '표준적인 삶의 모습'이 반영되어 왔다. 산업사회에서는 한 명의 가장이 벌어들이는 임금으로 가족 전체가 생활할 수 있어야 한다는 가족임금 개념이 널리 공유되었다. 다수의 노동자가 기혼 가장이었기에, 그 배우자와 자녀를 지원하는 것은 개인의 복지를 넘어 산업사회의 지속가능성을 보장하는 일로 여겨졌다. 가족수당, 배우자 건강검진, 자녀 학자금 지원, 육아휴직제도 등은 바로 이런 전제 위에 구축된 제도들이다.

문제는 후기 산업사회에는 이런 전제가 더 이상 유효하지 않는데도 기업복지의 설계도는 여전히 가족임금의 틀만 고수하고 있다는 점이다. 이러한 상황에서 비혼 노동자들은 보이지 않는 배제의 경험을 반복한다. 휴직제도는 가족을 돌볼 때만 사용할 수 있고, 배우자 건강검진은 자연스럽게 기혼자만의 혜택이 된다. 동일한 시간을 일하고, 동일한 성과를 내도 가족수당을 받지 못한다. 물론 가족수당은 가족을 부양하면서 노동을 병행해야 하는 기혼 직장인의 노고에 대한 사회적 인정으로 마땅히 보장되어야 할 권리이다. 1인가구에게 이러한 시스템이 불평등하게 여겨지고 박탈감으로 이어지는 이유는, 이들이 자신의 삶을 홀로 건사하며 노동에 투신하는 과정에서 마주하는 위험과 고단함은 여전히 개인의 몫으로만 치부되기 때문이다. 이들에게는 노동의 지속가능성을 담보해 줄 사회적 안전망이 거의 존재하지 않는다.

후기 산업사회의 생산과 재생산 구조가 개인으로 이동한 만큼 이에 맞는 복지의 재조정이 필요하다. 이제 가족임금을 넘어 1인분의 복지를 고민할 때다. 노동자 네 명 중 한 명이 1인가구인 지금 이는 소수 집단을 위한 특혜가 아니다. 가족을 대신해 혼자서 자본주의의 생산과 재생산을 전담하고 있는 개인에게도 마땅히 분배되어야 할 몫의 복지이다. 산업사회의 복지가 노동자를 떠받쳤던 가족을 지원했듯이, 혼자 일하며 스스로를 떠받치고 있는 노동자들을 위해 그 짐의 일부를 제도가 나누어 맡는 일이다. 이를 위해 기업 차원에서 시도해 볼 수 있는 대안들이 있다.

1인가구 노동자에게 가장 시급한 것은 '쉼'과 '건강'이다. 가족의 지원 없이 노동력을 재생산해야 하는 이들에게 이 두 가지는 생존의 문제이기 때문이다.

먼저 돌봄휴가를 넘어선 안식휴가를 도입해볼 수 있겠다. 대표적인 돌봄휴가인 육아휴직이 미래의 노동력을 돌보기 위한 시간이라면, 안식휴가는 현재 자신의 노동력을 재정비하는 시간이다. 공무원의 경우 '자기개발휴직'을 법적으로 보장받을 수 있고, 카카오 등 일부 민간기업에서도 장기 근속자에게 '리프레시 휴가'를 제공한다. 그러나 이는 여력이 있는 일부 기업에 한정된 이야기다. 육아휴직제도처럼 정부가 제도적으로 보장해 주지 않는 한, 대부분의 직장에서는 시도조차 하기 어렵다. 비혼 노동자는 일과 생활이 뒤섞인 채 번아웃 직전까지 몰렸다 해도 돌봄휴직 대상이 아니기에 퇴사를 감수하기 전에는 휴식의 기회를 갖기 어렵다. 장기근속을 한 1인가구 노동자가 안식휴가를 신청할 수 있는 제도가 보편화된다면, 이들도 최소한의 회복과 인생을 재설계할 시간을 확보할 수 있을 것이다.

건강검진 지원도 생각해 볼 수 있다. 한국은 산업안전보건법에 따라 노동자 1인 이상의 직장이라면 반드시 직장인 건강검진을 실시해야 한다. 여러 기업들은 이에 더해 노동자의 배우자에게까지 건강검진을 제공하고 있다. 가족이 건강해야 노동자도 안정적으로 일할 수 있다는 이유에서다. 반면 1인가구 노동자는 기본 건강검진 외에는 가족을 위한 추가 혜택을 받지 못한다. 1인가구는 스스로가 가장이자 주된 돌봄자이기에, 건강에 문제가 생기면 곧바로 일과 생활에서 심각한 타격을 받는다. 특히 이들은 다인가구보다 건강이 좋지 않은 경향이 발견되는 만큼, 이들의 건강 악화를 예방할 방법을 고민해야 한다. 예를 들어, 배우자 건강검진 혜택을 사용할 수 없는 1인가구 노동자가 건강검진을 받을 때는 기본 검진 항목에 더해 프리미엄 건강검진 옵션을 선택할 수 있도록 하는 등, 서비스의 선택지를 다각화할 필요가 있다.

1인가구에게 추가적인 건강검진을 제공하는 것은 특정 집단에 대한 단순한 특혜가 아니라, 위험 기반 맞춤형 복지의 연장선으로 해석할 수 있다. 이미 국가 건강검진제도는 특정 질병 위험군에게 차등화된 서비스를 제공하고 있다. 간암 고위험군에게는 6개월마다 복부 초음파와 혈액검사가 제공되고, 폐암 고위험군에게는 일반 흉부 X선이 아닌 저선량 CT 검사가 추가된다. 50대에는 대장암, 60대에는 골밀도와 치매 검사와 같이 연령대가 높아질수록 건강검진 항목도 더해진다. 이는 건강 위험도가 높은 개인과 집단의 특성에 맞춰 자원을 재배치하는 것이 질병 예방의 효율성과 형평성을 동시에 높인다는 판단 때문이다. 생활습관병, 만성질환, 우울증 유병률이 유의미하게 높은 1인가구에게도 이와 같은 추가 건강검진을 제공하는 것이 사회적 위험을 방지하는 합리적인 정책 설계 방향일 수 있다.

물론 한두 개의 제도만으로 충분하지는 않다. 앞으로 구축될 1인분의 복지가 어떤 모습이어야 할지는 더 많은 논의가 필요하다. 가족임금 체계도 오랜 논쟁과 시행착오 끝에 지금의 모습을 갖추었다. 1인분의 복지 역시 단번에 청사진을 손에 쥘 수는 없다. 다만 분명한 것은, 혼자 사는 노동자에게 어떤 사회적 안전망이 필요한지 이제는 진지하게 질문을 던지기 시작해야 한다는 점이다.

1인가구 지원과 가족 지원을 경쟁 구도로 볼 필요는 없다. 지금 가족과 함께 사는 사람들도 진학, 취업, 이혼, 사별로 언제든 혼자 살게 될 수 있다. 1인분의 복지는 누구나 생애의 어느 시점에서 경험할 수 있는 '혼자의 시기'를 안정적으로 일하며 버텨낼 수 있도록 돕는 최소한의 안전망이 되어야 한다. 스스로를 떠받치며 사는 이들에게도 잠시 손을 내려놓을 수 있는 지지대가 필요하다. 혼자 일하고 혼자 쉬며 다시 혼자 일터로 향하는 노동자들이, 그 과정의 어디쯤에서 무너지지 않도록 하는 것. 그것이 1인분 복지의 출발점이다.

3장

나를 수리하는 여가

우리는 왜 하루 8시간 일하는가. 그 기원은 로버트 오언Robert Owen이라는 사람에게서 찾을 수 있다. 18세기 말 영국에서 넉넉지 못한 집에서 태어나 초등교육도 마치지 못한 그가 역사에 기록된 것은 하루 12~16시간의 노동이 일반적이던 시기 8시간 노동제를 구상하고 자신이 경영하던 공장에서 실현한 사람이기 때문이다. 그가 제창한 "8시간 노동, 8시간 수면, 8시간 여가"의 구호는 현대 노동문화의 근간이 되었다.

이 구호를 처음 접했을 때 8시간 여가라는 말이 눈에 먼저 들어왔다. 끌리면서도 동시에 의문을 안겨주는 말이었다. 여가의 사전적 정의는 '일이 없어 남는 시간'이다. 그래서 가만히 휴식하거나 마음대로 써도 되는 시간처럼 읽힌다. 그런데 퇴근하고 나서 정말 그냥 쉬어도 되는 이들은 많지 않을 것이다. 특히 현대사회에서 자녀를 둔 다인가구의 여가시간은 가사와 돌봄의 연속이다. 구성원들이 적절한 식사를 하고, 빨래와 청소로 청결을 유지해 다음날에도 일할 수 있도록 준비하고, 미래의 노동자가 될 자녀를 양육해야 한다. 시간이 남기는커녕 이런 필수적인 활동들만 해도 숨 돌릴 틈 없이 바쁘다. 이 시간의 정체는 여가라기보다는 마르크스가 말한 재생산에 가깝다. 자본주의 사회에서 핵가족은 오랫동안 이러한 재생산 노동을 사적인 영역에서 떠맡아 왔다.

그래서 많은 이들이 가족을 만들지 않고 혼자 살게 되면 이 같은 재생산 활동에서 해방되어 진정한 의미에서의 여가를 보낼 수 있으리라 기대한다. 실제로 2022년 서울시 1인가구 실태조사에서 응답자들은 싱글라이프의 장점으로 '자유로운 생활'과 '혼자만의 여가시간'을 1위와 2위로 꼽았다.[1]

하지만 내가 연구를 위해 만난 혼자 사는 노동자 21명의 여가시간은 그리 여유로워 보이지 않았다. 이들은 다른 형태로 자본주의 사회를 위한 재생산 활동을 이어나갔다. 가족의 노동력을 지속 가능하게 만드는 대신 자기 자신의 노동력을 지속 가능하게 만드는 활동으로 말이다. 나는 이를 자기재생산self-reproduction이라 정의했다.

자기재생산은 세 가지 형태로 나타난다. 내일의 노동을 위해 오늘의 나를 연마하는 자기계발, 노동하며 소진된 마음을 복원하는 자기힐링, 그리고 약해진 건강을 관리하는 자기관리다. 1인가구의 여가시간은 이 새로운 재생산 활동으로 가득 채워져 있었다.

게임을 하면 레벨이라도 올려야죠

혼자 사는 노동자들에게 주중 여가시간은 업무의 연장인 경우가 많다. 2장에서 살펴보았듯이, 퇴근 후에도 남아서 추가 근무를 하는 사람들이 적지 않다. 집에 돌아와서도 상황은 별반 다르지 않다. 자신이 원하든 원하지 않든 가족과 시간을 보내야 하는 기혼 노동자와 달리 이들은 집에 돌아와서도 주로 일을 생각한다. 세현 씨도 평상시에 "70~80%를 업무에 대해 고민"하며 보낸다. "직장을 최고의 가치"로 여기는 고위공무원 임혜수 씨 역시 비슷하다. 그녀는 회사와 집 구분 없이 어디서든 "주중 5일은 온통 일에만" 맞추었다.

> 챙겨야 할 가족이 없으니까 저에게는 직장생활을 하면서 직장에 몰두하는 게 최고의 가치예요. 주중에는 할 수 있는 한 회사에서든 집에서든 업무적인 고민을 하는 편이고, 일에 대한 생각을 많이 하는 편이에요. 주중 5일은 온통 일에만 맞춘다고 할까요? (임혜수, 고위공무원, 49세)

그렇다고 이들에게 쉼이 없는 건 아니다. 특히 주말에는 좀 다르다. 2025년 12월 국가데이터처는 1만 9000가구를 대상으로 하는 사회조사에서 1인가구에게 주말 여가시간에 주로 어떤 활동을 하는지를 물은 결과를 발표했다. 중복 선택이 가능한 이 질문에 응답자들은 '동영상 콘텐츠 시청(75.7%)'을 가장 많이 선택했다. 그 다음으로 많이 하는 활동은 '그냥 휴식(73.2%)', '컴퓨터 게임·인터넷 검색(22%)', 그리고 '취미·자기개발(17.8%)'이었다.[2] 실제로 내가 만난 혼자 사는 직장인들도 일을 하고 남은 시간에는 "유튜브나 넷플릭스를 보거나", "널브러져 잠을 잘 때"도 많았다. "스트레스를 받을 때면 폭식"을 하기도 하고, "사람들과 술을 마시기도" 했다.

2024년 문화체육관광부가 실시한 국민여가활동조사에 따르면, 1인가구 응답자 1,952명은 이런 여가 활동의 주된 목적 1위로 '개인의 즐거움을 위해서'(43.4%)를 꼽았다.[3] 그런데 내가 심층 인터뷰를 하며 듣게 된 이야기들은 즐거움의 다른 이면을 보여주었다. 스타트업 직원 노정호 씨는 동영상을 보거나 게임을 하는 걸 좋아하지만, 그럴 때면 "시간을 죽이는 것 같아 죄책감"이 든다고 했다. 죄책감이 느껴지는 즐거움, 영어로는 이를 길티 플레저guilty pleasure라고 부른다. 쉬는 시간조차 알뜰하게 보내야 한다는 암묵적 규범이 자본주의 사회를 사는 우리들의 심리에 깔려 있는 것이다.

사실 국가가 보장하는 물리적 여가시간은 점차 늘고 있다. 2004년 근로기준법에 따라 주 5일제가 시행되기 시작했고, 2018년에는 주 52시간 근무제가 도입되면서 초과 근무도 제한되었다. 게

다가 비혼 직장인들은 양육에 상당한 시간을 투입할 필요도 없다. 하지만 이들은 주어진 시간이 있어도 마음 편히 쉬지 못했다. 쉬면서도 "이래도 되나?" 하는 불안함을 지우지 못했다.

과외교사와 대학원 생활을 병행하는 박현준 씨는 이런 불안감과 죄책감 때문에 그냥 휴식을 할 때조차 '쓸모'를 추구했다. 무언가를 성취하고 향상시키려 했다. 게임을 해도 그랬다.

> 아무것도 안 하고 누워 있는 것보다는 쉬면서 뭐라도 하는 게 더 좋은 것 같아요. 하다못해 쉴 때 게임을 하면 캐릭터 레벨이라도 올려야 할 것 같고, 책이라도 읽어야 하는데 그냥 널브러져 있으면 아무것도 되는 게 없잖아요. (박현준, 과외교사, 30세)

현준 씨만이 아니다. 내가 만난 1인가구 중에 여가시간에 온전히 쉰다고 말한 사람은 사실 거의 없었다. 취미생활을 한다고 해도 그림을 그리는 것처럼 "산출물을 만들어야" 보람을 느낀다는 사람들이 많았다.

> 보통 취미를 하면 저는 항상 뭘 만들거나 결괏값이 눈에 보이는 게 좋거든요. 그래서 그림을 그린다든지, (…) 아니면 책을 읽어도 이게 나중에 다 정리가 돼서 저한테 도움이 됐으면 좋겠다 해서 또 적어놓고, 이렇게 뭔가 산출물을 만들어야 하는 사람인 것 같아요. (성지나, 노무사, 30세)

비슷한 이유로 대기업 직장인 유희영 씨는 레고 모듈러 빌딩 시리즈를 모으고 있었다. 이 시리즈는 미니피겨 스케일의 다양한 건물들을 2007년부터 매해 한 종류씩 출시하고 있다. 그녀는 한 개를 빼고 모든 빌딩을 모아 진열장에 전시해 두었다. 완성품들을 보는 보람이 있었다.

이처럼 인터뷰 참여자들은 여가가 어떤 형태로든 생산적이었으면 하는 조바심을 잘 놓지 못했다. 게임 레벨이라도 올리고, 레고라도 조립하고, 그림이라도 남겨야 한다. 하지만 자기에게 주어진 여가시간을 온전히 잘 써야 한다는 생각이 반드시 건강한 생활리듬으로 이어지는 것은 아니다. 이건우 씨에게 이런 강박은 수면 부족의 원인이 되었다.

> 제가 오후 근무라 퇴근하고 집에 오면 이제 저녁 10~11시 정도가 되는데, 저녁 먹고 나면 보통 새벽 1시 정도가 돼요. 그런데 그냥 새벽 4시, 5시 될 때까지 안 자요. 그냥 잠을 자면 뭔가 계속 시간을 버리는 느낌이고 내 시간이 없어진다는 압박감도 있는 것 같고 그래서. (이건우, 시민단체 실무자, 30세)

여가에서도 생산성을 추구하는 경향은 몸과 마음을 닳게 한다. 본래 여가시간은 노동생산성을 높이기 위해서만 존재하는 게 아니다. 인간이 유한한 몸을 회복하고, 정서적 평안을 되찾기 위해 반드시 주어져야 할 시간이다. 이런 이유 때문에 페미니스트 학자 캐럴

길리건Carol Gilligan은 『돌봄의 윤리The Ethic of Care』에서 마르크스주의자가 통용해 온 생산-재생산 개념을 비판한다.[4] '재생산'이라는 말이 돌봄과 가사의 고유한 가치와 존재 의미를 경시하고, 단지 시장의 생산노동을 보조하기 위해 필요한 수단적 행위로 보게 만든다는 것이다. 내가 만난 비혼 직장인들의 여가가 그랬다. 이들의 여가는 철저히 생산을 위한 재생산으로 축소되어 있어, 인간으로서 마땅히 누려야 할 회복의 시간이 끼어들 틈이 없었다.

카트에 든 자기계발

죄책감과 불안감을 덜어주는 가장 완벽한 여가 활동은 자기계발self-development이다. 현재의 업무에 도움이 되고, 미래의 커리어를 준비하는 자기계발은 싱글 직장인들이 여가시간을 보내는 흔한 방식이다. 노무사 성지나 씨는 주말에는 밖으로 나가 앞으로 개업을 했을 때 도움이 될 교육이나 기회를 찾아 다녔고, 대기업 부장인 희영 씨는 야간 경영대학원을 다니며 자신의 업종에 맞는 전문지식을 갖추기 위해 노력했다. 30대 과외교사 현준 씨는 최근 대학원에 입학했다. 석사학위가 진로에 어떻게 유리하게 작용할지는 확실치 않지만, 일단 따두면 좋을 것 같았다. 스타트업 직원인 정호 씨도 커리어에 도움이 될까 해서 퇴근 후에는 데이터 분석을 공부하고, 주말에는 독서 모임에 참여하며 여가시간을 보냈다. 매사 계획적인 정호 씨는 '미라클 모닝'을 믿었다. "1~2시간 일찍 아침을 시작하면, 그만큼 남보다 앞서게 되는 것"은 사실 미라클이 아니라 합당한 세상 이치라고 생각했다. 마이루틴 앱에 적어둔 목표들을 하나씩 달성할 때면 "알찬 하루를 보냈다"는 생각에 뿌듯했다.

이런 사례는 부지기수다. 바우만은 후기 산업사회에 개인들이 경쟁력을 갖추기 위해 끊임없이 무언가를 시도하는 모습을 쇼핑에 비유한다. 늘 새로운 것을 찾아 나서지만 결코 만족에 이르지 못하는, 일종의 쇼핑 중독이라는 것이다.[5]

현대인들의 자기계발 쇼핑은 직장에 들어가기 이전부터 시작된다. 서울대에 부임한 첫 해에 만난 미진이가 아직도 기억에 남는다. 당시 3학년이던 미진이는 눈에 띄는 학생이었다. 앞자리에서 초롱초롱한 눈망울로 수업을 듣던 미진이는 그야말로 알찬 학창시절을 보냈다. 밴드 동아리, 주식 분석 동아리는 물론이거니와, 영어 회화 학원도 다니고, 데이터 분석 준전문가 자격증도 따두었다. 교양지식을 쌓기 위해 고전 강독 모임도 놓치지 않았다. 외국 대학으로 교환학생도 다녀왔다. 그야말로 화려한 스펙이다. 나는 미진이의 활동을 보며 무언가 이루려는 확실한 목표가 있는 줄 알았다. 졸업을 앞두고 진로상담을 하며 이런 답을 듣게 될 줄 몰랐다. "내 꿈이 뭔지 모르겠어서 뭐든 열심히 했던 거예요."

그 후 나는 수많은 미진이를 만났다. 일단 '뭐라도 해야 안심'

이 된다는 취준생들, 그리고 취업 후에도 똑같은 방식으로 여가를 채우는 직장인들을 말이다. 무엇이 진짜 필요한지 모르지만 일단 카트에 담는다. 지금 당장은 용도를 알 수 없지만 언젠가는 필요할지 모르니까. 2024년 시장조사전문기업 엠브레인 트렌드모니터가 전국 만 19~59세 성인 남녀 1,000명을 대상으로 조사한 결과, 전체 응답자의 80.1%는 자기계발을 하지 않으면 도태되는 시대라고 생각했고, 78.4%는 자기계발을 위해 시간과 비용을 아낌없이 투자해야 한다고 답했다.[6]

기업들의 요구는 이러한 쇼핑을 부추긴다. 2024년 시민단체 교육의봄이 국내 주요 150개 기업 입사지원서를 분석한 결과, 학벌을 요구하는 기업이 98%, 자격증을 요구하는 기업이 98%, 어학 실력을 요구하는 기업이 90%에 달했다. 공모전 등 수상경력을 요구하는 기업도 70.7%, 사회봉사 등 학내외 활동 내역을 요구하는 곳은 68%였다.[7] 이렇게 기업들이 스펙을 요구하다 보니 자기계발은 생존을 위한 필수조건이 되었다. 첫 취업을 위해서만이 아니다. 언제 잘릴지 모르는 불안정한 고용 환경 속에서 커리어 전환을 위해서도 스펙 쌓기를 멈출 수 없다. 자기 난개발이 시작된다.

이러다 보니 성인 자기계발 시장은 활황이다. 직장인을 위한 어학 학원, 자격증 학원, 커리어 멘토링과 코칭 컨설팅까지, 자기계발이 유망한 쇼핑 분야가 되었다. 시장은 끝없이 무언가를 배워야 한다고 거스를 수 없는 목소리로 속삭인다. 한 목표를 이루면 곧 새로운 목표가 생기고, 이전의 성취는 금세 낡아 재고로 쌓인다. 현대인의 자기계발은 타인에게 뒤처지고 싶지 않다는 갈망과 두려움을 미끼 삼아 우리를 쉼 없는 자기 갱신, 일신우일신日新又日新으로 내몬다.

그런데 이런 압박이 있다고 해서 모두가 자기계발에 실제 시간과 비용을 투자할 수 있는 것은 아니다. 가족이 있는 직장인들에게 주된 재생산 활동은 자녀가 미래에 노동시장에서 가치 있는 인재로 평가받을 수 있도록 교육하고 양육하는 일이다. 커리어를 위한 자기계발은 후순위가 된다. 반면 혼자 사는 사람들은 업무 외 시간과 재원을 온전히 자기를 위해 쏟아부을 수 있다. 싱글 직장인들은 아이를 기르지 않는 대신, 자기 자신을 기르는 데 집중한다.

다 울었니? 그럼 출근하자

교구회사에 다니는 29세 공하은 씨는 직장에서 스트레스를 받을 때면 '못된 직장 상사 다루는 법', '소극적 성격 고치는 법'에 관한 유튜브 영상들을 세 시간 넘게 시청한다. 그녀는 영상들이 속삭이는 위로와 힘찬 격려를 통해 다음 날 다시 일할 힘을 얻는다.

개인을 끊임없이 소진하게 만드는 신자유주의 사회에서 새롭게 부상한 재생산 활동이 있다. 바로 지친 자기 자신을 다시 복원하고 복구하는 자기힐링self-healing이다. 내가 만난 1인가구들도 지치고 피곤해진 자아를 다시 회복하려는 시도의 일환으로 정신분석이나 심리상담에 상당한 관심을 기울이고 있었다. 자기성취와 자기계발에 몰두하면서 비대하게 부어오른 자아를 다독이고 진정시키려는 것이다.

한국 도서 시장을 보면 이런 흐름이 명확하다. 지친 자아를 위로하는 심리학 도서가 계속해서 베스트셀러에 오른다. 2014년 출간된 『미움받을 용기』는 300만 부 이상, 2016년 출간된 『죽고 싶지만 떡볶이는 먹고 싶어』는 50만 부 이상이 팔렸다. 2020년대 들어서도 힐링과 마음의 평화, 자아의 회복을 강조하는 에세이들이 꾸준히 베스트셀러 목록을 차지한다. 마음수련과 심리상담, MBTI를 다룬 콘텐츠 영상들도 SNS를 도배하고 있다. 사람들은 책에서, 유튜브에서, 상담에서 다친 자아를 치유할 방법을 찾고 있다.

외국계 기업에 다니는 구현지 씨도 하은 씨처럼 여러 개의 상담 유튜브 채널을 구독했다. 그가 가장 좋아하는 채널은 '웃음을 주는 따뜻한 심리상담사 웃따'이다. 현지 씨는 영상에 달린 댓글들을 보면서 자신과 같은 처지의 사람들이 얼마나 많은지 실감하며 왠지 모를 위안을 받았다. 좋은 영상을 발견하면 친구들에게 공유하는 게 낙이었다. 프리랜서 디자이너 조의진 씨는 요새 불상 미니어처를 수집해 모니터 앞에 두었다. 마음이 어지러울 때마다 보면서 명상을 하기 위해서다.

최근 청년 세대 사이에서 템플스테이와 불교 명상도 재유행하고 있다. 국립중앙박물관의 반가사유상 미니어처는 2030세대 사이에서 인기 뮤지엄 굿즈 중 하나다. 내 박사 제자 중 한 명도 연구실 책장에 미니어처 하나를 올려두었다. 속 시끄러운 현대사회에서 잠시 멈추어 자신을 반성하고 마음을 비워내는 불교의 정신이 매력적으로 다가온 것이다. 2025년 미래에셋증권은 반가사유상 미니어처를 활용한 콜라보 마케팅에서 '시장의 파도에도 마음은 평온하게'라는 카피를 내세웠다. 불안정한 시장의 풍파 속에서도 개인은 마음을 다잡고 평정심을 유지하라는 메시지다. 경쟁으로 각성된 정신을 힐링이라는 신경안정제로 가라앉혀야 한다. 그래야 내일 다시 경쟁할 수 있으니까.

누구를 위한 자기성찰인가

자기힐링 담론이 득세하면서 불안정한 고용, 과도한 경쟁, 성과 압박 같은 신자유주의 노동시장의 문제는 '내 마음을 어떻게 다스릴 것인가'라는 개인의 과제로 치환되었다. 『감정 자본주의Cold Intimacies』를 쓴 사회학자 에바 일루즈Eva Illous는 오늘날 치유 담론은 노동자가 겪는 고통의 원인을 사회구조가 아닌 개인의 내면에서 찾도록 유도한다고 지적한다.[8] 과로를 하면 번아웃 예방법을 익히면 되고, 경쟁에서 오는 스트레스는 회복탄력성을 기르며 극복해야 한다. 당신이 불안한 것은 사회가 불안정해서가 아니라 당신의 마음가짐 때문이다.

아이러니하게도 자기힐링은 더욱 강력해진 자아를 탄생시킨다. 자기힐링을 실천하는 사람들은 끊임없이 '나'를 들여다보는 시간을 갖는다. 그 결과 자기생산에 지친 마음을 위로받는 동시에 자아를 더욱 또렷하게 인식하게 된다. 나는 왜 불안한가? 나는 무엇을 원하는가? 나는 어떤 사람인가? 나는 어디로 가고 있는가? 이처럼 자기 자신을 끊임없이 해석하면서 무엇이 '나에게 의미 있는 일'인지를 계속해서 묻게 만든다. 이 과정에서 강화된 자아의식은 일을 하는 동기를 조직에 대한 소속감이나 가족 부양이 아니라 자기 내부에서 찾게 한다. 그렇게 일은 생계를 위한 수단을 넘어 자아실현의 장이 된다. 외부의 강제가 아닌 내면의 열망을 품고 스스로 일터로 향하게 한다.

사교육 시장에서 강사로 일해온 권은성 씨는 삶의 전환점을 묻는 내 질문에 "은희경의 소설 『새의 선물』을 읽었을 때"라고 답했다. 이 책을 읽으며 자아에 대해 깊이 이해하게 되었고, 지금처럼 경쟁이 심한 분야에 종사하면서도 쉽게 흔들리지 않는 밑거름이 되었다고 회고했다.

은희경의 『새의 선물』이라는 소설이었거든요. 그게 어떤 거냐면, 주인공이 밖으로 나와서 자기 자신을 이렇게 보는 그런 책이었어요. (…) 사실 그전까지 3차원 밖으로 나와서 나를 바라본다, 그런 생각을 한 번도 해본 적이 없었죠. (…) 그 이후로는 뭔가 다른 것들, 저에 대해서 생각하는 그런 시간이 많이 생긴 것 같아요. (권은성, 과외교사, 39세)

"3차원 밖으로 나와서 나를 바라본다"라는 은성 씨의 표현은 자기를 관찰하고 성찰하는 근대적 주체의 특성을 보여준다. 이런 자기성찰 능력은 분명 중요한 역량이다. 그러나 신자유주의 사회에서 이 능력은 특정한 방식으로 동원된다. 자기를 바라볼 수 있다는 것은 자기를 끊임없이 점검하고 평가할 수 있다는 의미이기도 하다. 나는 충분히 생산적인가? 나는 성장하고 있는가? 나는 경쟁력이 있는가? 이렇게 자기성찰은 자기감시로, 자기개선은 자기착취로 쉽게 전환된다. 은성 씨가 『새의 선물』을 통해 얻은 자아감각은 그녀를 독립적인 인간으로 살게 해준 동시에 스스로를 관리하고 통제하게 만들었다.

울리히 벡은 『노동의 멋진 신세계The Brave New World of Work』에서 이런 변화를 날카롭게 포착한다.[9] 과거 제조업 중심의 산업사회 노동자들이 '노동자 계급'이라는 연대감 속에서 일했다면 서비스업 중심으로 재편된 후기 산업사회에서는 나 자신이 집단보다 우선이다. 집단의 탑이 무너진 자리에 자아의 탑이 우뚝 솟아올랐다.

우리는 자아라는 시추탑에서 자기힐링이라는 드릴로 자기 내면을 파헤쳐 내일의 노동을 위한 에너지를 뽑아 올린다. 자기힐링은 현대사회의 폭력적인 속도에서 벗어나 잠시 멈추어 자신을 되돌아보는 시도라고들 말한다. 그러나 신자유주의 사회에서는 그 멈춤 또한 다시 달리기 위한 것이다. 수리된 마음은 다시 출근길에 오른다. 그렇게 힐링은 노동의 멋진 신세계를 돌아가게 만드는 또 하나의 톱니바퀴로 기능한다.

타인이라는 백색소음

보통 여가는 지인들과 만나 어울리는 시간이기도 하다. 함께 영화를 보거나 맛집을 탐방하기도 하고, 직장 뒷담화를 하며 회포를 풀기도 한다. 하지만 최근 들어 여가를 혼자 보내는 사람이 많아졌다. 문화체육관광부의 2024년 국민여가활동조사에 따르면, 혼자서 여가시간을 보내는 사람이 54.9%로, 가족(29.8%)과 보내는 사람이나, 친구나 연인(13.2%)과 보내는 사람의 비율보다 압도적으로 높다. 이는 2023년보다 4.4% 높아진 수치다.[10] 사실 자기계발과 자아성찰을 하며 나를 일구는 데 집중하다 보면 타인과 어울리는 일은 줄어들 수밖에 없다. 철학자 한병철은 『피로사회』에서 지나치게 자기에게 몰입하는 현대인들은 타인의 말을 '귀 기울여 듣는 재능'을 소실하게 된다고 지적한 바 있다.[11]

타인에 대한 거리두기는 현대인의 생존전략이기도 하다. 일터에서 직장 동료와 고객들에게 치이고 부대끼다 보면, 여가시간만큼은 누구의 눈치도 보지 않고 혼자 있고 싶은 게 인지상정이다. IT 기업 디자이너 경수 씨는 취업 당시에는 퇴근 후 "동료나 친구들과 어울리며 술을 마시는 게 낙"이었다. 그러나 점점 업무에 치이면서 타인과 어울리는 시간이 줄기 시작했다. 나에게 주어진 이 짧은 여유까지 타인의 시선을 의식하면서 보내고 싶지 않은 것이다. 과외교사인 현준 씨의 경우 혼자 있을 때는 다른 사람들이 자기 바운더리로 들어오지 못하게 선을 그었다.

> 저는 집에 혼자 있을 때는 다른 사람들이 제 바운더리에 들어오지 못하게 하려는 성향이 있어요. 그래서 다른 사람에게 제가 집에 어떻게 혼자 있는지를 가급적 이야기하지 않으려고 해요. 집에서는 확실히 혼자 있는 것이 나아요. (박현준, 과외교사, 30세)

그러나 이렇게 홀로 있다고 해서 외부세계를 향한 연결을 아예 끊어버리는 것은 아니다. 바우만은 현대인들은 홀로 있을 때 완전한 고독으로 빠져드는 것이 아니라 인터넷과 미디어에 접속해 본인이 통제할 수 있는 수준 안에서 외부세계를 관망한다고 말한다.[12] 최근 인기를 끌고 있는 관찰 예능이나 일상 브이로그들 또한 이렇게 타인의 일상을 거리를 둔 채 관망하고자 하는 현대인의 습성과 욕망을 잘 대변한다.

타인을 관망하는 행태는 온라인뿐만 아니라 오프라인에서도 나타났다. 프리랜서 디자이너 의진 씨는 카페에 자주 간다. 밝고 트인 공간에서 일을 하기 위해서이기도 하지만, 일이 없을 때도 백색소음을 즐기고 타인들의 행동과 대화를 건너 보고 들으며 시간을 보낸다. 그는 타인과 직접 사귀지 않은 채로 타인의 존재에 대한 아우라를 느낀다.

> 저는 가끔 사람들이 있는 곳을 찾아가요. 카페에서 사람들을 구경하면서 아우라 같은 걸 느끼면 저도 모르게 관심이 가요. 주변에서 얘기하는 것도 들리죠. 최대한 안 들으려고 노력하지만, 새로운 자극이니까 들어보는 거죠. (조의진, 프리랜서 디자이너, 26세)

수학을 가르치는 은성 씨 또한 강의를 하러 갈 때 지하철 대신 버스를 타고 창밖을 보거나 사람 구경하는 것을 즐긴다. 빨래방에서 세탁을 하는 60분 동안 "창가에 앉아 커피를 마시면서 지나가는 행인들과 거리의 자동차를 구경"하는 것도 그녀가 사람들을 접하는 방식이다.

그래서 이들에게 중요한 건 뷰view이다. 나는 1인가구의 일상을 조금 더 구체적으로 보기 위해 몇몇 인터뷰 참여자들에게 평소 어떻게 지내는지 사진을 찍어서 공유해 줄 수 있냐고 부탁했다. 그들이 찍어온 사진은 카페의 창가, 버스 창가, 일하는 책상 앞 창가, 빨래방의 유리창 너머로 보이는 풍경이었다. 직접 닿지 않는 유리 너머의 세상 말이다.

나는 이들이 찍어온 창가 풍경이 미국 화가 에드워드 호퍼의 그림들과 너무 흡사해서 놀랐다. 호퍼는 뉴욕의 일상 풍경을 즐겨 그렸다. 카페, 극장, 호텔, 침실. 도시인에겐 익숙한 배경들이다. 그의 대표작 「밤을 새우는 사람들」을 보면, 깊은 밤 카페 안에 사람들이 각자의 자리에 앉아 있다. 같은 공간에 있지만 서로 말을 걸지 않는다. 시선은 어딘가 먼 곳을 향해 있다. 그의 다른 작품 「브루클린의 방」, 「호텔 창」, 「아침 해」에서도 개인들이 창밖을 멍하니 바라보며 무언가를 관망한다. 그의 그림은 물질적으로 풍요롭지만 정서적으로는 고독한 현대 미국 사회를 고스란히 담아내고 있다는 평을 듣는다.

내가 만난 1인가구들도 호퍼의 그림 속 인물들처럼 카페, 버스, 빨래방, 그리고 자기만의 방에서 적당한 거리를 유지한 채 타인을 바라보고 있었다. 그들에게 타인의 존재는 어떤 의미도 담겨 있지 않은 백색소음으로 떠돌았다.

엄마 아니면 플랫폼

일 중심으로 살아가는 싱글 노동자일지라도 전통적인 재생산 활동인 가사노동에서 완전히 자유로울 수 없다. 1인분의 살림이라고 해도 이를 오롯이 혼자 감당하기는 쉬운 일이 아니다. 실제로 내가 만난 싱글 직장인들은 가사노동의 버거움을 극복하기 위해 다양한 전략을 사용하고 있었다. 그중 하나가 원가족의 도움을 받는 것이다.

50대 남성인 강진모 씨는 20대에 대학에 진학한 이후 지금까지 자취를 해왔지만 지금도 격주로 모친에게 빨랫감을 맡기러 본가에 간다. 40대 후반 여성인 혜수 씨는 근처에 사는 언니네 집에서 반찬을 받아 왔다. 1인가구 노동자들의 가사노동이 원가족의 여성에게 외주화되는 경향이 있는 것이다. 앞서 언급했듯, 울리히 벡과 엘리자베스 벡-게른스하임은 개인의 능력을 중시하는 신자유주의 사회에서는 젠더 격차가 점차 희석될 것으로 전망했다.[13] 하지만 좀 더 세밀히 들여다보면, 개인들이 자기 능력을 발휘하며 신자유주의적인 자아를 구축해 나갈 때 여전히 가족 내 여성들의 조력이 동원되곤 한다.

> 밥 같은 경우에는 백 퍼센트 외식을 하는 거고. 빨래는 이게 좀 말하기가 창피한 거긴 한데 빨래는 이제 우리 어머니한테 가져다드리죠. 한 2주에 한 번, 일주일에

한 번 자주 봐요. 자주 뵈면서 빨랫거리를 갖다 드리고 이렇게 얼굴을 뵙고. 그게 이제 제 일상생활 중에 중요한 부분이에요. (강진모, 중소기업 대표, 53세)

원가족의 도움 외에 비혼 직장인들이 가장 빈번하게 사용하는 전략은 가사서비스 플랫폼을 이용하는 것이다. 미국의 사회학자 앨리 러셀 혹실드Arlie Russell Hochschild는 이미 2000년대 초부터 서비스 산업의 발전을 언급하며, 현대사회에서 가사노동이 점차 가사서비스로 바뀌고 있다고 지적했다. 한때 가사노동을 남에게 맡기는 것은 주로 상류층에서만 발견되던 현상이었다. 하지만 이제는 가사서비스, 청소서비스, 세탁서비스가 점점 보편화되는 추세이다. 혹실드는 이를 친밀한 삶의 상업화라고 불렀다.[14]

한국에서도 배달의민족, 쿠팡이츠와 같은 배달앱만이 아니라, 청소연구소, 세탁특공대, 집밥연구소, 런드리고 등과 같이 가사를 대신 해주는 플랫폼이 폭발적으로 증가하고 있다. 쉽게 요리할 수 있는 밀키트도 대거 출시되었다. 이런 가사서비스 산업의 주요 타깃이 바로 혼자 살면서 일하는 사람들이다. 경제학에서는 이러한 시장을 '솔로이코노미'나 '일(1)코노미'로 지칭하며, 큰 성장이 기대되는 시장으로 주목한다. 내가 만난 1인가구들도 이런 플랫폼을 사용해 가사노동을 외주화하고 있었다.

청소도 어플로 사람을 불러보기도 하고, 런드리고라고 빨래도 밖에 내놓으면 해

주는 서비스도 있더라고요. 모든 서비스가 이제 비대면, 그리고 제가 보지 않을 때, 딱 해놓는 그런 서비스가 많아요. 혼자 사는 친구들이 '이거 되게 좋다 해봐'라고 소개해 줬고. 제가 사실 계속 야근하니까 빨랫감이 쌓여서 그래서 맡기게 된 거거든요. (성지나, 노무사, 30세)

지나 씨처럼 격무에 지친 싱글들에게 가사서비스 플랫폼은 살림의 부담을 덜어주는 가족과도 같다. 이처럼 혼자 사는 직장인들이 여가시간을 자기계발과 자기힐링에 집중할 수 있게 된 배경에는 가사노동을 서비스 산업으로 시장화시킨 후기 산업사회의 구조적 변화가 존재한다.

뒤늦게 도착한 청구서

"젊었을 때는 돈을 벌기 위해 건강을 해치고, 나이가 들면 건강을 되찾기 위해 돈을 쓴다."

대학생 때 학교 화장실 문에서 처음 접한 글귀다. 나는 달라이 라마의 어록으로 알려진 이 문장에 깊은 인상을 받아 2008년『평등해야 건강하다』를 번역할 때도 후기에 이를 남겨두었다. 하지만 당시 아직 20대 후반이었던 나는 이 문장의 깊이를 실감하진 못했다. 40대 후반에 접어든 지금은 안다. 10~20대 시절 치과에 가면, 의사들이 나이가 들면 턱관절에 문제가 생길 수 있는 구조라고 했었다. 하지만 나는 아랑곳하지 않고 턱을 혹사했다. 연구가 잘 풀리지 않으면 질긴 오징어를 잘근잘근 씹는 습관도 있었고, 긴장을 하면 밤에 이를 갈기도 했다. 결국 40대 초반이 되어 나는 중증 턱관절 장애 진단을 받았다. 명의가 있다는 전국의 병원들을 찾아다니며 치료비도 많이 날렸다. 몇 해 전 SNS에서는 "신체는 30대까지는 체험판이지만, 40대부터는 유료구독"이라는 밈이 돌아다녔다. 아마 그 밈을 본 청년들도 나처럼 이 말을 센스 있는 문구로만 생각하고 지나쳤을지도 모른다. 우리는 대가를 치른 뒤에야 깨달음을 얻는다.

내가 만난 1인가구 노동자들도 나와 다르지 않았다. 유능한 노동자가 되기 위해 여가시간에 자기계발과 자기힐링에 그토록 매진했지만, 정작 자기 자신의 신체적인 한계를 살피고 돌보지 않았던 것이다. 인터뷰 참여자들이 건강관리에 대해 실질적인 경각심을 느끼게 된 시기는 보통 40대 전후였다. 연구에 참여한 40대 이상의 1인가구들은 공통되게 20~30대에는 일에 자신을 투신하다가 40대 전후를 기점으로 디스크, 위장질환, 편마비, 중증 두통과 같은 증상으로 건강이 악화되었다고 토로했다.

평소 "누가 시키지 않아도 야근을 자주 한다"고 답했던 40대 IT 기업 디자이너 경수 씨는 "20~30대에 빡빡하게 일을 했으니 몸이 망가지는 게 당연"하다며 지금 여러 가지 신체적 질환을 앓고 있다고 말했다. 마찬가지로 40대이며 외국계 기업에서 일하는 현지 씨도 회사 일에 몰입하면서 스트레스를 받게 되고 심각한 신경성 신체 질환을 앓아 MRI까지 찍었던 경험이 있었다. 방송국 PD인 허가은 씨는 여전히 분야 특유의 불규칙적 생활패턴과 과로를 이어가고 있지만 30대 후반부터 건강이 꺾이는 경험을 하고 불안감을 느끼고 있었다. 정신적으로 자기를 강화하고 다그치는 것만으로는 극복하기 힘든 육체적 한계에 부딪힌 것이다.

> 20~30대에는 건강에 이상이 별로 없기 때문에, 티가 나지 않기 때문에, 밤을 새워도 상관없고 술 먹고 회사를 출근해도 버틸 수 있었는데, 이젠 체력이 안 되다 보니까 관리에 대한 필요성이 좀 더 강해진 것 같아요. 그동안 빡세게 살았으면 몸이 망가지는 게 당연하잖아요? 돌보지 않았기 때문에. 그게 이제 나이가 점점 들어가면서 티가 나는데, 저는 무릎이 심하게 아프고 눈도 흐릿해 보이고 그래요. (서경수, IT 기업 디자이너, 41세)

> 저희 업계에서는 유난히 미혼 여성들이 여러 질병이 생기는 경우가 많아요. 특히 암. 육체적, 정신적 스트레스가 높고 생활이 불규칙하고 밤새는 일도 워낙 많다 보니까 항상 건강에 대한 어떤 불안 같은 걸 가지고 사는 거죠. 30대 후반, 꺾이는 시점에 어느 순간에 내 건강이 내 일과 삶에 큰 영향을 줄 수 있다는 생각이 들더라고요. (허가은, 방송국 PD, 42세)

30대 후반부터 건강에 빨간불이 켜지는 건 혼자 사는 사람만의 문제는 아니다. 하지만 1인가구의 건강은 다른 가구에 비해 확실히 더 취약하다. 실제로 2021년 통계청 조사를 보면, 1인가구는 지난 2주 동안 아픈 경험이 있다고 답한 비율이 38.9%나 됐다. 아팠던 기간도 평균 11.3일이었다. 이는 전체 가구의 유병률 25%과 유병일수 9.9일에 비해 눈에 띄게 높았다.[15]

무엇이 이런 차이를 만들까? 역설적이게도, 1인가구에게 주어진 '자유' 때문이다. 내가 만난 1인가구들은 하나같이 일에 헌신해온 사람들이었다. 여가도, 자기돌봄도 일보다 뒤였다. 혼자 사는 노동자들은 결혼한 사람들보다 자신을 한계까지 몰아붙이는 경우가 많다. 옆에서 "이제 좀 쉬어"라고 말해줄 사람이 없으니, 건강에 문제가 생기면 악화 속도도 빠르다.

가족이 있는 사람들은 다르다. 자녀가 태어나 자라고 학교에 들어가고 결혼해서 독립하는 과정을 지켜보며 자연스럽게 세월의 흐름을 체감한다. 젊은 시절에 유지했던 생활방식도 가족들의 생활리듬에 맞추어 조금씩 조절이 된다. 아이를 재우기 위해 같이 침대에 눕다 보면 본인도 잠이 들어 어느새 아침이 된다. 아이들 아침밥을 먹이려고 내 밥도 챙기게 된다.

하지만 혼자 사는 사람들은 이런 외부자극이 거의 없다. 현재 40대인 경수 씨의 말처럼, "나이 들어서도 20대에 살았던 방식 그대로 일하고 자취하는 삶이 계속" 이어진다. 혼자 사는 사람들이 세월의 무게를 실감하는 순간은 외부가 아니라 내부의 변화, 즉 몸에서 보내는 경고 신호를 받았을 때다. 건강에 적신호가 켜지고 나서야 비로소 '내가 나이 들었구나' 하고 깨닫는다.

노동시장이 원하는 홀몸

40대 전후로 찾아온 몸의 변화는 일을 향해 달려온 비혼 직장인의 삶을 흔들었다. 일 중심으로 짜여 있던 생활패턴을 바꿀 수밖에 없었다. 실제로 내가 만난 싱글들은 건강이 나빠진 뒤 일을 줄였다. 심지어 아예 일을 그만두는 선택을 하기도 했다.

은성 씨는 15년 넘게 해온 학원 강의를 접고 대신 개인과외를 시작했다. 학원에 속해 있으면 늦은 밤까지 연강을 해야 하고 학생 수도 마음대로 조정할 수 없다. 결국 기절하는 경험을 한 후 방향을 틀었다. 현재 1인 디자인 기업을 운영하는 지호준 씨의 이야기는 더 극적이다. 그는 회사 다닐 때 모두가 퇴근한 이후에도 혼자 남아서 야근을 했던 사람이다. 그런데 무리한 업무가 계속되자 어느 날 몸에 마비 증세가 왔다. "이거는 아니다" 싶었다. 건강 문제는 그가 회사를 그만두고 1인 기업을 차리게 된 계기가 되었다.

저는 다른 직원들은 야근을 안 해도 야근을 하고 한 1년 반 정도 계속 업무를 하다 보니까 몸과 마음이 지쳐 있었어요. 그래서 어지러움증이랑 편마비가 있고, 안면

마비가 오려고 할 때 이거는 안 되겠다 싶어 회사를 그만두었어요. (지호준, 1인 디자인 기업 대표, 39세)

가족이 있는 40대 생계부양자들은 보통 이들과 정반대의 선택을 한다. 자녀 교육비가 본격적으로 들어가는 시기라 오히려 일을 더 열심히 한다. 반면 돌봐야 할 가족도, 나를 돌봐줄 가족도 없는 혼자 사는 사람들은 40대가 되면 여태껏 인생을 쏟아부었던 일에서 한 걸음 물러선다.

한편 이런 변화는 더 오래 일하기 위한 방안이기도 하다. IT 기업 디자이너 경수 씨가 일에 거리를 둔 건 "오랫동안 일을 할 수 있기 위한 효율적 전략"이라고 말했다. 체계적으로 건강을 관리하며 나를 돌보기 시작한 1인가구들의 행동변화는 일에 대한 강박을 내려놓은 것이라기보다 노동시장에서 꾸준히 살아남기 위한 차선책이었다. 건강을 챙기지 못한다면 앞으로 노동시장에서 선택받기 어렵기 때문이다.

건강이라는 개념이 40대가 가까워지면서 많이 좀 들어왔고. 건강해야지 오랫동안 일을 할 수 있겠다는 생각이 들게 되는 것 같고요. 어떻게 하면 24시간을 효율적으로 잘 쓸 수 있을까, 무리가 가지 않는 선상에서. (서경수, IT 기업 디자이너, 41세)

40대에 접어든 비혼 직장인들은 20~30대를 바쳤던 직장에서 한 걸음 물러서 다른 삶의 방식을 고민하기 시작했다. 이들의 행동 변화는 공교롭게도 다시, 유연한 신자유주의 노동시장과 조응한다. 평생직장 개념이 있던 시절에는 40대가 직장생활의 전성기였고, 60대에 자녀가 독립하면 정년퇴직을 하는 게 자연스러운 수순이었다. 그러나 오늘날 직장인들은 40대 중후반이면 명예퇴직과 구조조정에 대비해 다시 취업이나 창업을 준비해야 한다. 생산비용 절감을 원하는 기업들은 연봉 높은 고연차 직원을 부담스러워하기 때문이다. 현지 씨가 동종 업계 기업으로의 이직을 준비하고, 은성 씨가 학원강사를 그만두고 과외교사로 전업하고, 희영 씨가 대기업을 나와 창업을 구상하고자 하는 데는 물론 건강 문제도 컸다. 하지만 한편에는 40대에게 가해지는 퇴사 압박도 한몫했다.

기혼 직장인들도 퇴사 압력을 받지만 그들은 딸린 식솔들을 생각해 어떻게든 직장에서 버티려고 애쓴다. 자녀가 결혼하면 직장 동료들에게 축의금을 받기 위해서라도 60세까지는 직장에 다니길 원한다. 가족이라는 책임이 그들의 몸을 무겁게 만든다. 2025년에 개봉한 박찬욱 감독의 「어쩔 수가 없다」는 가장인 만수가 가족을 위해 얼마나 절박하게 직장에 매달리는지, 그리고 실직한 후에는 얼마나 처절하게 구직 활동을 하는지를 풍자적으로 보여준다. 가족이 있으면 그야말로 '어쩔 수가 없다.'

반면 '홀몸'인 싱글들은 좀 더 가볍게 움직일 수 있다. 자기 삶 전체를 일에 쏟아붓기도 쉽지만, 일찍 회사를 나오거나 다른 직업을 찾아 떠나기도 상대적으로 수월하다. 높은 노동 생산성, 탄력적인 노동시간, 빠른 퇴직, 잦은 이직. 1인가구 노동자들은 이런 변화에 보다 쉽게 자신을 맞출 수 있다. 그들의 홀몸은 액체 근대 사회의 흐름을 따라 유연하게 이동한다. 마치 신자유주의 노동시장에 맞춰 제 몸을 재단한 것처럼.

현대사회를 움직이는 자가발전기

2016년 10월 20일 한국여성민우회가 '1인가구여성, 이기적 선택은 있는가?'라는 주제로 토론회를 벌인 적이 있다. 당시에는 비혼 여성을 자기만 편하게 살려고 출산을 기피하는 이기적인 인간들로 보는 사회적 분위기가 팽배했기 때문이다. 여성만 이런 차별을 받은 건 아니었다. 2017년 서울시 1인가구 실태조사에 따르면, 응답자 3,000명 중 53.5%가 결혼 강요를 당하거나, 문제 있는 사람으로 취급당하는 등 차별을 경험했다.[16]

10년이 지난 지금 사회적 분위기는 많이 달라졌지만, 혼자 사는 사람들을 희생정신이 없는 개인주의자로 보는 사회적 시선은 여전히 남아 있다. 한국 사회 산업화 세대의 노동자들은 가족의 생계를 위해 장시간 고강도의 노동을 감수했고 그 자기희생이 바로 산업화의 동력이었다. 오늘날 개인화된 사회에서 노동자들은 더 이상 가족만을 위해 일하지 않고, 그래서 편한 것만 추구한다거나 이기적이라는 비난을 받기도 한다. 그러나 내가 만난 1인가구들의 삶은 그런 표현들과 어울리지 않았다.

여러 정부기관을 순환하는 공무원 혜수 씨는 늘 일하는 기관 가까이에 집을 구했고, IT 기업 디자이너 경수 씨는 집과 회사를 가리지 않고 야근을 했으며, 노무사로 취업한 지 얼마 안 된 지나 씨는 향후 개업을 꿈꾸며 주말에도 각종 세미나를 찾아다녔다. 그들은 가족이 기다린다며 퇴근을 서두르지도 않고, 기혼인 동료가 주말 근무에 난색을 표할 때 그 자리를 채운다. 그들이 자신을 희생하는 대상은 가족이 아니라 노동이다.

이들의 라이프스타일은 놀라울 정도로 닮은 면이 있다. 나이, 성별, 직업은 달라도 일을 중심으로 돌아가는 삶의 패턴은 엇비슷하다. 일 중심으로 살아가기 위해 결혼을 포기한 것인지, 결혼하지 않았기에 일 중심으로 살 수밖에 없었는지. 닭이 먼저인지 달걀이 먼저인지 인과관계를 따지기 어렵다. 하지만 분명한 건 현재의 노동시장 구조가 이러한 삶의 방식을 반기고 있다는 것이다.

현재의 자본주의는 이제 노동자들에게 자기희생을 넘어 자기착취를 요구한다. 가족을 위한 희생이 멈춘 시점에서 우리는 자아실현과 성취를 위해 자기를 스스로 갈아 넣는 세계로 초대받았다. 자아라는 존재는 신자유주의 시대를 이끄는 무한한 동력이 되었다.

1인가구의 일상을 들여다보면 하나의 긴밀한 순환구조가 보

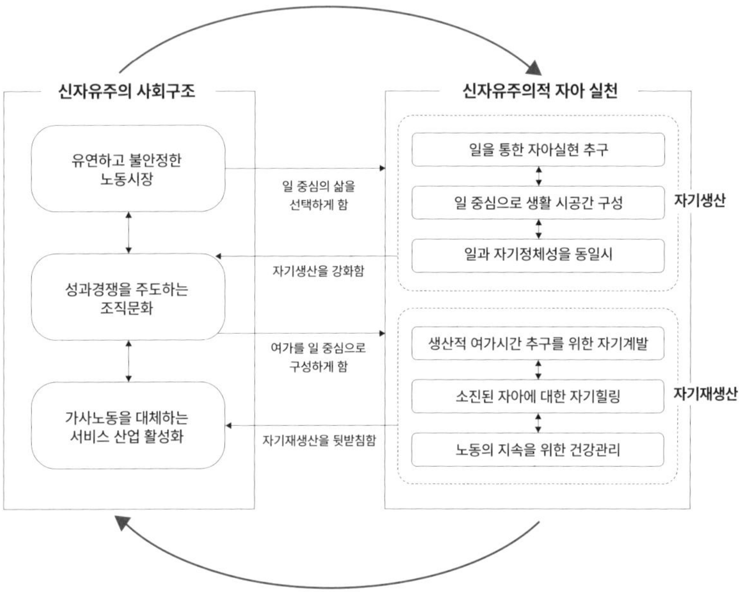

그림6. 1인가구 노동자들의 자기생산-재생산 메커니즘

인다(그림6). 바로 후기 자본주의 시대를 살아가는 1인가구 노동자들의 자기생산-자기재생산 메커니즘이다. 이를 그리면 신자유주의 경제구조와 신자유주의적 자기실천이라는 톱니바퀴들이 맞물려 돌아가는 정교한 시스템이 완성된다. 불안정한 노동시장과 성과 중심의 조직문화에서 살아남기 위해 자기계발에 매진하고 일을 자아실현의 통로이자 자아정체성으로 여긴다. 성과경쟁으로 소진된 마음은 자기힐링으로 재생시킨다. 될 수 있으면 쓸데없는 에너지를 소모하지 않기 위해 직장 가까이에 살고 타인과는 거리 두는 삶을 택한다. 전통적인 재생산 활동인 가사를 최소화하기 위해 서비스 플랫폼이나 원가족에게 외주화한다. 거대한 사회구조가 우리를 감싸고, 우리 각자는 이를 온몸으로 받아낸다.

이 현대사회의 자가발전기 안에서 노동자들은 끊임없이 자기를 생산하고, 소모하고, 재생산하며 쳇바퀴를 돈다. 그렇게 가족이 더 이상 노동의 동기가 되지 못하는 혼자의 시대에서도 자본주의의 시계는 멈추지 않고 돌아간다.

각자도생의 사회

'각자도생各自圖生'이라는 사자성어는 한국에서 유래한 것이다. 임진왜란 당시 선조실록에 최초로 등장한 이 말은 적군이 양민을 도살하니 백성들은 각자 살길을 도모하게 하라는 명령을 담고 있다. 무한경쟁의 시대에 살아남기 위해 애쓰는 인터뷰 참여자들의 모습은 환난 속에 각자도생해야 했던 백성들과 닮았다.

바우만, 벡, 기든스와 같은 사회학자들은 후기 산업사회에서 개인들이 각자도생하게 된 상황을 개인화individualization로 개념화했다. 이는 단순히 혼자 사는 사람이 늘어나는 현상을 의미하지 않는다. 개인화는 사람들이 전통적으로 자신을 규정해 왔던 가족이나 성역할 등의 틀에서 벗어나 개인의 자유로운 선택을 추구하게 된 세태를 뜻한다.

그러나 자유가 주어져도 여유를 갖지 못하는 싱글 노동자들의 삶에서 보듯, 개인화에는 어두운 이면이 있다. 자유는 동시에 책임을 의미한다. 아니, 더 정확히 말하면 자유라는 이름 아래 모든 책임이 개인에게 전가된다. 혼자 사는 삶이란 단지 내 한 몸만 책임지면 된다는 가벼움이 아니다. 내가 나의 현재와 미래를 모두 짊어져야 한다는 한층 무거워진 책임감이다.

당신의 삶이 잘 풀리지 않는다면? 그것은 당신이 충분히 노력하지 않았기 때문이다. 실직했다면? 당신의 경쟁력이 부족했기 때문이다. 아프다면? 건강관리를 제대로 하지 않았기 때문이다. 바우만은 개인화된 사회의 자기책임self-responsibility이 자기파괴적인 속성을 품고 있다고 본다.[17] 개인이 일터에서든 집에서든 멈추지 않고 자기를 갈아 넣도록 몰아가기 때문이다. 이러한 소모적 일상에 지친 우리는 타인들과 거리를 두기 시작한다.

물론 개인화의 긍정적인 가능성도 간과할 수 없다. 앤서니 기든스는 개인화에 내재된 해방의 잠재력에도 주목한다. 전통적인 가족관계는 역할과 의무로 묶여 있었다. 부모는 자녀를 부양해야 하고, 자녀는 부모에게 효도해야 한다. 남편은 생계를 책임지고, 아내는 가사와 양육을 도맡는다. 이러한 관계에서 개인은 '가장', '아내', '며느리'와 같은 타이틀로 먼저 규정되었다.

기든스는 개인화된 사회에서는 이런 규범적 관계에서 벗어나

순수한 관계pure relationship를 만들어갈 수 있다고 본다.[18] 순수한 관계란 역할이나 의무가 아니라 상호 존중과 정서적 지지 그 자체로 연결된 관계를 뜻한다. 오직 인간 대 인간으로, 온전히 존재하며 만나는 관계 말이다. 각자도생이 생존을 위해 타인과 거리를 두는 것이라면, 순수한 관계는 생존을 넘어 공존을 위해 타인과 다시 연결되는 것이다. 혼자의 시대는 이러한 재연결을 위해 필요한 고독의 단계일 수 있다. 전통적 틀에서 한 발짝 물러나, 우리 스스로 관계를 성찰하고 새로이 설계할 수 있는 기회 말이다. 관건은 이 기회의 시기를 고립이 아닌 연결로, 소진이 아닌 회복으로 어떻게 이끌어내느냐다.

작은 가능성

국가는 당신의 외로움을 멀어줄 수 있는가

이 책에서 여러 번 등장한 사회학자 울리히 벡과 앤서니 기든스는 단순히 동시대를 산 학자가 아니다. 두 사람은 런던정치경제대학교를 거점으로 긴밀하게 소통하며 개인화 이론을 발전시켰다. 1997년부터 2003년까지 런던정경대의 총장을 역임한 기든스는 대학 설립 100주년을 기념하는 센테니얼 교수Centennial Professor 프로그램을 만들어 세계적인 석학들을 초빙했는데, 벡은 이 프로그램의 초기 멤버 중 한 명이었다. 두 사람은 같은 공간에서 함께 가족, 종교, 계급과 같은 전통적 사회제도가 해체된 시대에 개인이 어떻게 살아가는지를 탐구했다.

영국 사회학계의 개인화에 대한 문제 제기와 학술적 논의는 마침내 정책적 실천으로 이어졌다. 2018년, 영국은 세계 최초로 외로움 담당 장관Minister for Loneliness직을 신설했다. 사회적 단절과 고립이 개인의 성격 탓이나 사회성 부족 문제가 아니라, 사회구조의 변화가 만들어낸 새로운 위험이라는 인식이 정책으로 구현된 것이다. 벡과 기든스가 이론적으로 규명했던 개인화의 그림자를 국가가 공식적으로 인정한 셈이다.

영국 정부는 '연결된 사회connected society'를 지향하며 5개년 전략을 수립하고, 중앙정부와 지방정부, 민간단체와 종교기관 등 다양한 행위자들이 연결된 사회를 만들기 위한 협력 네트워크를 구축했다.[19] 가장 흥미로운 정책은 사회적 처방social prescribing이다. 환자가 우울감, 불안, 외로움을 호소하며 병원을 찾으면, 의사는 약물 대신 지역사회 활동 참여를 처방할 수 있다. 사회적 처방을 받은 개인은 링크 워커Link Worker라고 불리는 지역사회 전문가와 연결된다. 링크 워커는 요리 강습, 걷기 모임, 자원봉사, 독서 클럽, 멘토링 프로그램, 동호회 등 환자의 관심사와 필요에 맞는 활동을 찾아 소개해준다. 자기힐링이나 자기관리가 아닌, 사람들과 어울릴 수 있는 통로를 열어주는 것이다. 이 제도는 개인이 겪는 많은 문제들이 개인화로 인한 사회적 고립에서 비롯되며, 따라서 해결책도 사회적인 차원에서 이루어질 필요가 있다고 명확하게 전제한다.

아직 초기 단계에 불과하지만 한국에서도 비슷한 움직임이 일어나고 있다. 서울시는 2024년 '외로움 없는 서울' 종합대책을 발표하고, 돌봄고독기획관과 고독대응과를 컨트롤타워로 신설했다.[20] 영국의 사회적 처방에서 착안한 서울연결처방, 외로움안녕 120 콜센터, 서울마음편의점 등을 운영하며 개인화가 파생시키는 문제에 사회적으로 대응하기 시작했다. 이런 정책은 개개인의 고립이 각자의 노력으로 해소될 단계를 넘어섰으며, 사회가 함께 풀어야 할 과제로 보는 관점에서 출발한다. 이와 같은 인식의 전환은 혼자의 시대가 고립의 시대가 되지 않기 위한 첫걸음이다.

4장

돈 많은 1인가구,
과연 행복할까?

2025년 어느 날 갑작스레 유튜브에 데뷔하게 되었다. 재직 중인 서울대학교의 유튜브 채널 PD님이 우연하게 1인가구에 대한 내 교내 강연을 접하고 인터뷰를 제안했던 것이다. 연구의 핵심을 예리하게 꿰뚫으면서도 대중성을 잃지 않는 질문들 덕택에 촬영하는 내내 즐거웠다. 마침내 업로드된 영상은 예상보다 훨씬 큰 반향을 불러일으켰다. 시청자도 많았고, 무엇보다 여파가 컸다. 지인들은 물론 여러 매체에서 몇 주에 걸쳐 연이어 연락을 받게 되었다.

개인적으로 가장 흥미로웠던 것은 댓글들이었다. 거의 천여 개에 달하는 댓글들을 통해 수많은 사람들이 깊은 공감을 보내고 자신의 내밀한 경험을 공유하며 감동을 주는가 하면 날카롭게 반박하는 댓글도 있었다. 사회과학자이긴 하지만 학교에서 대부분의 시간을 보내면서 주로 학자들이나 학생들과 소통해온 내게 대중의 생생한 관심과 솔직한 의견은 그야말로 신선한 자극이었다. 한동안 댓글을 보려고 들락거렸다. 그런데 계속해서 눈에 밟히는 댓글의 장르가 한 가지 있었다.

"돈이 있는데 행복하지 않다면 돈이 부족한 게 아닌지 생각해봐야 한다고 하더군요."

"돈은 대부분의 것들을 해결 가능. 외로움? 그건 인간이면 누구나 느끼는 감정."

"돈 없어봐라. 외로움 따위 느낄 겨를조차 없음ㅋㅋ"

"다 필요없다 결국 돈이다 돈이 진리. 이 나라는 사람이 지옥이다. 혼자 사는 게 최고!"

가만 보니 이 댓글들은 내 연구 내용보다는, 동영상의 섬네일 제목에 대한 즉각적인 반응 같았다.

"돈 많은 1인가구, 과연 행복할까?"

처음에는 나도 이 썸네일 제목이 너무 도발적이지 않나 싶었다. 하지만 이내 이 문장이 내가 오랜 기간 연구를 하며 천착해 온 화두를 함축하고 있다는 생각이 들었다. 나는 혼자 사는 사람들의 대다수가 후기 자본주의 사회에서 자기를 일에 갈아 넣고 수리하며 부지런히 달려온 현대인의 표상이라고 생각한다. 이들은 자신도 모르는 사이에 자본주의가 선사하는 열매인 '돈'을 벌기 위해 뛰어다닌다. 그런데 내 연구는 1인가구가 경제력과는 무관하게 다인가구와는 질적으로 다른 형태의 위기에 공통적으로 노출되어 있다는 점을 계속 드러낸다. 당사자들이 이를 인정하든 인정하지 않든 말이다. 유튜브의 댓글들은 바로 그 문제의식을 불편해하는 것 같았다. 돈으로 인생의 위기를 모두 해결할 수도 없고, 삶의 행복을 완성할 수도 없다는 어찌 보면 평이하기까지 한 말이 왜 이토록 어떤 이들의 반발을 샀을까? 이런 반응의 밑바탕에는 '돈이 없으면 행복해질 수 없다'는 확신이 자리하고 있다.

이 확신에도 어느 정도의 일리가 있다. 최소한의 물질적 토대가 없다면 행복은커녕 생존조차 위태롭기 때문이다. 그런데 '돈이 없으면 행복해질 수 없다'는 명제가 일정 부분 참이라고 해서, 곧 '돈이 많으면 행복해진다'는 명제도 참이 되는 걸까? 돈이 실제로 행복으로 직결되려면, 그것이 단지 물질적 부분만 만족시키지 않고 삶의 다른 영역들까지 윤택하게 만들 수 있어야 한다. 정말 돈만 있다면 그렇게 될까? 만약 그렇지 않다면, 통장 잔고 외에 어떤 자원들이 우리의 삶을 풍요롭게 만들 수 있을까? 나는 이 질문에 답하기 위해 1인가구들이 실제로 가진 것이 무엇인지, 그리고 그것이 이들의 삶에 어떤 영향을 미치는지 살펴보기로 했다.

당신이 가진 것은 무엇입니까

당신이 가진 것은 무엇인가? 누군가가 이렇게 묻는다면 어떻게 답할 것인가? 보통 주식 계좌나 부동산, 자동차 같은 걸 떠올릴 것이다. 우리는 '가진 것'을 물으면 가장 먼저 물질적인 자산을 떠올린다.

하지만 프랑스 사회학자 피에르 부르디외의 질문은 좀 다르다. 그는 당신의 주머니에 든 것만큼이나 당신이 누구를 아는지, 무엇을 할 줄 아는지, 혹은 어떤 학교를 나왔는지 궁금해한다.

20세기 사회학을 대표하는 거장인 그는 피레네 산맥 인근의 시골 마을에서 태어났다. 소작농의 손자이자 우체부의 아들이었던 그는 학문적 재능 덕분에 500년 전통의 명문 고등학교 루이르그랑을 거쳐 프랑스 엘리트의 산실인 에콜 노르말 쉬페리외르에서 철학을 전공했다. 부르디외는 수재들의 틈바구니에서도 최우등으로 졸업할 정도로 뛰어난 학생이었다. 하지만 고등학교 때부터 내내 스스로가 이방인처럼 느껴졌다고 회고했다. 그는 투박한 사투리와 허름한 옷차림만으로도 이미 이질적인 존재였다. 그러나 다른 학생들과 그의 차이는 겉모습이나 용돈 액수로만 설명하기 어려울 만큼 훨씬 골이 깊었다.

어린 시절부터 고급문화를 향유하고, 감히 상상도 못할 인물들을 지인으로 둔 동급생들의 환경을 관찰하며 그는 계급을 가르는 벽이 생각보다 두텁고 견고하며 매우 복잡하다는 것을 깨닫는다. 그것은 부르디외의 학문적 인생을 관통하는 중요한 화두가 된다. 《뉴욕 타임스》 기사에 실린 그의 말이다. "내 연구 중 많은 것은 에콜 노르말에서 겪은 경험에 대한 반동으로 했던 겁니다. 사회학자가 되지 않았더라면, 굉장히 반항적인 사람이 됐을 거라고 생각해요. 그 세계는 끔찍했거든요."[1]

부르디외는 사람을 가르는 것이 돈만이 아니라는 걸 알았다. 그가 1980년대 초반 콜레주 드 프랑스에서 진행한 일반 사회학 강의가 1986년에 논문으로 출판되었다. 「자본의 형태The Forms of Capital」라는 제목의 이 책은 사회과학 연구의 자본 개념에 중요한 전환점이 되었다. 그는 여기서 사람의 사회적 지위를 결정하는 세 가지 자본에 대해 이야기한다.[2]

첫 번째, 경제자본. 우리가 익히 아는 돈과 재산이다.

두 번째, 사회자본. 당신이 곤경에 처했을 때 연락할 수 있는 사람, 함께 밥을 먹으며 속마음을 털어놓을 수 있는 관계, 당신을 믿고 도와줄 사람들이다. 단, 스쳐 지나가는 관계는 자본이 되기 어렵다. 지속적으로 교류하며 서로를 믿는 상호신뢰성, 물심양면의 도움을 주고받을 수 있는 자원 교환 가능성, 그리고 이것이 사회제도로 뒷받침되는 제도적 안정성. 이 세 박자를 갖춘 관계가 질 좋은 사회자본이다.

세 번째, 문화자본. 부르디외는 문화자본을 다시 세 유형으로 나눈다. 학력이나 자격증처럼 공식적으로 인정받는 제도화된 문화자본, 예술품이나 가보처럼 소유할 수 있는 객관화된 문화자본, 그리고 교양, 취향, 매너, 역량, 센스처럼 몸에 배어 있는 체화된 문화자본이다.

이중 부르디외가 에콜 노르말에서 동료 학생들을 보며 도저히 극복할 수 없다고 느꼈던 자본은 체화된 문화자본이었다. 지금은 같은 공간에서 동일한 교육을 받으며 생활하고 있지만, 동료 학생들이 그간의 인생에서 체득해 온 문화자본은 따라잡을 수 없는 것이었다. 어릴 때부터 클래식 음악을 듣고 자란 감각, 미술관에 자주 가며 익힌 안목, 고급 레스토랑의 요리를 음미하는 미각. 이런 것들은 돈으로 살 수 없고, 학교에서 하나하나 가르쳐주지도 않는다. 오랜 시간 특정한 환경에서 몸으로 익혀야 하는 것들이다.

이처럼 부르디외가 다양한 자본을 구분한 이유는 돈만으로는 보이지 않는 삶의 결을 드러내기 위해서였다. 부유한 집안의 아이들은 돈뿐 아니라 교양과 인맥까지 물려받는다. 그리고 이것들은 서로 교환되며 증식한다. 좋은 학력(문화자본)은 높은 연봉(경제자본)으로 이어지고, 든든한 인맥(사회자본)은 비즈니스 기회를 열어준다. 그는 이런 자본들이 각각의 맥락에서 어떻게 형성되고 상호작용하는지 분석해야만 한 집단이나 개인이 처한 계층적 실상을 온전히 파악할 수 있다고 보았다.

나는 부르디외의 자본론을 렌즈 삼아 1인가구들의 삶을 읽어

보고자 했다. 1인가구에게 이 세 자본은 어떤 방식으로 작동할까? 정말 돈만 많으면 삶의 모든 영역이 풍성해질까? 그렇지 않다면 그 이유는 무엇일까? 각 자본은 다른 자본들에 어떤 영향을 미칠까?

이 다층적 자본 연구를 위해 22명의 1인가구를 만났다. 그리고 이들의 경제자본을 소득, 자가 유무, 고용 안정성을 기준으로 세 집단으로 구분해 보았다. 경제자본 상위집단은 1인가구 중위소득(약 240만 원)의 두 배 이상을 벌고, 자가 주택을 보유하며, 정규직으로 일하는 사람들이다. 하위집단은 소득과 재산을 합산한 소득인정액이 생계급여 수급자 선정 기준인 중위소득 32% 이하(약 70만 원대)에 해당하는 사람들이다. 그리고 그 사이에 있는 사람들을 중위집단으로 분류했다. 이렇게 경제자본을 기준으로 보면 상위집단 7명, 중위집단 7명, 하위집단 8명이었다.

다음으로 이들 각각의 사회자본과 문화자본을 상, 중, 하로 평가했다. 사회자본은 가족, 친구, 이웃, 지역공동체 등 인적 관계망의 양과 질을 살펴보았다. 문화자본은 제도화된 형태와 체화된 형태를 보았다. 제도화된 문화자본은 학력이나 자격증을 중심으로 평가했고, 체화된 문화자본은 취미 활동과 관련된 취향·교양, 그리고 실용적인 살림살이와 관련된 생활역량으로 나누었다. 예술품이나 가보 같은 객관화된 문화자본은 이 연구에서는 고려하지 않았다.

이렇게 22명이 가진 세 가지 자본의 수준을 각각 조사해 하나의 표로 정리해 보았다(표1). 그러자 흥미로운 현상이 보였다. 경

가명	경제자본	사회자본	문화자본		
			생활역량	교양/취향	학력/자격
유희영	상	상	상	상	상
문도영	상	상	상	상	상
정영철	상	중	중	중	상
서경수	상	중	하	중	중
임혜수	상	하	하	상	상
강진모	상	하	하	중	상
이재혁	상	하	하	중	상
고정민	중	상	상	상	상
노정호	중	상	상	상	상
신지영	중	상	상	상	중
정고운	중	중	중	중	상
장희수	중	중	중	중	상
송나영	중	하	하	중	중
한상준	중	하	하	하	중
김민석	하	상	상	상	중
민영숙	하	상	상	하	하
강현욱	하	상	중	중	하
조기태	하	상	중	하	하
진아련	하	중	상	하	하
권익창	하	중	하	하	하
윤태환	하	중	하	하	하
백승민	하	하	하	하	하

상 중 하

표1. 각 인터뷰 참여자들의 자본조합구조

제자본 상위집단 중 상당수가 사회자본과 문화자본에서는 의외로 중·하위권에 머물러 있었다. 반면 경제적으로는 가난해도 사회자본과 문화자본이 풍부한 사람들이 많았다. 상, 중, 하를 색깔로 표시했을 때, 경제적으로 풍족한 사람들의 다른 영역들이 하얗게 비어 있는 경우가 있었고, 모든 것이 결핍되어 있을 것 같았던 사람들의 삶은 경제적으로 환산할 수 없는 무언가로 채워져 있었던 것이다. 나는 농도가 다른 자본들의 조합에 따라 1인가구의 삶이 어떻게 다른 색채를 띠게 되는지 더 들여다보기로 했다.

과제를 잘해낸 모범생들

지난 몇 년간 7세고시라는 말이 화제가 되었다. 유치원생이 치르는 영어 학원 레벨 테스트를 말하는데, 그 난도와 경쟁의 치열함이 도무지 유아를 대상으로 한 것이라고는 상상하기 어려워 비판을 받았다. 그러나 학벌을 둘러싼 한국사회의 사교육 광풍은 새로운 이야기는 아니다. 고소득 1인가구들을 만나보니 한국의 부모들이 왜 이토록 천문학적인 비용을 들여 어린 자녀를 교육시키려 하는지 알 것 같았다. 학벌은 돈이 된다.

경제자본 상위집단에 속한 1인가구들은 거의가 명문대나 석사 이상의 학위, 전문가 자격증을 취득하거나 고시에 합격한 고학력자였다. 제도화된 문화자본에서도 상위집단이라는 뜻이다. 학력이라는 문화자본은 이들이 높은 소득을 올리며 자산을 축적할 수 있게 해준 인생의 디딤돌이었다.

99년도에 행정고시를 봐서 들어오게 되었어요. 제가 행정고시를 볼 생각을 한 건 졸업할 무렵이었던 것 같아요. 대학교 1학년 때부터 학회에서 친구들과 토론하고 글을 쓰고 했던 경험이 고시 공부를 하는 데 엄청 도움이 됐어요. (임혜수, 고위공무원, 49세)

저는 지금 작은 중소기업에서 과학 장비들을 만들고 설치하는 사업을 하고 있어요. 대학 때 관련 전공을 했고 대학원도 갔고요. 졸업 후에 뭐를 할까 생각하는데, 배운 게 이거다 보니 관련된 사업을 하자고 해서 시작한 거죠. (강진모, 중소기업 대표, 53세)

부르디외식으로 말하자면 강진모 씨나 임혜수 씨와 같은 사례는 학력이라는 문화자본을 경제자본으로 성공적으로 전환시킨 사례다. 1979년 노벨경제학상을 수상한 시어도어 슐츠Theodore Schultz의 교육투자론을 그대로 입증하듯, 교육에 대한 투자가 경제적 보상으로 이어진 것이다.

그런데 이들 중 상당수는 좋은 직장을 구한 뒤에도 대학원에 진학하거나 자격증 공부를 하는 등 제도화된 문화자본을 추가적으로 취득하려고 노력했다. 물론 배움이 주는 순수한 만족감도 있었지만, 위기 상황에서 자신을 책임져 줄 가족이 없기 때문에 경제자본으로 전환할 수 있는 추가적인 문화자본을 더 쌓고자 했다.

명문대를 졸업하고 현재 대기업 부장으로 일하는 유희영 씨는 꽤 많은 자산을 갖고 있고 소득도 높다. 하지만 "지금 일과 연결해 나중에도 밥 먹고 살 수 있는 법을 익히기 위해" 경영대학원에 진학했다. 대기업에 다닌다고 하여 정년이 보장되지 않는 것이 현실이기도 하고, 직장에서 벗어나 전문 분야에서 새출발을 하고 싶다는 욕구가 맞물려 다시금 공부를 시작한 것이다.

> 제가 이번 봄부터 대학원 과정을 시작했어요. 이거 졸업한다고 굉장한 전문가가 되는 건 아니겠지만, 굉장히 빠르게 변하는 세상을 파악하고, 앞으로 어떤 길을 가야 하는지, 지금 하는 일과 어떻게 연결해서 계속 밥을 먹고 살 수 있을지 고민하려고 시작했어요. (유희영, 대기업 부장, 42세)

경제자본 상위집단에 속한 1인가구들은 이미 탄탄한 문화자본을 바탕으로 높은 경제자본을 쌓아 올린 사람들이지만 여기에 안주하지 않았다. 대부분 더 많은 성취를 이루거나, 적어도 현재 상태를 보전해야 한다는 긴장감을 품고 있었다. 경제자본으로 쉽게 전환이 가능한 학력이나 자격증 취득에 열심인 이유도 이 때문이었다.

와인 한 병의 경계선

자기성취를 위해 달려온 탓일까? 높은 수준의 경제자본을 갖추고, 학벌도 좋은 1인가구 중 스스로 인간적 교류가 활발하다고 평가한 이들은 많지 않았다. 부르디외는 신뢰성, 자원 교환 가능성, 제도적 안정성을 갖춘 인간관계를 질 좋은 사회자본이라고 평가했다. 이를 기준으로 보았을 때, 경제자본이 높으면서 사회자본도 괜찮은 참여자는 대기업 부장인 희영 씨와 스타트업 대표인 문도영 씨 정도였다. 두 사람은 학벌 같은 제도화된 문화자본도 뛰어났지만, 사회적 관계망을 쌓는 데도 열심인 사람들이었다.

그런데 더 가까이 들여다보면, 이들조차도 실제로 교류하는 인맥이 넓거나 다채로운 것은 아니었다. 주로 자신과 비슷한 지위에 있는 사람들을 엄선해서 사귀었다. 유사한 환경에 있는 사람들이 편하기도 하고, 공유할 수 있는 이야기도 많으며, 함께 뭔가를 이뤄나갈 가능성도 높다는 이유였다.

> 비슷한 학력에, 비슷한 사회적 성취, 비슷한 소득수준이어야 편하죠. 제가 10만 원짜리 와인을 골랐는데 '뭔 와인을 그렇게 비싼 걸 사냐'고 하지 않고, 비슷하게 받아들여야 편하잖아요. 비슷한 목적이 있고, 같은 직업이라는 공통분모도 있어야 모임이 유지될 수 있어요. 평소 무엇을 공부하고 있고, 무엇을 에이밍aiming하고 있고, 무엇을 성취했는지 나눌 수 있는 사람들 말이에요.(유희영, 대기업 부장, 42세)

희영 씨가 말한 "10만 원짜리 와인"은 단순한 기호품이 아니다. 그것은 '우리'와 '그들'을 가르는 보이지 않는 선이기도 하다. 와인

가격을 자연스럽게 받아들이고, 같은 취향을 공유하는 사람들. 그들만이 "편한" 관계가 될 수 있다.

물론 관계는 소비수준만으로 형성되지 않는다. 사회자본 연구자 제임스 콜먼James Coleman은 믿을 수 있는 환경에서, 일정한 목적을 위해 함께 의무감을 갖고, 예상한 결과를 실제로 이루어냈을 때 비로소 인간관계의 신뢰가 쌓인다고 말했다.[3] 희영 씨도 인간관계에서 이런 신뢰를 추구해 왔다. 그녀는 과거 일반 싱글 여성 모임에 나가본 적이 있지만, 목적 없는 친목 위주의 모임에는 흥미를 느끼지 못했다. 그러다 보니 자연스럽게 학력, 직업, 생활수준이 비슷해 삶의 목적과 비전을 공유할 수 있는 모임을 선호하게 되었다.

20대 후반에 이미 힐링 콘텐츠 스타트업 대표가 된 문도영 씨도 마찬가지였다. 사람들이 "좋은 습관을 만들고 나 자신을 사랑할 수 있도록" 콘텐츠를 설계한다는 그는 사회에 대한 비전과 가치를 공유한 창업 멤버들을 가장 소중한 사회적 자산으로 꼽았다. 그에게 이 멤버들은 함께 돈을 버는 회사 직원을 넘어서 "같은 가치를 공유하고 지향하는" 비전 공동체이기도 했다.

이들의 이야기는 부르디외가 주목한 상류층 특유의 배타성을 넌지시 드러낸다. 부르디외는 상류층이 경제자본 외에도 문화·사회자본의 수준으로 자기 집단과 다른 집단을 구별 짓는 경향을 관찰했다.[4] 내가 만난 경제자본 상위집단도 '비슷한 성취, 비슷한 가치, 비슷한 목표'를 갖는 사람들 안에서 편안함을 느끼고, 그 밖의 사람들과는 일정한 거리를 두었다.

특히 도영 씨는 자신이 품은 사회적 가치를 누군가에게 전수하고자 하는 욕구가 강했다. 사업체를 운영하면서 같은 가치를 공유한 사람들이 얼마나 중요한지 절감한 그는 그런 신념의 관계망을 확장시키길 원했다. '나'라는 개인이 영향력 있는 사람으로 사회에 남으려면, 결국 나와 같은 가치를 공유한 공동체가 만들어지고 또 이어져야 할 거라고 본 것이다.

> 저는 레거시legacy에 대한 욕망이 커요. 제가 무엇을 하고, 어떤 의견을 내고, 어떻게 행동하는지가 공동체의 다른 일원들에게 영향을 주잖아요. 전 이 사회에 저라는 사람이 의미 있는, 영향력이 있는 사람으로 기억됐으면 좋겠어요. (문도영, 스타트업 대표, 29세)

도영 씨의 이런 욕구는 부르디외가 말한, 자신의 가치관을 사회적 기준으로 만들고 이를 다음 세대에 물려주려는 상류층의 욕구와 닮아 있다. 자신들의 생활양식이 '당연히 추구해야 하는 것', '교양 있는 것'으로 인정받을수록 상류층의 사회적 지위는 더욱 공고해진다. 도영 씨가 바라는 것도 결국 자신의 가치관이 "사회적으로 영향력을 갖는 것"이었다.

가진 게 돈밖에 없어요

"한강 뷰 아파트에서 포르셰 키와 에르메스 백을 내던지고 '이런 건 진짜 행복이 아니야!'라고 외치며 고독한 눈물 한 방울 또르르 흘려보고 싶다…."

이 위트 있는 몽상은 수년째 SNS에 조금씩 변주되며 다시 올라오는 밈이다. 이 농담에는 내면이 공허하다 해도 먹고살 걱정에서 완전히 해방된 부를 누리고 싶은 사람들의 바람이 담겨 있다. 돈만 있다면 허전함이나 고독함 정도는 충분히 견딜 만하다고 생각하는 것이다. 실제로 내가 만난 1인가구 중에는 경제자본을 쌓아 올렸지만 다른 영역들이 상당히 결핍된 사람들이 있었다. 그런데 이들이 느끼는 외로움과 공허함은 돈이 있는데도 불구하고 느껴지는 감정이라기보다, 돈에 집중하면서 다른 것을 놓쳤기 때문에 생긴 것에 가까웠다.

런던정경대 사회학과 교수인 리처드 세넷Richard Sennett은 저서 『신자유주의와 인간성 파괴The Corrosion of Character』에서 신자유주의 시대의 대표적인 특징으로 자기 능력을 스스로 키우고 입증해야 하는 능력주의 문화를 꼽았다.[5] 능력주의는 성과만을 개인의 가치로 인정하기 때문에, 성과로 환산되지 않는 협력이나 돌봄 활동을 사회적으로 보이지 않게 만든다. 그 결과 사람들은 관계에 투자하기보다 경쟁에 몰두하고, 고립은 도덕적 실패가 아니라 합리적 선택이 된다.

능력주의 사회에서 성공한 임혜수 씨, 서경수 씨, 강진모 씨의 삶에서 이런 경향이 여실히 드러났다. 이들은 성과를 일구고 지켜내기 위해 퇴근과 주말이 무의미할 정도로 일에 '올인'하는 사람들이다. 이처럼 업무에 모든 에너지를 쏟아부은 이들은 친구나 연인을 사귀며 여가를 즐기는 일에는 상대적으로 소홀했다. 그러면서 인적 관계망인 사회자본이 점차 고갈되어 갔다.

> 옛날에 연애할 때도 여자친구보다 일을 선택해서 헤어진 적이 있었어요. 지금도 저는 할 게 없으면 집에서도 일을 해요. 집에 일을 들고 오니까요. (서경수, IT 기업 디자이너, 41세)

> 일하다 보니 어느샌가 친구가 없어졌어요. 동료도 없고, 친구도 없으니 혼자 주말 보내기가 좀 힘들어요. 주말에는 혼자서 한 두세 시간 거리에 가서 풍경을 본다든지 해요. (강진모, 중소기업 대표, 53세)

경수 씨의 말처럼, 끊임없이 일하다 보면 일에 더 욕심이 생기고, 그러다 보면 "굴러가는 쳇바퀴처럼 생활"하게 된다. 경제활동과 성과를 추구하느라 연애나 사람 사귀는 일에는 흥미와 관심을 잃는 것이다. 친구들은 하나둘 멀어지고, "혼자 두세 시간 거리에 가서 몇 시간 동안 풍경만 바라보는" 고립된 개인으로 남겨진다. 마치 에

드워드 호퍼의 그림 속 인물들처럼 말이다.

이들의 체화된 문화자본도 허술하긴 마찬가지였다. 앞서 언급했듯 부르디외는 학벌과 같은 제도화된 문화자본뿐 아니라 교양, 취향, 센스, 역량, 노하우처럼 몸에 체화된 문화자본도 삶에서 중요한 자원이라고 보았다. 예를 들어 김장철 품앗이가 있던 시대에 김치를 잘 담그는 능력은 이웃과 활발히 교류할 수 있는 계기가 되어주었고, 영미권에서는 파티에서 적절한 축사를 할 줄 아는 유머 감각이 인기의 비결인 것처럼 말이다. 체화된 문화자본은 이처럼 제도적으로 인증을 받진 못해도 사회적 맥락 속에서 만들어지고 가치를 부여받는다.

나는 오늘날 1인가구라는 사회집단에게 가장 가치가 높은 체화된 문화자본은 생활역량이라고 생각한다. 생활역량이란, 사람이 실생활에서 발생하는 문제를 해결할 수 있는 능력을 뜻한다. 요리, 빨래, 청소를 능숙히 해내는 살림역량이 대표적이다. 오늘과 같은 정보화 시대에는 필요한 지식을 빠르게 얻어내는 정보력도 빠질 수 없는 생활역량이다. 생활역량은 누구에게나 필요하지만, 모든 것을 혼자 처리해야 하는 1인가구에게는 더욱 필수적이다.

그런데 부르디외가 말했듯 체화된 문화자본은 몸과 정신이 현실 세계와 접촉하고 부딪치며 각인되는 감각이다. 빨래 노하우든, 음식 솜씨든, 청소 요령이든, 시간과 에너지를 들여 직접 해봐야만 체득할 수 있다. 한편 내가 만난 경제자본 상위집단 1인가구들은 학력과 같은 제도화된 문화자본은 높은 반면, 생활역량과 같은 체화된 문화자본은 그 수준이 현저히 떨어지는 경우가 적지 않았다. 중소기업 대표 진모 씨의 사례가 특히 두드러졌다. 일 중심으로 살아온 그는 26년 넘게 혼자 살았지만, 아직 변변한 살림살이도 갖추지 못했다.

> 주방용품이 거의 없어요. 딱 밥공기 하나, 접시 하나, 냄비, 프라이팬 하나, 도마 하나. 음식은 간단하게 사 먹고. 집에서는 계란후라이만. (강진모, 중소기업 대표, 53세)

청소, 빨래, 요리와 같은 생활역량은 습득에 시간이 꽤 걸리지만 학벌처럼 사회적으로 내세울 만한 공식적 성과로 인정받지 못한다. 그러니 일터에서의 능력을 우선시하는 이들에게 생활역량은 뒷전이 되기 십상이다. 생활역량이 필요한 일들을 외부에 맡기거나 뒤로 미루다 보면 결국 생활역량은 더 정체된다.

> 일하느라 너무 바쁘고, 착실하게 돈 모아서 집 분양받느라 정신없었어요. 빨래는 세탁소에 맡기고, 대형마트에서 1인가구 간편식품이 많아진 것만으로 감사하고요. 간편식 나오고 국이랑 밥만 가끔 해서 한 끼 해 먹고, 반찬은 언니한테 가져오든 밖에서 사 먹든 그렇게 지내요. (임혜수, 고위공무원, 49세)

사실 학력도 높고 학교에서 성적도 좋았던 경제자본 상위집단 1인가구들은 어린 시절부터 생활역량을 체득하지 않는 습관을 '체득'해왔다. 부모들은 모범생인 이들이 설거지를 돕거나 요리법을 배우기보다는 그 시간에 책을 한 자라도 더 읽길 바랐다. 2025년 장안의 화제가 된 드라마 「폭싹 속았수다」에는 이와 관련한 흥미로운 장면이 있다. 이 드라마에서는 문학소녀였지만 대학 진학을 포기해야 했던 오애순과 서울대생 딸인 양금명의 서사가 펼쳐진다. 집에서 그 누구보다 대장 노릇을 하던 금명은 상견례 자리에서 자신을 못마땅해하는 상대 집안 부모로부터 숭늉을 퍼달라는 요구를 받는다. 이런 수발에 익숙하지 않은 딸이 안쓰러웠던 애순이가 대신해서 숭늉을 푸자 상대 어머니는 "엄마가 이렇게 다 해주시니까 금명이가 아무것도 모르나 보다"라며 은근히 핀잔을 준다. 애순이는 다음과 같이 응수한다. "너무 귀해서, 너무 아까워서 내가 안 가르쳤습니다." 이는 애순이의 애틋한 딸 사랑을 묘사하는 대사로 회자되었다.

그런데 나는 고학력·고소득 1인가구가 살림역량이 낮은 걸 관찰한 이후라서 그런지, 이 장면을 보고 다른 의미에서 안타까웠다. "귀하고 아까우면 살림 좀 가르치지…." 그 후 금명이는 결혼하고 아이를 낳게 되면서 새로운 가족을 돌보기 위해 살림을 하나하나 몸소 배워나간다. 하지만 애석하게도 돌봐야 할 식구가 없는, 혼자 사는 금명이들과 영범이들은 생활역량을 익힐 기회도, 동기도 갖기 어렵다. 여전히 국을 푸는 손길이 서툰 채로 남는다.

인간관계나 생활역량을 윤택하게 가꾸는 대신 노동시장에서의 능력만을 추구해 온 인터뷰 참여자 몇몇은 나이가 들면서 자기 삶의 방식에 회의감을 느꼈다. 특히 진모 씨의 이야기에는 이러한 회한이 짙게 베어 있었다.

> 사실 전 아무것도 없어요. 가진 게 돈밖에 없다고, 돈 외에 소유한 게 거의 없다고 봐야죠. 나이가 들어서 그런지 건강이 안 좋아지고, 치아가 망가지고, 고지혈증이 와서 매일 약을 먹고 있어요. 지금까지 진짜 일밖에 모르면서 살았는데, 좀 벗어나 보려고 노력해도 잘 안 돼요. 사람들을 만나면 되지 않냐 물어보는데, 이제 그거는 또 너무 지친다는 거예요. (강진모, 중소기업 대표, 53세)

긴 세월 일에 몰입하며 달려왔고 이룬 것도 많지만 치열하게 살아온 만큼 건강은 나빠졌다. 하지만 이러한 상황을 위로해 줄 사람은 없었다. 말 그대로 "가진 것은 돈뿐인" 상황에 놓이게 된 것이다. 이제는 변화를 원하지만 이미 굳어진 습성 때문에 어떤 노력부터 해야 할지조차 모르게 되었다. 겉보기에는 경제적으로 풍족한 삶이라 자신의 부족함을 털어놓고 도움을 청하기가 머쓱하기도 하다. 젊은 나이부터 고위공무원으로 살아온 혜수 씨 역시 타인이 보는 자신의 모습과 실제로 느끼는 헛헛함 사이에서 갈등했다. 하지만 그런 마음을 터놓을 상대는 없다. "나는 행복하다"고 되뇌며, 사회자본과 문화자본의 부재에서 오는 공허함을 홀로 견뎌내지만 잘 되지 않는다.

> 남이 보기에는 안정적인 삶을 사는 것처럼 보이지만, 늘 남과 비교 평가하며 불안하게 살아온 것 같아요. 일을 잘해야 한다는 마음에 끊임없이 내적갈등을 하고, 자격지심도 들고, 늘 이렇게 산 것 같아요. '나는 행복하다' 이렇게 생각하려고 노력은 하지만 잘 안 되고요. 이런 걸 스스로 감수해야 한다고 늘 생각해 왔던 것 같아요. (임혜수, 고위공무원, 49세)

혜수 씨나 진모 씨 같은 이들은 사회가 내준 숙제를 성실히 풀었던 모범생들이다. 공부를 열심히 해야 한다고 해서 열심히 했고, 그 결과 좋은 학벌을 얻게 되었으며, 이를 경제자본으로 전환하는 데도 성공했다. 그러나 경제자본이 저절로 의지할 수 있는 인간관계나 만족스러운 일상으로 직결되지 않았다. 다인가구에서는 한 구성원이 경제자본을 얻으려고 일에만 집중하더라도 다른 구성원이 완충장치가 되어준다. 개인의 생활역량이 부족해도 서로 채워줄 수 있다. 함께 일상을 나누며 의지하는 식구들은 가장 단단한 사회자본이기도 하다. 하지만 1인가구는 의식적으로 노력하지 않으면 사회자본이나 체화된 생활역량을 쌓기가 쉽지 않다.

유튜브가 낳은 살림꾼들

경제자본 중위집단에 속한 1인가구들의 가장 눈에 띄는 특징은 상대적으로 젊은 청년 세대가 주를 이룬다는 점이다. 이들 중에도 명문대나 대학원을 졸업하는 등 높은 문화자본을 갖추고, 안정된 직장에서 고소득을 올리는 참여자들이 적지 않았다. 하지만 경제활동 기간이 짧아 부동산 같은 자산이 부족한 탓에, 비슷한 학력과 직종을 가진 중장년층 상위집단에 비해 경제자본 순위는 중위권에 머물러 있었다.

그러나 이들이 상위집단과 갖는 차이는 연령이나 자산 수준에만 있지 않았다. 오히려 생활역량에서 더 흥미로운 격차가 드러났다. 언뜻 생각하면 삶의 연륜이 깊은 중장년층이 생활의 지혜도 풍부할 것이라 짐작할 수 있지만, 실제 인터뷰 현장에서 마주한 양상은 예상과 달랐다. 청년층 1인가구의 생활역량이 뛰어난 경우가 더 많았다.

청년 1인가구는 부족한 경제자본을 보완하기 위해 자신이 가진 생활역량을 적극적으로 동원한다. 대표적인 것이 바로 '정보 검색 능력'이다. 다양한 디지털 채널을 활용해 생활에 필요한 지식과 정보를 선별하고 빠르게 취득하는 능력은 디지털 네이티브 세대가 특징적으로 갖춘 체화된 문화자본이다. 경제자본 중위집단에 속한 청년 1인가구들은 정보 검색 능력을 통해 돈을 아끼면서도 잘 먹고 잘 사는 법을 빠르게 익힌다.

29세의 석사급 연구원인 정고운 씨는 음식을 해 먹을 기술도, 시간도 부족했다. 그렇다고 매번 배달 음식을 시켜 먹기에는 비용과 건강이 걱정이었다. SNS로 건강하고 간편한 식단에 대해 검색을 한 결과, 정기배송으로 식단 맞춤 도시락을 주문하는 것이 가장 합리적이라는 판단을 내렸다. 가격 비교를 통해 가성비가 괜찮은 업체도 찾았다.

청년 세대는 정보 검색을 통해 타인의 살림 노하우를 학습하면서 살림기술도 단기간에 끌어올린다. 30세 남성인 고정민 씨는 살림만큼은 웬만한 주부보다 베테랑이라고 자부했다. 5년 전 자취를 시작했을 때만 해도 집안일에 서툴렀다. 하지만 교환학생 경험과 인터넷 검색을 통해 생활역량을 몸과 머리로 익혀나갔다. 유튜브에서 「자취남」, 「퇴근후살림」, 「가사의 시간」 같은 살림 노하우를 다루는 채널들을 찾아보며 요리법과 청소 팁도 익혔다. 이제는 어디에 가야 어떤 물건을 가장 싸고도 좋은 것으로 살 수 있는지, 남은 음식은 어떻게 보관하는 게 좋은지 잘 알고 있다. 살림에 정통하게 된 것이다.

> 이제는 좀 요령이 생겼죠. 유튜브로 식자재 사는 것도 배우고, 요리하는 것도 배우고, 비싼 음식도 싸게 먹는 요령이 있어요. 육회 같은 것도 그냥 식당에서 먹으면 너무 비싸잖아요? 저는 동네 정육점들 돌아다니며 발품을 팔아서 괜찮은 집을

찾아내서 고기만 8천 원어치 사서 집에서 해 먹어요. 적은 돈으로도 잘 먹고 잘살려는 노력인 거죠. (고정민, 정신건강 사회복지사, 30세)

정민 씨는 정보력을 "먹고사는 능력"이라고 말했다. 그는 비교적 안정적인 직장인이었지만, 혼자 살아가는 데 드는 생활비는 만만치 않았다. 그러니 꼼꼼히 찾아가며 지출을 최소화해야 "숨은 돈"을 아끼며 생존할 수 있다.

자료수집도 능력이에요. 먹고살려면 어쩔 수 없어요. 뭐든지 쉽게 하려고 하면 남이 해주는 비용이 포함돼요. 가시적으로 안 보이니까 그렇지 다 숨은 돈이거든요. 하지만 내가 하면 시행착오는 있을지라도 보람도 느끼고 비용도 아낄 수 있죠. (고정민, 정신건강 사회복지사, 30세)

중장년 1인가구와 대비되는 이들의 생활역량은 개인화된 사회를 받아들이는 태도에서 비롯된 것으로 보인다. 중장년층은 핵가족이 표준이던 시대에 태어나 자랐다. 이 세대에게 혼자 사는 삶은 보편적인 경로라기보다 예외적인 상태로 여겨진다. 아직 결혼을 하지 못한 상태를 뜻하는 '미혼未婚'에 머물러 있는 것이다. 그래서 언젠가는 결혼할 수 있다는 생각에 살림 기술을 적극적으로 습득하지 않은 채 지내는 사람들도 많다. 특히 '집안일은 여성, 바깥일은 남성'이라는 전통적인 성역할 분업이 공고했던 세대적 특성상 중년 남성들은 살림역량이 현저히 부족한 경향이 있다.

반면 청년 세대는 개인화된 삶을 기본값으로 받아들이는 세대다. 이들에게 결혼을 하지 않는 비혼非婚은 하나의 보편적인 라이프 스타일로 자리 잡았다. 언젠가 결혼하리라는 막연한 생각으로 일상을 살기보다, 평생 혼자 살 수 있다는 현실적인 예측을 바탕으로 현재의 일상을 꾸려나간다. 따라서 이들은 한 명의 개인으로 생존하기 위해 훨씬 적극적으로 생활역량을 습득하고 있는 것이다. SNS와 유튜브, 각종 어플을 통해 셀프 인테리어, 수리, 세차, 세탁, 요리, 옷 수선하는 방법 등을 배우는 것은 일상 문화가 되었다.

젊은 시절 공부만 하느라 살림을 배울 기회가 없었고, 결국 살림을 외주화하거나 원가족에게 의존하는 고소득 중년 1인가구들과 달리 오늘의 청년 1인가구들은 누군가가 자신을 돌봐줄 거라 기대하지 않는다. 정보 검색 능력이라는 새로운 문화자본을 무기로 생활역량을 빠르게 보충하는 이들이 중년이 되었을 때, 그들의 일상은 지금의 고소득 중년 1인가구들보다는 더 윤택할 수 있지 않을까 하는 생각에 조금은 안도가 되었다.

이게 나한테 도움이 될까

경제자본 중위집단에 속한 청년 1인가구는 관계를 맺는 방식

또한 일상의 생존과 깊은 관련이 있다. 이들이 선호하는 관계는 함께 운동이나 독서를 하는 등 일상에 실용적인 도움이 되는 소모임들이다. 목적을 추구한다는 점에서는 고소득층이 사회자본을 형성하는 기준과 비슷하다. 하지만 상대적으로 배타성이 높지 않고 일상 속에서의 친목도 중요시한다는 점에서 차이가 있다.

정민 씨는 학교에 다닐 때부터 함께 했던 러닝크루에 깊은 소속감을 느끼고 있었다. 그는 PT를 받거나 헬스장을 다니면 비용이 많이 들기 때문에 돈을 아낄 수 있는 러닝크루에 들어갔다. 접근성을 가장 먼저 고려해 학교 러닝크루를 선택했는데, 시작하고 보니 같은 학교라는 배경이 사람들의 신원을 보증할 수 있어 더욱 좋았다. 졸업한 지금도 러닝크루 멤버들은 서로 돕고 지지하는 중요한 사회자본이 되었다.

> 러닝크루에 굉장한 소속감을 느껴요. 다들 혼자 운동하는 것보다 같이 하는 게 좋다고 해서 이어져 왔죠. 아무래도 학교가 같으면 어떤 사람인지 파악하기 쉽잖아요. 일종의 인증이랄까요? 지금은 아주 친해졌어요. 카톡방 만들어 매일 연락하고요. 집에 초대해서 요리도 해주고 그래요. 애들도 꼭 할머니 집에 온 느낌이래요.
> (고정민, 정신건강 사회복지사, 30세)

정민 씨 외의 경제자본 중위집단 1인가구들에게도 비용은 취미생활을 선택하는 데 있어 무척 중요한 요소다. 기간제 교사인 신지영 씨도 등산동호회 사람들과 친밀한 관계를 유지하고 있다. 그녀는 돈이 많이 들지 않는 취미생활을 하기 위해 평생교육센터나 국민체육센터의 강좌들도 찾아 들었다. 등산동호회도 저렴한 비용으로 운동을 할 수 있는 모임이라 시작하게 된 것이다. 스타트업에서 일하는 노정호 씨도 "뇌랑 종이랑 펜만 있으면 할 수 있는 취미생활"이라며 친구들과 독서모임을 이어나가고 있었다. 이처럼 중위집단 1인가구들은 큰돈을 들이지 않고 지인들과 어울리면서 동시에 자기계발도 할 수 있는 다목적 소모임에 참여하는 경향을 보였다. 경제자본을 아끼면서도 문화자본과 사회자본을 동시에 얻을 수 있는 선택인 것이다.

> 저는 동호회도 하고, 하는 게 많아요. PT는 평생교육센터, 국민체육센터 이런 데서 싸게 배우거든요. 한 달에 3~6만 원이면 저렴하게 배워요. 오름 동호회도 등산복 사 입는 정도로 돈 들지, 돈이 크게 들지 않고요. 우리 동호회 특성이 뭐냐면 도시락을 싸 와서 다 같이 앉아서 먹는 거예요. 그러면 자연스럽게 나눠 먹게 되고 친해지게 되는 거죠. (신지영, 기간제 교사, 42세)

정호 씨에게 취미활동은 단순한 친목이 아니라 경제자본의 발판을 마련하기 위한 활동이기도 했다. 그는 최근 혼자서 공부해오던 통계 내용을 플랫폼 콘텐츠로 만들어 올리기 시작했다. 먼저 스스로 내용을 학습한 뒤, 이를 유튜브나 블로그에 공유하고 네티즌과 댓글로 소통하는 것을 새로운 취미로 삼은 것이다. 그는 공부를 통한 "내적 성장"이 결국 자신의 "몸값"을 높여줄 뿐만 아니라, SNS 활동으로 확보한 관계망을 통해 언젠가 돈을 벌 수도 있다고 믿었다. 이처럼 공부와 소통, 수익을 하나로 엮어내는 방식은 문화자본과 사회자본, 그리고 경제자본을 한꺼번에 쌓으려는 정호 씨의 생존 전략이었다.

> 저는 내적 성장이 결국 경제적 가치도 끌어들이고 인간관계도 만든다고 생각하거든요. 내가 현실적으로는 지금 있는 직장에서 최대한 성장을 해서 몸값을 높이는 게 가장 중요한 거잖아요. 그래서 통계를 취미로 갖기로 했죠. 통계와 관련된 책들을 한 20~30권을 사면 마음에 죄책감이 생겨요. 돈은 매몰비용이 있는데 공부를 해야겠고. 그래서 공부도 하고, 타인의 피드백을 받기 위해 블로그와 유튜브 채널을 개설하고 거기다가 공부한 내용을 계속 올렸어요. 댓글의 피드백도 생기고, 돈의 피드백도 생겨요. (노정호, 스타트업 직원, 33세)

중위집단 청년 1인가구는 사회자본과 문화자본을 쌓을 때 경제자본을 최대한 절약하기를 원하고, 동시에 이 자본들이 경제자본으로 전환될 수 있도록 신경을 쓴다. 사회학자 울리히 벡은 불안한 현대사회를 살아가는 개인은 불확실성에 대비해 끊임없이 자기기획self project을 해야 한다고 말했다.[6] 고용 안정성이 낮고 조직에 대한 신뢰도 약한 청년 세대에게 취미나 모임은 단순한 여가가 아니다. 언젠가 대체 수입원이 될 수도 있고, 일을 확장할 기회가 될 수도 있는 전략적 자기기획인 셈이다. 그래서 이들이 맺는 친분 관계나 소모임 활동에는 항상 생존의 긴장감이 깔려 있다.

아무것도 쌓이지 않는 삶

직장인이자 통계 유튜버인 정호 씨나 기간제 교사이자 취미부자인 지영 씨는 경제자본 중위집단 중에서도 사회자본과 문화자본을 어느 정도 보유하고 있는 사람들이다. 하지만 같은 중위집단에 속하면서도 사회자본과 문화자본이 빈곤한 이들도 있다. 그들은 다른 중·상위집단과 비교했을 때 학력이 상대적으로 낮은 편이고, 비정규직이나 프리랜서로 일하며 고용 상태도 불안정했다. 프리랜서 메이크업 아티스트인 송나영 씨와 택시 기사 한상준 씨는 업무시간도 수입도 불규칙하다. 불안정한 생활을 하다 보니 활발하게 정보 검색을 하거나 살림 기술을 익히며 스스로를 돌볼 여유를 찾기도 어려웠다. 두 사람은 "일단 살아가기 위해" 그때그때 때우는 식으로 생활을 이어가야 했다고 털어놓았다.

> 일단 살아가야 하니까 그때그때 하는 수준이죠. 제가 일을 낮에도 하고 밤에도 하는데, 야간 일을 하고 오게 되면 그냥 잠자고요. 청소나 빨래는 보이면 그때그때

하고요. 밥은 거의 시켜 먹어요. 직접 해서 챙겨 먹을 시간이 거의 없다 보니까 그렇게 돼요. (한상준, 택시 기사, 27세)

두 사람은 동료 없이 독립적으로 일하는 직업을 갖고 있어서 인간관계의 폭도 좁았다. 나영 씨는 믿을 수 있는 소수에게 전적으로 마음을 의존했다. 원가정과 사이가 안 좋았던 그녀는 어릴 때 다니던 가족 중심의 교회에 적응하지 못했다. 하지만 혼자 사는 자신을 살뜰하게 돌보는 개척교회 목사 내외를 만나면서 마음의 문을 열었다. 반찬을 매번 받기만 해서 미안하지만 "우리는 가족이다"라는 말에 위안을 얻었다. 하지만 언젠가는 그들과도 소원해질 수 있는 관계라는 것을 나영 씨도 잘 알고 있었다.

저한테는 교회 목사님이랑 사모님이 가족보다 더 심적으로 가까운 존재예요. 사는 거리도 가까워서 자주 놀러가고 그래요. 그분들이 "우리는 가족이다"라고 하세요. 자꾸 뭘 주시거나 그럴 때, 안 받는다고 하면 "원래 가족은 이런 거 주는 거다"라고 이야기하세요. (송나영, 메이크업 아티스트, 35세)

타지에서 일하는 상준 씨는 주변에 친하게 지내는 친구가 없다. 생계로 인해 원가족들이 다들 뿔뿔이 흩어져 살고 있다 보니 가족과 실질적인 교류도 적었다. 얼마 전에는 혼자 살던 친형이 희귀병으로 고독하게 세상을 떠나는 일을 겪으며, 남은 가족들과 연락을 더 자주 주고받으려 애썼지만 이마저도 쉽지는 않았다. 상준 씨는 때때로 밀려오는 외로움과 우울감을 느꼈지만 마땅히 극복할 방법을 알지 못했다.

> 형이 한 6~7년을 혼자 살다가 갑자기 세상을 떠났어요. 의사 선생님이 혼자 살면서 고독함을 많이 느꼈던 게 원인이라고 하시더라고요. 그래서 저는 최대한 고독함을 느끼지 않으려고 가족들에게 자주 연락하는 식으로 노력하는 편이에요. '가족끼리 서로 좀 더 의지하자' 싶어서 부모님이랑, 여동생이랑도 자주 연락해요. 하지만 흩어져 사니 만나기는 쉽지 않죠. 특히 밤에는 '이게 뭐지? 왜 이렇게 쓸쓸하지?' 싶어요. (한상준, 택시 기사, 27세)

이처럼 같은 청년 세대이지만 생활역량이나 인간관계에 위한 생존 전략을 세울 여유조차 없을 정도로 오늘의 생존 자체가 절박한 사례들이 존재했다. 이들은 주로 불안정한 일자리를 가진 청년들이다. 불안정 노동은 생활비를 보장하지 않으면서도 생활역량을 체득할 시간과 의지를 빼앗아 간다. 고소득층이 일에 올인하느라 생활역량을 기르지 못했다면, 이들은 일에 쫓겨서 생활역량을 방치한다. 일정한 근무지가 없으니 동료라는 사회자본을 형성할 수도 없고, 소득이 낮으니 경제자본도 축적하기 어렵다.

다행히도 최근 청년 1인가구의 외로움이 사회적으로 조명을 받으면서, 지자체들을 중심으로 청년들을 위한 여러 지원 프로그램이 생겨나고 있다. 나영 씨도 "동네 친구가 생길 수도 있겠다"는 기대를 안고 청년 1인가구를 위한 그림치료와 비대면 집단상담 프로그램에 참여한 적이 있었다. 하지만 참여 이후 그런 희망은 아예 접었다. 프로그램이 10회 안팎의 세션으로만 운영되고 닉네임을 사용해서 친밀감을 형성하기 쉽지 않았다. 더욱이 신원이 확실하지 않은 사람들이 모여 있다 보니 젊은 여성으로서 안심할 수 없었다. 결국 전문가에게 자신의 심리상태에 대한 분석을 받아봤다는 데 의의를 둔 채 나영 씨는 프로그램 참여를 그만두었다.

> 세상엔 참 다양하고 희한한 사람이 많더라고요. 어린 여자들이 아무 방어막 없이 접근하기는 위험할 수도 있겠다 싶었어요. 서로 연락처를 오픈하진 않지만, 지역이 좁으니까 젊은 사람의 정보력으로는 나쁜 마음을 먹으면 어렵지 않게 찾겠다 싶었거든요. (송나영, 메이크업 아티스트, 35세)

스쳐 지나가는 관계가 아니라 사회자본이라 부를 수 있는 관계가 되려면 서로를 신임하며 도움을 주고받을 수 있도록 뒷받침하는 제도적 기반이 필요하다. 여기서 제도적 기반이란 단순한 규칙이나 규범을 넘어서 물리적 '장소'를 포함한다. 인터넷 카페에서 만난 사람들보다 학교나 직장과 같은 공식적인 공간에서 만난 관계가 더 안정적인 이유이다. 하지만 최근 추진하고 있는 청년 정책은 이런 안정적 관계를 형성하기에는 아직은 역부족이다. 여전히 청년들을 지원해야 하는지를 두고 여론이 분분하다 보니, 청년 프로그램은 단기 사업으로 위탁 기관에 맡겨 진행되는 경우가 대다수다. 이런 위탁 사업들은 임시공간을 대여해 진행된다. 참여자들도 매번 바뀌고, 꾸준히 사례를 관리하는 사회복지사나 상담사도 없다. 신분을 알 수 없는 사람들과 짧은 기간에 무언가를 배우고 헤어지는 일회성 만남으로는 질 좋은 사회자본이 형성되기 어렵다. 이런 환경 속에서 불안정한 일자리를 가진 청년 1인가구들은 정박할 항구 없이 망망대해를 떠다니는 존재로 남겨진다.

돈 없는 자리는 무엇으로 채워지는가

많은 이들이 「방망이 깎던 노인」을 기억할 것이다. 1974년 윤오영 작가가 쓴 이 수필은 차 시간이 늦었다는 필자의 재촉에도 아랑곳하지 않고 꼭 알맞은 방망이 한 벌을 끝내 깎아내는 노인의 모습을 담고 있다. 하지만 기계가 사람의 손을 대체해 버린 산업사회에서는 이런 귀한 손재주를 가진 장인들이 설 자리를 잃었다. 필자는 이미 당시에도 40년이 지난 노인과의 만남을 회고하면서 속도를 추구하느라 손으로 만드는 일을 멸시하는 산업사회에 대해 안타까운 마음을 글로 남겼다.

2008년 리처드 세넷은 『장인The Craftsman』에서 「방망이 깎던 노인」이 담고 있던 문제의식을 학술적인 언어로 풀어냈다. 이 책은 한국에서는 '현대문명이 잃어버린 생각하는 손'이라는 부제를 달고 나왔다. 세넷은 효율성과 신속성을 지향하는 신자유주의 시대가 육체노동보다 정신노동에, 실천·제작을 상징하는 '손'보다 지식·기획을 상징하는 '머리'에 우위를 두면서, 손으로 직접 무언가를 만들고, 부딪히고, 고치는 과정에서 쌓이는 실천적 지혜를 잃어버렸다고 비판한다.[7]

그런데 이 연구를 하면서 실종되고 있는 '손의 지혜'가 여전히 살아 있는 곳을 보았다. 경제자본 하위집단에 속한 사람들의 삶에서였다. 나는 이들에게서 이런 '손'을 종종 발견했다. 소위 '머리'를 써서 경제자본을 축적해 온 상위집단은 생활역량의 부족분을 채우기 위해 시장의 서비스를 구매한다. 반면 경제자본이 부족한 하위집단은 살면서 부딪히는 어려움을 스스로 채워왔다. 내가 만난 저소득 1인가구들은 대부분이 고졸 이하이고 무학력자도 있을 만큼 제도화된 문화자본의 수준이 낮았다. 하지만 체화된 문화자본인 생활역량은 상당한 수준인 사람들이 많았다. 일상에서 부딪히는 문제를 돈으로 해결하지 못하기에 "몸으로 때워" 왔던 것이다. 손발이 고생한 만큼 생활역량이 축적되면서 그렇게 생활의 달인이 되어 갔다.

민영숙 씨는 10대 때 어머니가 돌아가신 후로 20년 넘게 집안일을 도맡아 왔다. 이제는 혼자 살며 자활근로자로 일하고 있지만 집안일을 병행하는 데 전혀 어려움이 없다. 20년 넘게 쌓아온 살림 기술 덕택에 요리와 빨래 같은 가사에는 능숙했다. 그녀에게는 다음 날을 위한 식사 준비를 전날 저녁에 마치고 일주일 치 반찬을 미리 해두는 등의 루틴이 자연스럽다. 30대 중반의 자활근로자인 진아련 씨 역시 부모님이 이혼한 후 어릴 때부터 언니와 둘이 살면서 살림 노하우를 익혔다. 그녀는 "그 돈이면 대용량 세제를 하나 살 수 있다"며 이불 빨래를 직접 하고, 옷이나 생필품은 아름다운 가게나 할인기간을 활용해 구매하는 식으로 생활비를 아껴왔다. 덕분에 얼마 전 조금 더 넓은 방으로 이사했다.

50대 중년 남성인 김민석 씨 또한 출중한 생활역량을 갖추고 있었다. 과거 중식당에서 일했던 이력 덕분에 요리 실력은 물론 식재료를 관리하고 주변을 청결하게 유지하는 데도 숙달되었다.

> 식당에서 일한 경험이 있어요. 홀에서 지배인도 했고, 주방에서 기술을 배웠죠. 그래서 스스로 음식을 만들어 먹기 때문에 식대가 남들보다 안 나가요. 시장에서 필요한 만큼만 구입해 얼른 만들어 먹고, 남은 재료로 다른 음식 만드는 데 활용하니 버리는 게 없어요. (김민석, 무직, 56세)

물건을 사들이는 적절한 타이밍과 가격, 매주의 식사를 준비해두는 리듬, 옷이 낡아 보이지 않게 관리하는 비법…. 이들은 넉넉하지 않은 형편 속에서 생활의 크고 작은 난관에 부딪히며 자신만의 감각과 요령을 쌓아갔다. 부르디외는 이렇게 체화된 문화자본을 일컬어 실천 감각sens pratique이라고도 불렀다.[8] 이들은 생활역량이 부족해 허술한 의식주 생활을 하던 일부 돈 많은 1인가구보다 오히려 일상의 살림을 살뜰하게 꾸려갔다.

체화된 문화자본만이 아니라 사회자본에서도 의외의 경향이 보였다. 독거노인이나 고시원 청년 1인가구에 대한 많은 기사나 연구가 드러냈듯이, 가난할 때 사회적 관계도 부실해지기 쉽다. 사람을 만나는 데도 돈이 들기 때문에 돈이 있어야 걱정 없이 관계를 이어갈 수 있다. 가난은 가족관계가 악화되거나 해체되는 원인이기도 하다. 내가 만난 경제자본 하위집단의 1인가구들 중에도 원가족과 관계가 단절되었거나 소원한 경우들이 더러 있었다.

하지만 모든 저소득 1인가구가 인적 관계망이 부실한 건 아니었다. 이들 중에는 안정적인 인간관계를 맺으려고 지속적으로 노력하면서 사회자본을 쌓아온 사람들도 꽤 있었다. 이들은 혈연가족에게서 받지 못했던 유대감을 친목모임을 통해서 얻기도 했다. 이들의 인간관계는 앞서 살펴본 경제자본 상위집단 1인가구들과 달리 특정한 가치나 목적을 지향하지도 중위집단처럼 실리를 추구하지도 않았다. 이보다는 살면서 자연발생적으로 형성된 사적 친분에 그 토대를 두고 있었다. 기태 씨는 10년 전부터 주변 지인들과 함께 '하나의 마음'이라는 뜻의 일심회 모임을 만들었다. 아는 사람 다섯 명으로 시작한 일심회는 알음알음 회원이 늘어나 지금은 열두 명이 되었다. 일심회의 멤버들은 매월 3만 원씩 모아 식사를 하거나 여행을 간다. 시간이 흐르면서 이 모임은 그 성격이 조금씩 변해가고 있다. 멤버 중 한 명이 아프면 병원비를 보태거나 대신 일을 해주기도 하는 등, 위험 상황에서 멤버들끼리 상부상조할 수 있는 사적 안전망이 된 것이다.

> 같이 한 달에 한 번 모이는 거예요. 뭐 큰 건 없고. 모임은 내가 만들었는데, 아는 사람 다섯 명이 하다가 어쩌다 보니 열두 명까지 늘어났어요. 만나서 밥도 먹고 도움 될 수 있을 때는 도움 주고. 누가 병원 입원하면 같이 가서 치료비 보태주고. 수술해서 일 못 간다 그러면 일도 메꿔주고 그래요. (조기태, 자활근로자, 57세)

영숙 씨는 싱글 여성이지만, 가정주부들이 주를 이루는 목욕탕 모임에 매주 토요일 참여한다. 처음에는 동네 목욕탕에 목욕하러 갔다가 이웃들과 친해지게 되었는데, 지금은 10여 명이 정기적으로 모여 수다를 즐기는 모임으로 이어졌다. 영숙 씨는 9년 동안 함께한 목욕탕 모임을 "가족보다 더 친하고, 의지하는 사이"로 표현할 만큼 깊은 신뢰를 갖고 있었다. 그녀에게 목욕탕 멤버들은 가족사처럼 진솔한 이야기도 털어놓을 수 있고, 서로 위급할 때 도움을 주고받을 수 있는 존재였다.

> 가족보다 더 친하고 의지가 돼요. 언니들이 꼭 친정언니 같고 친정엄마 같아요.

사회생활에서 만난 사람들하고는 달라. 속에 있는 얘기, 진짜 집안 얘기, 과거사 다 얘기해요. 한 언니가 목욕탕 매점에서 장사를 하는데, 언니가 힘들거나 쉬고 싶으면 제가 알바비도 안 받고 도와주기도 해요. (민영숙, 자활근로자, 45세)

영숙 씨의 목욕탕 이야기를 듣고 있자니, 장기간 인기리에 방영했던 예능 프로그램 「해피투게더」가 떠올랐다. 이 프로그램에서는 사우나실처럼 생긴 세트에서 출연자들이 찜질방 복장을 하고 목욕탕 의자에 앉아 반말로 수다를 떨거나 게임을 했다. 허물없는 친밀감을 연출하고 또 노스탤지어를 유발하기 위해 이런 콘셉트를 선택했을 것이다. 지금은 공중목욕탕을 이용하는 사람이 많이 줄었지만, 내 어린 시절만 해도 공중목욕탕은 온 동네 사람들과 마주치게 되는 사교의 장이었다.

경제자본 하위집단에 속한 1인가구들의 관계망은 과거 한국 사회의 '동네 친목' 문화와 닮아 있다. 사회학자 찰스 쿨리Charles Cooley는 동네 이웃처럼 대면 접촉이 잦고 정서적으로 친밀한 소규모 집단을 1차 집단이라 불렀다. 반대로 회사나 학교처럼 특정 목적을 위해 인위적으로 만들어진 집단을 2차 집단이라 칭했다.[9] 경제자본 상위집단의 인간관계는 2차 집단을 떠올리게 한다. 학벌이나 직업, 관심사 같은 기준으로 사람을 선별해 관계를 맺으며 정신적이고 지적인 유대를 중시한다. 반면 내가 만난 하위집단들은 그저 같은 동네에 산다는 이유로, 목욕탕에서 마주친 우연으로 관계를 시작했다. 주변에서 마주치는 사람들과 일상적인 유대를 형성하는 것이다. 나는 누구를 구별 짓지 않고 받아들이는 이 느슨한 개방성 속에서, 이제 도시에서는 사라져 가는 1차 집단의 정서를 느꼈다. 생활세계를 매개로 한 자연스러운 연대가 이들 사이에서는 여전히 유효하게 작동하고 있었다.

마이너스 되는 건 하나도 없는 그곳

기태 씨와 영숙 씨가 아니더라도 소득이 낮은 1인가구들의 사회자본을 상, 중, 하로 평가했을 때 오히려 다른 계층보다 평균적으로 높은 경향을 볼 수 있다. 사적인 인간관계 때문만은 아니다. 친밀한 지인이나 친구는 다른 계층의 사람들에게도 있다. 이들의 사회자본이 중이나 상에 속하게 되는 데는 지역의 사회복지기관이 결정적인 역할을 했다. 사회복지기관이 제공하는 사회안전망이 이들에게 사회자본의 기본선이 되어주었던 것이다.

영숙 씨, 태환 씨, 아련 씨와 민석 씨는 모두 수급자로 지역자활센터에서 자활근로를 한다. 정부는 근로능력이 있는 수급자에게는 생계비를 무조건 지원하지 않고, 지역자활센터의 자활사업에 참여하는 조건부로 지급한다. 저소득층이 적합한 일을 찾고 기술을 익혀 수입을 올릴 수 있도록 돕는 자활사업은 다양한 업종으로 이루어져 있다. 자활근로자들은 마을기업 형태로 운영되는 카페나 음식점에서 일하기도 하고, 재활용 사업이나 학교 청소를 맡거나 보육·간병 도우미로 파견되기도 한다. 이들 저소득 1인가구들은 정부가 위탁 지정해 운영하는 이런 자활사업에서 경제자본뿐 아니라 사회와 다시 연결될 중요한 토대를 찾았다.

윤태환 씨는 지난 20여 년 동안 쪽방, 길거리, 고시원 등을 홀로 전전하며 일용직 노동자로 궁핍하게 살았다. 그는 사각지대 발굴 차원에서 지역의 위기가구를 조사하던 행정복지센터 공무원들에게 발견되어 2020년부터 자활사업에 참여하게 되었다. 처음에는 생계비를 받으려고 자활사업에 참여했지만, 거기서 든든한 사회자본을 얻었다. 행정복지센터의 사례관리 팀장을 만나 생필품을 지원받게 되었을 뿐만 아니라 지역자활센터 실무자에게 정보를 얻어 SH 전세매입임대주택에 당첨되어 일상에 안정을 찾게 되었다. 특히 그는 행정복지센터 사례관리 팀장을 "친한 누나"와 같은 소중한 인연으로 여겼다. 인터뷰 내내 작은 목소리로 말하던 그가 처음으로 웃었던 순간이 바로 행정복지센터 팀장에게 핸드폰 요금, 재난카드, 생필품을 지원받고, 주기적으로 연락을 받았던 경험을 나눌 때였다. 그 정도로 행정복지센터 팀장은 그에게 의미 있는 타자였다.

팀장님 같은 분은 처음이었어요. 친한 누나처럼 알아서 다 해줬어요. 밀렸던 핸드

폰 요금 결제 해주고, 재난카드는 생각도 못 했는데 먼저 연락 오셔서 신청도 해주시고요. 퇴근길에 도로에서 만나면 먼저 아는 척도 해주시고요. (윤태환, 자활근로자, 51세)

권익창 씨는 사업에 실패하는 동시에 친구에게 사기당하며 자살까지 생각할 만큼 비참한 상황에 놓였다. 하지만 지역자활센터에 들어와 담당 사회복지사와 동료들을 만나면서 다시 인간에 대한 믿음을 회복할 수 있었다. 친목 모임 일심회를 주도할 만큼 친구가 많은 기태 씨도 자활센터를 자신의 사적 모임보다 더 소중히 여겼다. 센터를 통해 일도 할 수 있게 되고, 활력이 생겨 건강도 되찾았을 뿐 아니라, 사회복지사와 동료들과 매일 대화하면서 "사는 재미"가 생기게 되었다는 것이다. 기태 씨의 표현에 따르면, 지역자활센터는 "마이너스 되는 건 하나도 없는" 다층 자본 그 자체였다.

여기서 마이너스 되는 건 하나도 없어요. 전 자활 와서 정말 잘된 케이스예요. 파산도 마무리 되어 가고, 지하에 살다 LH로 이사도 왔고, 일할 수 있고, 걸으면서 일하니 건강도 좋아졌고. 사람들도 여기 와서 많이 알게 되고, 꾸준히 일하니까 활력소도 생기고, 모여서 이야기도 많이 하고요. 일이 좋아서 월차를 내본 적도 없어요. (조기태, 자활근로자, 57세)

사회복지기관의 진정한 숨은 힘은 '꾸준히 만나는 사람들'을 만들어준다는 데 있다. 자활근로자들은 지역자활센터에서 물질적 지원을 받을 뿐 아니라, 실무자나 동료 수급자들과 매일 얼굴을 마주하며 일상적인 안부를 나눈다. 처음에는 생계비라는 경제자본을 얻으려고 마지못해 나온 사람들이 많다. 하지만 사회복지기관이라는 공인된 공간에서 시작된 관계는 부르디외가 말한 질 높은 사회자본이 되어 준다. 정부 주관 사업의 특성상 참여자들의 신원이 어느 정도 보증되어 있고, 기관이 요구하는 규율과 규칙성으로 인해 지속적인 관계를 맺기도 쉽다. 이처럼 제도적으로 안정된 공간에서 사람들은 오랜 기간 교류하며 신뢰와 유대를 쌓아간다.

제도적 공간의 위력은 경제, 사회, 문화자본 모두에서 '하'를 기록했던 백승민 씨의 사례와 대조해 보면 보다 더 극명해진다. 어린 시절 부모를 잃은 후 줄곧 혼자 살아왔다는 승민 씨는 인터뷰 당시에는 일용직으로 일하며 고시원에 살고 있었다. 그는 사업실패, 사기, 부채로 경제적으로나 육체적으로 큰 어려움을 겪어왔다. 돈도 없고 친구도 없고 오랜 고시원 생활로 살림역량도 부족한 그의 삶은 그야말로 모든 자본이 메마른 사막이었다. 하지만 사람들에게 도움을 청하지도 못했다. 승민 씨가 경험한 세상에서 만난 사람들은 불신과 거짓의 대상이었기 때문이다.

> 혼자서 나를 돌보는 게 너무 힘들어요. 특히 아파도 오로지 저 혼자 감당을 해야 하는 게 외롭죠. 가족만 내 편이 될 수 있어요. 다른 사람들은 언제든 칼을 들이밀

수도 있어요. 겉으로는 같아 보일 수 있지만. 짝퉁은 아무리 잘 만들어도 짝퉁인 거죠. (백승민, 일용직, 42세)

승민 씨는 행정복지센터나 사회복지기관의 문을 두드린 적이 없다. 남에게 손 내밀기에는 "아직 젊다는 생각"이고, 모르는 사람들과 어울리는 것도 어색했다. 그래서 공적 지원을 받을 수 있는 공간이 있는데도 찾아가는 데 심리적 장벽을 느꼈다. 그 결과 그는 사회복지기관과 연결된 다른 저소득층보다 훨씬 취약하고 고립된 삶을 살아가고 있었다.

승민 씨만이 아니라 많은 이들이 낯선 타인과의 교류를 불편해 한다. 누군가를 의무감으로 만나면서 스트레스를 받을 필요는 없다고 여긴다. 그래서 고소득 1인가구들은 비슷한 취향의 친구들을 선별해 사귀면서 자신과 다른 사람들과의 불필요한 접촉을 줄이곤 한다. 하지만 그러한 선택들이 모여 결국 사회적 고립을 심화시키기도 한다. 반면 저소득 1인가구들은 경제적 결핍 때문에 부득이하게 사회복지제도에 기댈 수밖에 없고, 그로 인해 다른 사람들과 의무적인 교류를 감수해야 했다. 하지만 그러한 선택이 이들의 사회자본을 회복시켰다. 어떤 맥락에서 시작되었든 새롭게 형성된 사회자본은 이들의 삶에 긍정적인 변화를 불러왔다.

돈으로 퉁칠 수 없는 영역

이 다층적 자본 연구가 시사하는 바는 무엇일까? 한마디로, 돈은 중요하지만 그것만으로는 삶이 완성되지 않는다는 것이다. 같은 경제수준 안에서도 사회자본과 문화자본의 조합에 따라 삶의 만족도가 달라졌다. 경제적으로 풍요로워도 인간관계가 거의 없고 생활역량이 부족한 경우 공허감이 깊었고, 반대로 물질적으로는 부족해도 살림을 꾸릴 줄 알고 지인들과 꾸준히 교류하는 사람들은 안정된 일상을 유지했다.

특히 생애 후반으로 갈수록 비물질적 자본의 중요성은 더 커진다. 고소득층 1인가구는 미래의 위험에 대비하려고 더 많은 경제자본을 축적하고자 한다. 정작 그들의 위험은 돈의 결핍이 아니라 생활역량과 관계의 결핍에서 온다. 결국 스스로를 돌보는 생활의 지혜와 신뢰할 만한 타인과의 교류가 부족하다면 삶을 지탱하기 어려워진다. 하지만 "알아서 잘 살겠거니" 하는 주변의 시선 때문에 이들은 더욱 자신의 결핍을 숨기며 보이지 않게 고립되어 간다. 2022년 서울연구원은 1인가구의 외로움·사회적 고립 실태조사에서 1인가구를 외로움군, 고립군, 외로움우울군, 고립우울군으로 분류했다.[10] 이때 고학력 관리전문직들은 가장 심각한 유형인 고립우울군에 포진해 있었던 이유가 여기에 있다.

반대로 저소득 1인가구는 지역사회 복지기관의 꾸준하고 규칙적인 접촉 속에서 오히려 안정된 사회자본을 형성했고, 여기서 큰 만족감과 삶의 의미를 되찾는 사례가 많았다. '가난해야 행복하다'는 이야기가 아니다. 가난이 주는 불행을 옅게 해줄 만큼 신임하는 이들과의 지속적인 관계가 인간의 안녕에 얼마나 중요한지를 말하려는 것이다.

결국 이 연구가 보여주고 싶은 것은 '돈으로 통칠 수 없는 영역'이다. 경제자본이 삶을 가능하게 한다면, 사회자본과 문화자본은 그 삶을 풍요롭게 한다. 이 균형이 무너질 때 인간은 쉽게 피로해지고 고립된다. 하지만 현재의 1인가구들의 삶은 이 균형이 쉽게 깨지는 방향으로 나아가고 있다. 가족 간의 비공식적인 지원이나 관계의 일상성이 사라진 자리에서, 개인은 오롯이 자기만의 힘으로 모든 자본을 채워야 하니까.

돌이켜보면 유튜브 댓글들의 세찬 반발은 한국 사회가 사람들에게 수십 년간 주입해 온 공식에 대한 절박한 신앙고백처럼 느껴진다. "공부 열심히 하고 일 열심히 하면, 돈이 뒤따르고, 모든 게 해결될 것이다!" 그 신화가 유효하지 않다는 걸 깨달을 때, 우리는 그럼 이제 무엇을 믿어야 할지 몰라서 불안해진다. 아노미 상태가 된다. 그래서 내심 돈이 전부가 아닐 수 있다는 것을 알면서도 '돈이 전부가 아니다'라는 주장에는 저항하게 된다. 그것은 돈을 향한 집착이 아니다. 다른 길들이 사라진 자본주의 사회에서 돈은 사람들이 유일하게 붙잡을 수 있는 생존의 동아줄이기 때문이다. 이 동아

줄도 완벽하게 튼튼한 것이 아닌데 말이다.

배우 짐 캐리는 어느 시상식에서 이렇게 말했다. "모두가 유명해지고 부자가 되었으면 좋겠다. 그게 답이 아니었다는 걸 깨닫게 하기 위해." 많은 것을 가진 사람이 이런 말을 하는 것은 기만적으로 들릴 수 있다. 에르메스 백을 던지며 흘리는 눈물처럼 말이다. 그러나 이 연구가 보여주는 바는 그 말에 어느 정도의 진실이 있다는 것이다. 경제자본이 넉넉한 1인가구라도 다른 자본이 결핍되어 있다면 지속적으로 만족스러운 삶을 살 확률은 높지 않다.

이 책을 한창 쓰고 있던 어느 날, 메일 한 통이 도착했다. 내 강연을 들은 서울대학교 소비자학과 이화정 연구원이 '돈 많은 1인가구가 반드시 행복한 것은 아니다'라는 가설을 통계적으로 검증한 논문을 보내주었다.[11] 그녀의 연구팀은 26차 한국노동패널에 응답한 1,750명의 1인가구 노동자를 분석한 결과, 소득이 높아진다고 해서 생활만족도가 계속 우상향하는 것은 아니라는 점을 밝혀냈다. 오히려 소득이 일정 수준을 넘어선 지점부터는 생활만족도가 되레 감소하는 경향까지 보였다. 반세기 전 경제학자 리처드 이스털린Richard Easterlin은 소득이 일정 수준을 넘으면 더 이상 행복에 영향을 미치지 않는다는 사실을 발견했다. 이스털린 파라독스Easterlin Paradox로 불리는 이 현상은 오늘날 한국의 1인가구에게도 재현되고 있었다.

돈 없이 행복할 수 있다고 말하는 것은 순진한 이상일 수 있다.

하지만 돈만으로 삶을 완성할 수 있다고 믿는 것 역시 분명한 왜곡이다. 돈으로 모든 것을 해결할 수 있다는 믿음은 종국에는 삶의 만족도를 높일 수 있는 다른 선택지들을 갉아먹는 함정이 될 수 있다. 우리가 이 현실을 있는 그대로 마주할 때 비로소 혼자 사는 사회가 앞으로 나아가야 할 방향에 대해 더 실질적이면서도 성찰적인 고민이 가능해질 것이다.

제3의 장소는 어떻게 당신을 살리는가

이따금 오래된 동네 미용실 앞을 지나가면 수다 떠는 아주머니들이 보인다. 파마를 하러 온 건지 이야기를 하러 온 건지 모를 사람들이 플라스틱 의자에 앉아 웃고 떠든다. 뭔가를 나누어 먹고 있기도 하다. 어릴 때 봤던 우리 동네 미용실과 크게 다르지 않은 모습들을 다른 동네에서도 보게 된다. 나중에 사회과학을 공부하면서 그런 공간들에 이름이 있다는 걸 알았다.

사회학자 레이 올든버그Ray Oldenburg는 1989년 저서 『제3의 장소The Great Good Place』에서 집과 일터 외에 사람들이 자유롭게 모여 교류할 수 있는 장소를 제3의 장소the third place라 불렀다.[12] 제1의 장소인 집은 친밀한 공간이지만, 관계가 가족 구성원으로 한정되어,

외부 사람들과의 접촉이 없고, 부모, 배우자, 자녀라는 역할에서 벗어나기 어렵다. 특히 식구가 없는 1인가구에게 집은 완벽히 고립된 공간이 되기 쉽다. 제2의 장소인 일터는 목적 지향적이고 위계적인 공간이다. 관계가 업무 중심으로 형성되고, 직함과 성과에 따라 사람의 가치가 평가되며, 순수하게 평등한 교류가 어렵다. 게다가 은퇴하면 관계가 끊기는 경우가 대부분이다.

올든버그는 집과 일터만으로는 인간의 사회적 욕구가 충족되지 않는다고 봤다. 제3의 장소는 역할과 위계에서 벗어나 '그저 나'로 있을 수 있는 곳, 그러면서도 다양한 사람들과 편안하게 만나 교류할 수 있는 곳을 뜻한다. 이런 공간이 없으면 삶이 집-일터의 왕복으로 단조로워지고, 공동체의 연결은 약해지며, 개인은 고립된다. 올든버그는 제3의 장소가 갖는 특징을 다음 여덟 가지로 정리했다.

첫째, 중립 지대. 배타적인 소유권이나 지배권을 주장하는 사람이 없어, 누구나 자유롭게 오갈 수 있는 곳, 그래서 그냥 있어도 되는 모두의 공간이다.

둘째, 평등화. 까다로운 가입 조건이 없다. 직함이나 소득, 학력 같은 사회적 지위가 전면으로 드러나지 않고, 서로 다른 배경을 가진 사람들이 동등한 위치에서 만날 수 있다.

셋째, 대화가 주된 활동. 이곳에서 벌어지는 핵심 활동은 소비가 아니라 대화다. 커피를 마시러, 밥을 먹으러 갈 수도 있지만, 실은 누군가와 이야기를 나누는 것이 더 중요하다.

넷째, 접근성과 수용성. 물리적으로, 지리적으로, 경제적으로 진입 장벽이 낮다. 주민들의 일상적인 동선상에 있어 자주 들를 수 있고, 시간이나 비용 면에서 부담이 크지 않다.

다섯째, 단골의 존재. 꾸준히 오는 사람들이 있다. 이들이 그 장소의 분위기와 정체성을 만들어낸다. 처음 온 사람도 이들을 통해 자연스레 공간의 문법을 익힌다.

여섯째, 소박함. 휘황찬란하게 화려한 곳이 아니다. 기능이 미학보다 우선하는 곳, 편안하고 꾸밈없는 분위기가 특징이다. 그래서 굳이 허세를 부릴 필요가 없다.

일곱째, 유희적 분위기. 웃음소리가 자주 들리고, 재치 있는 농담이 오간다. 일터에서의 진지함과 긴장에서 벗어나, 가볍고 유쾌한 기분을 느낄 수 있는 곳이다.

여덟째, 집 같은 편안함. 집은 아니지만 집처럼 편안하다. 심리적 안정감과 소속감을 느낄 수 있고, 따뜻함과 환대의 감각이 있는 곳이다.

동네 미용실은 이 여덟 가지를 거의 다 갖추고 있다. 과거 한국 사회에는 마을마다 이런 장소가 드물지 않았다. 복덕방도, 목욕탕도, 구멍가게도 그랬다. 하지만 이런 공간들은 점점 사라지고 있고, 남아 있더라도 젊은 세대에게는 이미 낯선 곳이 되었다. 일 중심으로 살면서 효율성을 따지는 사람들은 퇴근 후 다른 장소에서 허송세월할 여유가 없다. 그저 마트에 들러 필요한 물건을 쇼핑하고 빠르게 귀가할 뿐이다. 동네 가게들보다 더 넓은 반경에서 제3의 장소 역할을 해온 마을회관이나 교회, 성당, 절 같은 종교기관도 인기가 시들해진 건 마찬가지다. 마을공동체가 와해되고 종교의 힘이 약해지면서, 이런 공간들이 품었던 연결의 기능도 함께 옅어졌다.

그래서일까, 이런 공간을 되살리는 이야기가 사람들의 공감을 얻고 있다. 카카오웹툰에서 연재 중인 심흥아와 우영민 작가의 「중도빌라」는 낡은 다세대 주택 1층이 제3의 장소로 변모하는 과정을 그린다. 빌라 주인 미자 씨는 배우자를 먼저 떠나보냈고 자식도 없다. 그녀는 1층 상점이 오랜 시간 공실로 남아 있자 어느 날 그곳에 버려진 널찍한 탁자 하나를 들인다. 그러자 서로 왕래가 없던 빌라의 일곱 가구들이 서서히 그곳으로 모여들기 시작한다. 치매 어머니와 그 며느리, 혼자 사는 청년, 어린아이들과 그 어머니들까지. 이 공간이 소중해진 주민들은 각자 소품 몇 점, 책 몇 권, 찻잔이며 음료를 보탠다. 귀여운 화분을 가져다놓기도 한다. 두 작가는 '중도'라는 이름에 대해 "양극단에 치우치지 않고 균형과 조화를 이루는 정도"라는 뜻을 담았다고 했다. 자극 없이 부드러운 이 작품이 수백만 조회수를 기록하며 사랑받는 건, 어쩌면 우리도 이런 느슨한 연결의 장소를 갈망하고 있다는 방증일 것이다.

실제 사회적 차원에서도 제3의 장소를 복원하려는 시도가 이어지고 있다. 전국에 483개가 운영 중인 지역사회복지관은 그 본질적 목적이 공동체 조직화에 있을 만큼, 제3의 장소 만들기를 지향해왔다. 서울의 강감찬관악종합사회복지관이 추진하는 '핵사곤 프로젝트'도 그런 사례다. '핵개인화된 사회에서 곤경에 빠진 사람들을 연결한다'는 취지로 앞글자를 딴 이름이다. 동시에 육각형을 뜻하는 헥사곤hexagon에서 착안하기도 했는데, 육각형들이 이어진 골판지가 충격에도 쉽게 찢어지지 않는 것처럼, 소규모 주민 그룹들을 만들고 이를 서로 엮어 안정적인 지역 공동체를 형성하겠다는 뜻이기도 하다. 다만 1989년부터 영구임대아파트 단지 내에 복지관 설치가 의무화되었던 탓에, 지금도 복지관은 저소득층을 위한 기관으로 인식되는 경우가 많다. 그러나 본래 복지관은 소득과 무관하게 지역 주민들이 모여 취미를 나누고, 대화하고, 식사를 함께하는 커뮤니티 센터를 표방해왔다. 최근에는 이 본연의 취지를 되살려, 누구나 쉽게 드나드는 공간으로 거듭나려는 노력이 이루어지고 있다.

동네 미용실, 빌라의 공용 공간, 지역사회복지관은 형식은 달라도 모두 함께 살아가는 토대를 이루는 제3의 장소들이다. 우리의 일상을 지도 위에 그려보면, 생각보다 이런 장소가 거의 없다는 사실을 깨닫게 된다. 특히 혼자 사는 사람들의 공간은 대개 집과 일터, 혹은 집과 학교라는 두 점을 오가는 직선에 가깝다. 그 사이를 채우는 것은 이동을 위한 길거리나 소비를 위해 잠시 들르는 상업지구뿐이다. 사람들과 눈도 마주치지 않은 채 스쳐 지나가는 무색무취한 공간들이다.

이러한 단절된 동선 위에 놓인 제3의 장소들은 혼자만의 직선을 우리들의 면으로 넓혀준다. 무심히 지나치던 길목에 잠시 숨을 고르며 함께 머물 수 있는 자리가 생기는 것이다. 바쁜 현대인에게 이는 쓸데없는 시간과 에너지의 낭비처럼 보일지 모른다. 그러나 이웃과 소소한 일상을 나누고 공동의 추억을 쌓는 이 장소야말로 고립을 막는 가장 인간적인 사회적 인프라다. 결국 한 사람의 삶에 제3의 장소가 있느냐 없느냐는 개인의 삶의 질과 함께 우리가 살아가는 사회의 질을 가늠하는 중요한 기준이 된다.

5장

왜 셰프도 혼자 살면 라면만 먹을까?

이효석문학상 수상 작가 윤고은의 단편소설 「1인용 식탁」에는 직장 동료들로부터 따돌림을 당하는 오인용이 주인공으로 등장한다. 그에게 가장 곤혹스러운 것은 점심시간에 혼자 밥을 먹는 일이다. 햄버거 가게나 분식집까지는 어떻게든 버텼지만, 그 이상은 도저히 엄두가 나지 않았다. 그러던 어느 날, 거리에서 식당을 찾아 헤매다 우연히 전단지 한 장을 발견한다. '혼자 밥 먹는 법'을 알려준다는 혼밥학원의 수강생 모집 전단이었다.

3개월에 20만 원. 만만치 않은 수강료였음에도 학원은 만원이었다. 1단계 커피숍과 패스트푸드점에서 5단계 돌발상황 훈련까지 혼밥의 난이도에 따라 수업이 단계별로 진행되었다. 훈련의 핵심은 타인의 시선에 휘둘리지 않고 자신만의 리듬과 주도권을 갖는 것. 오인용은 충실히 수업을 따라가며 4단계 '혼자 고깃집에서 삼겹살 굽기'까지 성공적으로 마친다. 고깃집에서 만난 혼밥 먹기의 달인은 시간, 체력, 메뉴에 대한 상대방의 취향 고려, 대화를 유지하기 위한 신변잡기 수집, 그 외의 모든 노력을 따졌을 때 혼자 먹는 식사가 얼마나 효율적인 행위인지를 설파한다. 그렇게 오인용은 혼밥에 익숙해져 갔다.

하지만 마지막 실전 테스트에서 그녀는 수업에서 배운 대로 리듬에 맞춰 기계적으로 음식을 씹다가 결국 화장실에서 다 게워내고 만다. 시험에 떨어지고 나서야 오인용은 깨닫는다. 왜 수료증을 한 번에 받는 사람이 15%에 불과했는지를. 85%의 사람들이 두려워했던 것은 시험이 아니었다. 시험 이후에 찾아올 진짜 현실이었다. 수료를 하고 나면 더 이상 학원에 나갈 이유가 없다. '혼자서도 잘 먹고 잘 살기'라는 공동의 목표 아래 함께 모였던 무리들을 떠나서, 이제 또다시 홀로 식탁을 마주해야 한다는 것. 바로 그것이 두려웠던 것이다. 오인용은 고백한다. "내가 배우고자 했던 것은 혼자 자유롭게 먹는 방법이었으나, 정작 내가 얻은 것은 수강 기간 동안 내가 혼자 먹는 유일한 사람이 아니라는 위안이었다."[1]

「1인용 식탁」이 발표된 2010년 이후 혼밥의 풍경은 분명 달라졌다. 1인석과 키오스크, 1인 배달 메뉴가 등장하며 혼자 먹는 일은 문화적으로도 시스템적으로도 한결 수월해졌다. 고독한 점심시간을 곤혹스러워하던 오인용과 달리, 오늘날에는 점심시간에 먹고 싶은 것을 먹으며 혼자만의 여유를 누리는 일이 오히려 선호되기도 한다. 그러나 1인가구에 대한 실태조사와 실증연구들에서 드러난 1인용 식탁의 모습은 그리 여유롭고 풍성한 것만은 아니다.

2022년 서울시 1인가구 실태조사와 2023년 여성가족부 전국가족실태조사에서 거의 40%에 달하는 혼자 사는 사람들이 "식사해결"을 가장 힘든 점으로 꼽았다. 실제 1인가구는 다인가구에 비해 잘 먹고 살지 못한다. 한국의 국민건강영양조사(2016~2018년) 응답자 1만 9226명을 분석한 연구에 따르면, 1인가구의 아침 결식률은 29.6%로 다인가구(25.6%)보다 4%p 높았고, 점심과 저녁 결식률 역시 모두 1인가구가 더 높게 나타났다.[2] 하루 한 끼 이상 외식하는 비율도 1인가구(33.6%)가 다인가구(28.4%)를 웃돌았다. 더 주목할 만한 것은 영양 섭취의 격차다. 1인가구는 탄수화물, 단백질, 지방 등 주요 영양소 섭취량과 식이섬유, 비타민, 철분, 칼륨 등 9종의 미량영양소 섭취량이 모두 다인가구보다 유의미하게 낮았다. 특히 1인가구의 비타민A 섭취량(570μg)은 다인가구(620μg)보다 낮은 것은 물론 영양소 섭취 권장량이 가장 적은 50세 이상 성인 여성의 기준(600μg)에도 못 미쳤다.

1인가구들이 밥을 잘 해 먹지 못하고, 식사를 건너뛰거나 외식에 의존하는 현상은 한국만의 문제가 아니다. 영양학자 캐서린 해나Katherine Hanna와 피터 콜린스Peter Collins는 국제 논문 41개의 데이터를 메타 분석하면서 혼자 사는 사람들은 비슷한 음식을 반복적으로 먹고, 과일·채소·생선은 잘 먹지 않는 등 식습관이 좋지 않다는 공통점을 발견했다.[3] 호주에서 성인 1만 5001명의 생활습관을 조사한 연구에서도 1인가구는 다인가구에 비해 패스트푸드를 자주 먹고, 술을 더 마시며, 채소는 잘 먹지 않는 것으로 나타났다.[4]

혼자 사는 사람들의 이런 식생활 패턴은 결국 건강과 생명을 위협한다. 을지대학교 식품영양학 연구팀이 국민건강영양조사(2013~2015년)를 토대로 진행한 분석결과를 보면, 1인가구는 다인가구에 비해 대사증후군과 고지혈증 위험이 각각 1.64배, 1.75배로 눈에 띄게 높게 나타난다.[5] 2022년 서울시 실태조사에서도 1인가구의 만성질환 유병률은 31.5%로 다인가구(11.8%)의 2.7배에 달했다.

천만 명이 넘는 사람들이 1인가구로 살아가고 있는 지금, 주목하지 않을 수 없는 경향이다. 더 이상 오인용처럼 혼자 먹는 일을 불편해하는 이들은 많지 않을지 모르지만, 여전히 혼자의 식탁은 그 앞에 앉은 이들을 충분히 채워주지 못하고 있다는 뜻이기 때문이다. 그리고 그 식탁 앞에 앉는 사람들은 지금 이 순간에도 계속 늘어나고 있다.

몰라서 못 하는 것이 아니라면

1인가구가 제대로 밥을 못 먹거나, 건강이 나빠지는 문제를 어떻게 해결할 수 있을까? 영양학이나 스포츠학 전문가들은 이렇게 말한다. 건강한 다이어트 식단을 실천하고, 신선한 식재료로 요리를 해 먹으세요! 규칙적으로 운동하고, 영양제를 챙겨 먹고, 정기 건강검진을 받으세요! 한마디로 자기 스스로를 가꾸고 돌보는 것이 해법이라는 것이다. 그래서 요즘은 1인가구를 위한 간편 레시피도 꽤 소개되고 있고, 혼자 하는 홈트레이닝 영상도 인기다.

정부의 접근법도 비슷하다. 서울시의 여러 자치구에서는 1인가구를 위한 '행복한 밥상' 프로그램을 운영해 왔다. 제철 식재료로 요리를 배우고 나눠 먹는 소셜다이닝 프로그램이다. 경기도에서도 비슷한 '식생활 개선 다이닝' 프로그램을 진행하고 있다. 요리만이 아니라 살림 전반을 가르쳐주는 프로그램들도 있다. 1인가구 비율이 62.7%로 서울시에서도 혼자 사는 세대가 가장 많은 관악구의 가족센터에서는 냉장고 정리부터 청소, 세탁 노하우, 셀프 집수리까지 배우는 '독립생활지침' 프로그램을 만들기도 했다.

이런 지침들은 1인가구가 생활역량이 부족해서 자기를 돌보지 못하는 것이라고 가정한다. 그러니 『1인용 식탁』의 혼밥학원처럼 훈련을 통해 자신의 리듬과 주도권을 확보하면 문제가 해결될 것이라고 믿는다. 하지만 어딘가 석연치 않다. 정말 1인가구가 살림하는 법만 익히면 부실한 식사를 하지 않게 되고 자기를 돌보는 데도 어려움을 겪지 않게 되는 걸까? 개인의 역량만 강화하면 모든 문제가 해결되는 걸까? 내가 보기에 꼭 그렇지만은 않다.

멕시코의 식생활 문화를 연구해 온 우리베Ana Cecilia Reyes Uribe 교수는 2019년에 「나는 위층에서 혼자 TV를 보며 밥을 먹어I Go Upstairs and Eat in Front of the Television」라는 흥미로운 제목의 논문을 발표했다.[6] 그녀는 65세 이상의 혼자 사는 노인 여성들을 인터뷰했는데, 젊은 시절 가족을 돌보며 집안일을 도맡았던 이들이 자녀 분가와 남편 사별 이후 거의 식사를 챙기지 않는다는 것을 발견했다. 이들은 주로 가족과 생활하던 거실과 주방이 있는 1층이 아니라, 위층 침실에서 TV를 보며 대충 끼니를 때우고 있었다.

나 역시 올해 비슷한 일을 목격했다. 나의 엄마는 직접 텃밭을 가꾸어 음식을 할 만큼 요리를 좋아하는 사람이다. 그런데 오랜 노환을 앓던 아빠가 몸이 더 안 좋아져서 결국 요양시설에 가게 되었을 때부터 엄마는 요리를 하지 않았다. 아빠를 거의 10년 넘게 간병하면서 많이 힘들었던 터라 혼자 있게 되면 더 자유로워질 줄 알았다. 그런데 엄마는 그 후로 기운도 없고 밥맛도 안 난다며 라면으로 때우거나 아예 식사를 거르는 일이 잦아졌다. 결국 엄마의 바람으로 아빠를 한 달 만에 집으로 다시 모셔 왔고 그때부터 엄마는 다시 나물도 무치고 국도 끓이며 식사를 챙기기 시작했다.

위의 사례들은 개인적으로는 아무리 요리를 잘하는 살림 9단이라도 혼자 살게 되면 부실한 식사를 하게 된다는 점을 드러낸다. 그러니까 혼자 밥 먹기 어려운 이유는 혼밥의 노하우나 살림 기술이 부족해서만은 아니다. 바로 그 일을 혼자 해야 한다는 것 자체가 어려움의 이유이다. 내가 '자기를 돌봐야 한다'는 전문가들의 조언과 정부의 방침이 마음에 걸렸던 이유가 여기에 있다. 현상의 책임을 개인에게 전가하기 때문이다. 결국 자기 하기 나름이라고, 스스로 강해져야 한다고 말하면서 말이다.

왜 혼자서는 돌봄이 안 될까

1인가구들이 마주하는 어려움을 더 깊이 있게 이해하려면 돌봄의 속성에 대해 좀 더 논의해 볼 필요가 있다. 최근 한국에서도 번역 출간되어 주목을 받았던 『돌봄 선언The Care Manifesto』은 돌봄을 "서로의 삶을 풍요롭게 하고 양육하는 활동"으로 정의한다.[7] 돌봄이라는 것은 다이어트 식단을 짜고, 규칙적으로 운동을 하는 자기관리 행위가 아니다. 상대방이 무엇이 필요한지, 눈빛과 표정만 봐도 알아차리는 관심과 애정이 담긴 행동이다. 그래서 돌봄윤리학의 대가인 에바 페더 키테이Eva Feder Kittay도 돌봄을 개인이 혼자 수행할 수 있는 기계적 노동이 아니라, 다른 사람을 위해서 하는 사랑의 노동Love's labor이라고 말했다.[8] 돌봄은 나 자신만을 풍요롭게 하는 행위가 아니라, 부모와 자녀, 친구나 연인처럼 친밀한 관계 속에서 이루어지는 사랑과 배려의 실천이다.

그런 맥락에서 나는 집안일, 가사, 돌봄노동처럼 '일' 중심의 표현보다는 순우리말인 '살림'이라는 말이 돌봄의 의미를 더 정확하고 풍부하게 드러낸다고 생각한다. 흔히들 살림이라 하면 빨래, 청소, 요리와 같은 활동을 떠올린다. 하지만 그 말 속에는 더 깊은 뜻이 있다. 살림은 '살리다'에서 온 말이다. 누군가의 생명을 살리는 행위라는 것이다. 표준국어대사전은 살림을 "한집안을 이루어 살아가는 일"이라 정의한다. 즉, 살림이라는 말에는 나와 네가 함께 살아가며 서로를 돌보는 관계라는 뜻이 담겨 있다.

다인가구의 주부가 살림을 하는 이유는 자신뿐만이 아니라 가족을 살리기 위한 목적도 함께 있다. 살림에 일가견이 있는 내 엄마가 혼자 있게 되면서 끼니를 걸렀던 이유는 요리하는 법을 갑자기 까먹어서가 아니다. 아빠가 요양원에 가고 나니 살림을 해야 할 반쪽의 이유가 떨어져 나간 것이다. 부모님이 항상 금슬이 좋았던 것은 아니다. 하지만 수십 년 쌓인 미운 정 고운 정이 엄마가 아빠를 위한 사랑의 노동, 즉 살림을 할 수 있는 동력이 되었다. 아이러니하게도 아빠를 다시 모셔 오며 엄마가 자기 밥을 다시 챙기게 되었으니, 아빠도 엄마를 살리는 데 힘이 되어준 셈이다.

그러니 혼자 사는 사람들에게 솔루션으로 제안되는 자기돌봄이라는 말은 그 자체로 이미 모순이다. 건강해서 돌봄이 별로 필요

없을 때는 혼자서도 잘 챙길 수 있다. 요리도 하고 운동도 하고 영양제도 먹는다. 그런데 몸과 마음이 약해져서 정말로 누군가의 돌봄이 필요할 때, 1인가구에게는 서로의 생명을 살릴 상대가 없다. 혼자 사는 사람들의 살림은 타인을 돌봐야 하는 부담도 없지만 자신을 살릴 사람도 없는 위태로운 외발자전거 같은 살림이다.

하지만 외발자전거의 살림이라도 앞으로 나아가야만 한다. 혼자 사는 사람들은 어떻게 그 균형을 맞춰나가고 있을까? 나는 이 질문을 품고 32명의 1인가구를 만났다. 나이는 스물일곱 살부터 쉰일곱 살까지, 월소득은 50만 원부터 800만 원까지, 거주지는 고시원에서 사는 사람부터 30평대 아파트에 사는 사람까지 다양했다. 나는 이들이 어떻게 먹고 자고 입는지, 어떤 방식으로 요리를 하고 빨래를 하고 청소를 하는지, 그리고 이들에게 혼자를 돌보고 살림을 한다는 것이 어떤 의미인지를 들어보았다.

생활이라기보다는 생존

살림은 약간 과업같이 느껴지는 게 제일 첫인상이에요. 그리고 내가 살아가야 하니까 필수적으로 해야 되는 일이요. (고정민, 정신건강 사회복지사, 30세)

생활을 한다기보다 그냥 생존만 하는 거죠. 기본적으로 사람이 살려면 의식주는

필요하잖아요. 의식주도 아주 기본적인 정도로만 하는 거예요. (진아련, 자활근로자, 34세)

혼자 하는 살림의 원칙은 단순하다. 내가 하고 내가 치우는 것이다. 좀 게으름을 피워도, 새벽 2시에 라면을 먹어도 뭐라고 할 사람은 없다. 동시에 내가 하지 않으면 아무도 해주지 않는다. 연이어 야근을 하느라 갈아입을 옷이 다 떨어져도 대신 세탁기를 돌려줄 사람도, 빨래를 널어줄 사람도 없다. 바닥에 떨어진 머리카락 하나 내가 줍지 않으면 그 자리에 1년도 그대로 있을 것이다. 그래서 많은 1인가구에게 살림은 빠르게 버거워진다.

살림은 누구에게나 끝없는 노동이자 과업이다. 하지만 1인가구에게 살림은 가족 내 여성이 해왔던 전통적 살림보다 더 순전한 노동으로서의 색깔이 짙다. 내가 만난 혼자 사는 사람들은 하나같이 자기 혼자 하는 살림과 어머니가 해주던 살림 사이에는 극복할 수 없는 차이가 있다고 했다. 대학원에 다니며 과외교사로도 일하는 김산호 씨에게 어머니의 살림은 "자식을 챙기려는 마음"이 담긴 행위였다. 반면 자기 살림은 "급한 것들을 막 해결하는 것"에 가까웠다. 스타트업 대표인 문도영 씨는 혼자의 살림을 "위생 관리"라고 표현하면서, 감정이 결여되고 기능으로만 남은 1인가구 살림의 속성을 짚어냈다.

혼자 있을 때랑 부모님하고 같이 있었을 때 살림은 타인이 같이 있느냐 없느냐의 차이에서 비롯되는 것 같아요. 저 혼자 살 때의 살림은 위생 관리에 가까워요. 그런데 어머니가 해주셨던 살림은 단지 위생뿐만이 아니라 같이 사는 공동체의 다른 일원들의 편의까지 배려한 행위들로 이루어지는 것 같아요. (문도영, 스타트업 대표, 29세)

가족과 함께 살던 때 집안일을 거의 하지 않았던 사람들만 살림을 어려워하는 것은 아니다. 어린 시절부터 가족 없이 24년 이상을 혼자 살아온 백승민 씨는 간단한 식사를 만드는 데는 어려움이 없었다. 하지만 그토록 오래 살림을 하면서도 식사는 여전히 "그냥 기계처럼 배를 채우는" 일일 뿐이었다. 40대 여성인 민영숙 씨는 어머니가 중학교 때 돌아가신 후부터 집안일을 도맡아 해왔다. 그런데 아버지가 돌아가시고 오빠가 결혼하고 혼자 살게 되면서부터 요리하는 일이 급격히 줄었다. 그녀의 살림 기술에는 모자람이 없었지만 챙겨줄 사람이 없어지면서 밥을 차려 먹는 일이 귀찮아졌다. 그래서 멕시코 할머니들처럼 그냥 "끼니만 때우는" 때가 많아졌다.

메이크업 아티스트 송나영 씨는 자신의 살림을 "그냥 살아내기 위한 행동"이라 말했다. 요리를 하고, 청소를 하며, 빨래를 하지만 전혀 자신을 돌본다고 느끼지 못하겠다는 것이다. 15년간 홀로 살아온 50대 수급자 김민석 씨의 토로는 이보다 더 절절했다. 그는 집안일 자체에는 익숙해졌지만, 살아간다기보다 "버티는" 느낌이 든다고 말한다.

> 익숙해져 가지고 그런 거는 이제 문제없는데, 인간은 사회적 동물이니까. 혼자 사는 건 사는 게 아니라고 생각해요. 버티는 거예요. 어쩔 수 없으니까. (김민석, 무직, 56세)

이처럼 연령, 성별, 직업의 차이를 막론하고 1인가구에게 살림은 생활이 아니라 생존에 가깝다. 요리는 '누군가를 먹이는 일'에서 '배를 채우는 일'로, 청소는 '함께 사는 공간을 돌보는 일'에서 '견딜 만한 수준의 정돈'으로 바뀐다. 살림은 생명을 살리는 행위에서 생명을 겨우 붙드는 행위가 된다.

자기 자신만을 위해 살림을 하는 것이 어려운 또 다른 이유는 살림이 반복노동이기 때문이다. 식사는 매일 세 번, 청소는 이틀에 한 번, 빨래는 일주일에 한 번, 시계처럼 돌아온다. 1인가구들도 규칙적이고 위생적인 생활이 중요하다는 건 잘 안다. 하지만 성과가 될 수 없는데 끊이지도 않는 노동이다 보니 컨디션에 따라 자꾸만 미루게 된다. 독립영화 감독 김아리 씨와 과외교사 박현준 씨처럼 말이다.

> 가족이랑 있으면 나름 규칙적으로 먹는데 지금은 불규칙적이에요. 규칙적으로 챙기는 게 힘들어요. 혼자 있을 때 밥 챙겨 먹는 것도 시기를 타는 것 같아요. 한동안

여유가 있으면 잘 챙겨 먹고. 바쁘면 그냥 거르고. (김아리, 독립영화 감독, 29세)

집에 들어오면 최대한 집안일을 하려고 마음은 먹지만, 자주 밀리죠. 항상 좀 더 성실하게 하려고 하는데, 저의 마음과 다르게 어떤 상황이 닥쳤을 때 진짜 놓아버리기도 하는 것 같아요. 그래서 진짜 엉망진창으로 하다가 성실하게 하다가를 왔다 갔다 해요. (박현준, 과외교사, 30세)

아리 씨의 말처럼 이들도 가족과 살 때는 비교적 규칙적으로 밥도 먹고 자신을 챙길 수 있었다. 하지만 혼자 살면서부터는 이야기가 달라졌다. “돌보는 사람도 나 자신이고, 돌봄을 받는 대상도 나 자신”인 1인가구에게 살림의 동력은 ‘자기 마음’이 된다. 그래서 마음에 의욕이 넘칠 때는 살림도 수월하게 하지만, 정작 어디가 아프거나 허한 마음이 되어 돌봄을 받아야 할 때는 스스로를 돌볼 수 없는 아이러니한 상황이 펼쳐진다.

가사노동을 하려면 먼저 내 마음이 움직여야 해요. 내가 나를 위해 설거지를 해야 되는 거예요. 돌보는 사람도 나고, 돌봄을 받는 대상도 나죠. 그러니까 심적인 에너지가 꽉 차가지고 하면 선순환이 되죠. 근데 너무 바쁘거나 우울할 때는 그 누구도 나를 돌볼 수가 없죠. 돌보는 건 나뿐이라는 걸 내가 아는데, 힘이 없으니까 이게 끊어지는 거죠. 그러니 그냥 다 놔버리는 사람도 많겠다…. (유희영, 대기업 부장, 42세)

이렇게 한 사람의 마음 상태에 기대는 1인가구의 살림은 본질적으로 불규칙하고 불안정한 특징을 갖는다. 그래서 현준 씨의 표현처럼 자신의 컨디션에 따라 "엉망진창과 성실함"을 오가며 널뛰는 경우가 많다. 아무 의욕이 없는 순간에조차 밥을 챙기고 청소를 하게 다그쳐서 생활의 최저선을 지키도록 만들어주는 식구가 존재하지 않기 때문이다. 잔소리할 사람이 없는 삶은 자유로워 보이지만, 실제로는 취약한 상황에 처한 이들을 더욱 취약하게 만든다.

봐주는 존재

인터뷰 참여자들과 이야기하다가 흥미로운 표현이 귀에 들어왔다. "봐주는 사람"이란 말이었다. 꼭 자신을 '돌봐줄 사람'이 필요하다는 뜻이 아니다. 말 그대로 가까이에서 자신을 지켜봐 주는 타인만 있어도, 자신을 더 잘 돌볼 수 있게 된다는 것이 강현욱 씨의 설명이다. 혼자 살다 보면 "봐주는 사람이 없어서 옷도 대충 입게" 되고, 그렇게 흐트러진 모습은 하나의 습관이 되어 외출할 때도 꾀죄죄한 모습으로 나가게 된다. 현욱 씨는 누군가 "같이 사는 사람"이 있다면, 지금보다 더 깔끔한 생활을 할 수 있었을 거라 생각했다.

혼자 살면 누가 봐주는 사람이 없고 누가 간섭할 사람이 없다 보니까 그냥 옷도 대충 입고 먹는 것도 대충 먹고 다 대충하거든. 그러다 보니까 진짜 나갈 때도 꾀죄죄한 옷을 입고 나가기도 하는 거예요. 버릇이 되다 보니까. 어쨌든 같이 사는 사람이 있으면 깔끔도 떨고 집안 청소도 하고 그럴 텐데…. (강현욱, 무직, 52세)

도영 씨가 바로 그런 경우였다. 그는 얼마 전 애인이 생기면서 살림에 더 신경을 쓰기 시작했다. 애인이 언제 놀러올지 모르니 집안 청소를 수시로 하게 되고, 평소에도 자신을 꾸미게 된 것이다. 그렇게 달라진 환경이 자기 자신도 내심 흡족했다. 그러다 보니 꼭 애인이 오지 않아도 습관적으로 치우게 되었다.

내가 챙기고 돌봐줄 수 있는 상대가 내 옆에 있느냐 없느냐가 나를 돌보느냐 안 돌보느냐에도 영향이 가는 것 같아요. 연애를 할 때는 애인이 내 집에 언제든지 올 수 있다는 가능성이 머릿속에 있으니까 내 공간을 더 깔끔하게 하고 가사노동을 하게 되는데, 그걸 해놓고 보니까 저에게도 너무 좋은 거죠. (문도영, 스타트업 대표, 30세)

나영 씨는 조금 더 극단적인 입장이었다. 그녀는 살림에 전혀 도움이 안 되는 식구라도 "없는 것보다 있는 게 낫다"고 주장한다. 가사를 조금도 분담하지 않는 남편이라도 아내가 아프거나 위기 상황이 되면 "119라도 불러주는 것이 보통"이라는 것이다. 이에 비해 모든 위기를 홀로 대처해야 하는 1인가구는 어떤 면에서 "독박살림보다 못한 면"이 있다는 게 그녀의 생각이다. 물리적으로는 1인가구의 살림이 더 가벼울 수 있지만, 모든 상황이 내 손에 맡겨진 데서 오는 정서적인 부담은 의외로 무겁다. 그래서 나영 씨는 혼자 가사노동을 하더라도 그것이 돌봄이 될 순 없다고 여겼다.

> 혼자 살면 돌봄은 안 되지 않나 생각을 해요. 누군가 나를 체크해 주고 대화해 줄 사람이 없어요. (…) 결혼한 사람들은 살림을 전혀 안 도와줘도 옆에 남편이 있어서 아픈지 안 아픈지 보기라도 하잖아요. 근데 혼자 살다 보면 그냥 스스로의 상태를 자신이 파악해야 되는 거죠. (송나영, 메이크업 아티스트, 35세)

결국 이들이 필요하다고 말하는 건 나를 봐주는 존재였다. 곁에서 잔소리를 하는 사람, 같은 집에 살거나 내 집에 수시로 오는 사람, 내가 혹시 쓰러지면 119를 불러줄 사람. 그런 존재 말이다. 그런데 누군가가 나를 '본다'는 표현에는 묘한 구석이 있다. 오인용에게 그랬듯 타인의 시선은 보통 불편한 것 아니었던가. 왜 이들은 그걸 원하는 걸까?

프랑스 철학자 미셸 푸코는 판옵티콘panopticon이라는 개념으로 유명하다. 그는 『감시와 처벌Surveiller et punir』에서 이에 대해 자세히 설명한다.[9] 원형감옥 판옵티콘은 원형으로 둘러싸인 감방들을 가운데 자리한 감시탑에서 감시하는 구조다. 푸코는 근대 사회를 판옵티콘으로 묘사하면서, 어떻게 권력자의 시선이 우리를 감시하고 통제하는지 날카롭게 비판했다. 회사에서 직원의 PC 사용 기록을 모니터링하는 상황이나, 편의점에서 알바생의 움직임을 CCTV로 체크하는 상황처럼, 누군가 지켜본다는 것은 그 가능성만으로도 스스로를 검열하게 만든다. 이런 시선은 나를 보살피기 위해 머무는 시선이 아니라, 관리하기 위해 스쳐 가는 시선이다. 불편하고 억압적이다.

하지만 1인가구가 말하는 봐주는 존재는 이와는 다른 차원의 기능을 한다. 도영 씨가 애인 때문에 집을 치우기 시작한 것은 감시당해서 어쩔 수 없이 한 행동이 아니다. 타자의 존재가 그를 더 나은 방향으로 이끌었고, 그 결과가 자신도 좋아서 습관이 된 것이다. 현욱 씨 역시 "같이 사는 사람이 있으면 깔끔도 떨고"라고 말할 때, 그것은 통제나 감시가 아니라 관계 속에서 자연스럽게 일어나는 자기돌봄의 회복을 의미했다. 타인의 시선이 긍정적으로 작동하는 순간이다.

타인과 자아의 관계를 탐구한 철학자 에마뉘엘 레비나스Emmanuel Levinas는 타인의 시선이 갖는 이 오묘한 순기능을 잘 설명해 준다.[10] 그는 우리가 타자의 얼굴Le visage de l'autre을 마주할 때, 그 타자의 현존이 우리에게 윤리적 책임을 환기시킨다고 말한다. 여기서 중요한 건 '마주한다'는 것이다. 판옵티콘의 일방적 감시와 달리 이 시선은 쌍방향이다. 이처럼 마주하고 응답할 누군가가 내 곁에 있다는 것,

그 사람이 나를 보아준다는 것만으로도 우리는 자신을 더 잘 살피게 된다. 그것은 외부의 압력이 아니라 타인의 존재가 불러일으키는 책임감이다. 그렇게 관계 안에서 나 자신에 대한 돌봄이 자연스럽게 깨어난다. 그것이 '봐주는 존재'의 진정한 의미다.

그런데 혼자 사는 집안에는 이 타자의 얼굴이 없다. 다 늘어진 티셔츠를 입고 외출하려 해도, 남은 배달 음식으로 세 끼를 채워도, 집안에 쓰레기가 계속 쌓여 쓰레기집이 되어가도, 아무도 뭐라 하지 않는다. 심지어 자기 자신조차도.

해줄 게 있어서 다행이구나

윤리학자 버지니아 헬드Virginia Held는 2006년 발표한 『돌봄: 돌봄 윤리The Ethics of Care』에서 윤리학의 전제를 뒤집는다.[11] 근대 사회의 전통적인 윤리학은 키르케고르의 '신 앞에 선 단독자'나 칸트의 '자율적 이성을 가진 개인'처럼 홀로 서서 옳고 그름을 판단하는 독립적 인간을 강조해 왔다. 그런데 사실 인간은 혼자 살 수 있는 존재가 아니다. 누군가에게 돌봄을 받고, 또 돌보며 살아가는 존재다. 헬드는 바로 이 상호의존성을 전제로 인간 사이의 윤리를 고민해야 한다고 주장했다. 즉, 돌봄은 '해야 한다'는 개인의 결단으로 할 수 있는 게 아니라, 사랑했을 때 자연스럽게 우러나올 수 있는 일이라는 것이다. 자녀를 향한 사랑이 어머니에게 가사와 육아를 하는 힘이 되듯이 말이다. 이처럼 헬드는 돌봄을 관계 속의 신뢰와 애정에서 나오는 윤리적 실천이라고 봤다.

참여자들 역시 살림과 애정의 밀접한 관계성을 잘 알고 있었다. 어느 날 부모님이 집에 방문한다고 했을 때, 노정호 씨는 지저분한 집을 민망해했다. 그런 그에게 부모님이 한 말이 신선한 충격을 남겼다.

> 제가 "청소를 안 해놨다. 집이 더러울 거다" 그랬더니 "그러면 좋지. 엄마 아빠가 너를 위해 해줄 게 있으니까" 그 말을 듣는데 '자녀에게는 이게 가능한 거구나. 자녀를 위해 요리하고 청소하는 거를 30년을 지속했는데도, 여전히 에너지가 남아 있을 수 있는 거구나'라는 걸 느꼈죠. (노정호, 스타트업 직원, 33세)

반대로 40대 회사원 희영 씨는 편찮으신 어머니를 돌보면서 타인에 대한 애정이 살림의 동력이라는 것을 새삼 깨달았다. 아픈 어머니가 잠시 그녀의 집에 지내게 되면서 장을 보고 청소를 해놓는 등 혼자 있을 때는 잘 하지 않았던 살림을 어머니를 위해서 해냈다. "내가 나는 안 돌봐도, 돌볼 사람이 있으니 하게 되더라고요." 희영 씨의 말이다.

애정이 깃든 살림은 가족 사이에서만 이루어지는 것은 아니다. 하숙집에 사는 연구원 정고운 씨는 자신이 '어머니'라고 부르며 따르는 하숙집 아주머니를 통해 타인에 대한 애정이 살림의 본질임을 체감했다. 하숙집 아주머니가 자신의 빨래를 해줄 때 의류 색깔이나 재질에 따라 분류해 세탁하고 손빨래까지 해주는 모습을 보면서, 그 안에 담긴 세심한 정성을 느낀 것이다. 그녀는 아주머니의 살림이 "단순히 서비스라기보다 애정이 있어야 되는 일"이라고 느꼈다. 고운 씨는 한때 하숙집에서 나와 원룸으로 독립을 시도하기도 했지만, 이런 따뜻한 경험이 그리워 다시 같은 하숙집으로 되돌아왔다.

> 살림이나 돌봄은 애정이라는 단어로 바꿀 수 있을 것 같아요. 돌보는 행위는 일단 남을 위하는 마음이 있어야 되는 것 같아요. 어떤 대상이 좋은 상태에 놓이기를 바라는 순수한 마음이 있어야 되는 거죠. 거기서 비롯되어서 그 대상에게 필요한 것과 있으면 더 좋은 것을 챙겨주는 행위이지 않을까요. (정고운, 석사급 연구원, 29세)

그녀가 본 살림은 '어떤 대상이 좋은 상태에 놓이기를 바라는 마음'으로부터 시작된다는 점에서 애정과 같은 말이나 다름없다. 그래서 일상적으로 마음 쓸 상대가 없는 1인가구는 살림이나 돌봄을 할 동기를 얻기가 쉽지 않다. 돌봄은 타인을 전제로 하기에, 자기돌봄은 불안정한 행위일 수밖에 없는 것이다.

나랑 같이 밥 먹을 사람

살림과 돌봄이 주고받을 사람이 있을 때 더 수월해진다는 사실을 깨달은 1인가구들은 돌봄관계를 만들기 위해 다양한 노력을 한다. 첫째는 과거 어머니가 자신을 돌봐주었던 것처럼 자신을 챙겨줄 상대를 찾는 것이다. 내가 만난 1인가구들은 혼자 하는 살림이 버거울 때면 누군가 "나 대신 밥을 차려주거나", "빨래나 청소를 해주었으면 좋겠다"는 상상을 하곤 했다. 이들이 이런 소망을 이루는 가장 현실적인 방법은 친구나 애인처럼 친밀한 타인을 만드는 것이다.

자활근로자 조기태 씨는 한때 요리사로 일했던 "손맛이 좋은 친구와 같이 다니면서" 밥을 자주 얻어먹곤 했다. 기간제 교사인 신지영 씨도 "남이 차려준 밥을 먹고 싶을" 때면 사귀던 "남자친구에게 요리를 해달라고 부탁"했다. 자기가 하는 밥보다 "남이 해준 게 원래 더 맛있다"는 것이 이들의 설명이었다.

> 예전에 남자친구 있을 때는 진짜 밥하기 싫을 때 남자친구한테 요리해 달라고도 했었어요. 제가 "나는 김치볶음밥을 잘 만드는 사람을 제일 좋아한다"고 막 이런 식으로 해서 구체적으로 어떤 요리를 얘기하면 대부분의 남자들은 해줍니다. 다른 사람이 해주는 그 맛이 진짜 있잖아요. (신지영, 기간제 교사, 42세)

꼭 친구나 애인처럼 친밀한 관계가 아니라도 자신을 챙겨줄 타인을 의도적으로 찾는 경우도 있다. 고운 씨는 하숙집 아주머니를 엄마처럼 자신을 돌봐줄 수 있는 대안적 존재로 여겼다. 하숙집의 계약상 아주머니가 식사는 챙겨주지 않는 것으로 되어 있었다. 하지만 가끔 아주머니가 주신 "예쁜 그릇에 담긴 맛있는 음식"을 먹으면서, 돈을 주고서라도 따뜻한 집밥을 받아먹을 수 있을지 부탁해볼 계획도 있었다.

> 어머님께서 한번씩 밥을 주시거든요. 주말에 안 나가면 "고운아, 밥 먹었니?" 물어보면 저는 무조건 안 먹었다고 해요. 왜냐하면 어머님 음식이 너무 맛있거든요. 예쁜 그릇에 되게 아기자기하게 챙겨주세요. 그래서 돈을 드리고 밥을 챙겨주시는 걸 부탁드려 볼까 생각하고 있어요. "그냥 어머님과 따님이 먹는 식단에 숟가락만… 저도 마음 편히 먹고 싶어서 돈을 드리는 거다" 이렇게 얘기를 드릴 계획을 하고 있어요. (정고운, 석사급 연구원, 29세)

한편 자신을 챙겨줄 상대가 아니라, 자신이 챙겨줄 상대를 만드는 사람들도 있었다. 요리를 잘하고 사교적인 싱글들은 집에 지인들을 초대해 음식을 대접하는 방식으로 돌봄의 관계를 형성하기도 한다. 남자친구에게 김치볶음밥을 부탁하는 지영 씨는 사실 지인들에게 음식을 대접하는 일도 즐긴다. 그녀는 음식 대접을 자신의 마음이 "투영"된 것이라고 말한다. 누군가가 만들어준 김치볶음

밥을 먹고 싶은 지영 씨 자신의 마음을 친구들을 초대해 음식을 만들어주며 표출한다는 것이다. 희영 씨는 대접하기에 가장 적극적이다. 친구들과 식사하는 시간을 무척 소중하게 여기는 그녀는 아예 6인용 식탁까지 구매했다. 지인들에게 자기 집을 "아지트로 삼으라"고 적극적으로 권한다.

> 혼자 집에 있을 때는 뭘 먹을지 연구는 안 하는데, 사람들을 초대했을 때 어떤 음식을 할지는 연구를 하고 막 찾아보기도 하고 그래요. 그것을 위해 혼자 살지만 식탁을 6인용으로 바꿨어요. 다른 사람들은 가족도 있고 하니까 힘든데, 저는 제 집이 미안함 없이 모여서 놀 수 있는 아지트가 되는 거죠. (유희영, 대기업 부장, 42세)

이들이 이런 번거로움을 감수하는 이유는 무엇일까. 독립영화 감독 아리 씨는 혼자 하는 식사와 함께하는 식사가 질적으로 다르다고 이야기한다. 아무리 맛있는 음식이라도 혼자 먹으면 감흥이 없다. 음식을 먹으면서 "이거 맛있다"고 담소를 나눌 수 있을 때 기쁨이 훨씬 배가된다. 그녀는 "밥 먹는 것이나 요리하는 것은 다른 사람과 같이 하고 싶은 활동"이라고 말했다.

이들 1인가구들에게 요리를 대접하는 일은 단순한 취미가 아니다. 혼자 사는 싱글들에게 부족한 돌봄의 인프라를 스스로 보완하려는 시도다. 혼자 있을 때 사라지는 것은 살림하는 기술이 아니라 살림을 가능하게 하는 동력인 인간관계다. 그래서 일부 1인가구들은 친구, 애인, 하숙집 아주머니와 같은 지인을 통해서 자신의 일상을 지탱해 줄 최소한의 돌봄관계를 구축하고자 했다.

혼자 북 치고 장구를 쳐서라도

챙김을 주고받는 관계가 꼭 남일 필요는 없다. 내가 나와 돌봄을 주고받을 수도 있다. 스타트업 대표 도영 씨는 1인가구가 혼자 살림과 돌봄을 제대로 하려면 "자기애"가 필수라고 말한다. 엄마가 가족을 돌보듯이 "자기가 자신을 소중한 사람이라고 생각하면" 자연스레 자기돌봄이 이루어질 수 있다는 것이다. 수급자로 살아가는 민석 씨 또한 경제적 형편이 좋진 않지만, 혼자 있을 때도 최대한 정갈한 그릇에 갖춰서 먹으려고 노력했다. 그는 "자신을 대접하는 마음"이 살림의 비결이라고 설명했다.

> 망원시장에 자전거 타고 가서 예쁜 그릇이나 수저를 보고 사오고 그래요. 반찬이 화려하지 않으니까 그릇이라도 갖춰져 있으면 또 맛도 살고 그렇죠. 혼자 살아도 아무렇게나 어지럽혀져 있으면 다운이 되니까 집안을 깨끗이 하고 스스로 대접을 한다는 마음으로 하는 겁니다. (김민석, 무직, 56세)

지영 씨는 이들보다 한걸음 더 나아갔다. 그녀는 의식적으로 자신을 보살필 대상으로 여긴다고 했다. 자신에게 무엇인가를 챙겨주며 지루한 살림의 돌파구를 찾고자 노력했다. 그녀가 찾은 비법은 살림이 힘들 때마다 "1인 2역"을 하는 것이었다.

> 우연히 찾은 노하우인데요, 저는 살림을 1인 2역을 하면서 해요. 욕실 청소가 정말 하기 싫잖아요. 그럼 약간 연기를 해가지고, "지영아, 오늘은 내가 욕실청소 해줄게." 이런 식으로. "어, 알았어. 고마워." 이렇게 하면 기분 좋게 할 수 있거든요. 따뜻한 밥을 먹고 싶을 때는 좋아하는 음식을 차려서 '나에게 주는 상' 이런 식으로 하고요. (신지영, 기간제 교사, 42세)

이러한 연극적 행위는 지영 씨가 살림을 계속해 나갈 수 있는 "노하우"였다. 그녀는 의욕을 잃었을 때 단순히 "청소해야겠다"라고 되뇌기보다, 의도적으로 '돌보는 나'와 '돌봄받는 나'로 자신을 둘로 분리해 연기를 했다. 그렇게 하면 지루한 살림도 나 자신에게 주는 선물이 될 수 있었다. 사실 이는 지영 씨만의 비법은 아니다. 30년 동안 혼자 살며 유튜브 채널 「김숙TV」를 통해 '혼자 살기 매뉴얼'을 공개해 온 개그우먼 김숙 씨도 비슷한 이야기를 한 적이 있다. 자신을 대충 대하지 않기 위해 혼자 먹더라도 아주 예쁘게 차려서 나한테 선물을 주듯이 챙긴다는 내용이었다.

지영 씨나 김숙 씨의 전략 또한 살림이 본질적으로 관계적인 행위임을 드러낸다. 살림은 누군가를 돌봐주고 그 사람이 기뻐하는 모습을 보면서 의미를 갖는 일이다. 그래서 혼자 사는 그녀들은 자아를 분화시켜 내적 상대를 만들어서 이 공백을 채운 것이다.

> 나를 위해 청소해 주고, 나를 위해 음식 해준다고 생각하면 느낌이 훨씬 다릅니다. 누군가 해준 것 같은 느낌. 뭔가 보살핌을 받고 있다는 느낌. 혼자 살지만, 혼자이지 않은 듯한 느낌. (신지영, 기간제 교사, 42세)

자신을 타인처럼 대하는 전략은 단순히 자기관리를 위한 기교가 아니다. "혼자이지만, 혼자이지 않은 듯한 느낌"을 만들어내기 위한 고군분투다. 사회학자 마거릿 아처Margaret Archer는 현대인이 점점 더 많은 시간을 혼자 보내게 되면서 내적 대화internal conversation의 중요성이 커지고 있다고 지적했다.[12] 특히 개인화가 심화된 현대사회에서 사람들은 내적 대화를 통해 자신의 삶을 성찰하고 방향을 정한다. 「1인용 식탁」에서 주인공 오인용도 마지막에 이런 내적 대화를 시도했다. 자신이 원했던 것이 혼밥을 잘 먹는 것이 아니라 타인과 함께 하는 식탁임을 깨달은 그녀는 거울에 비친 자기 자신에게 학원에서 배운 모든 박자와 요령을 초월한 한마디, "우리 합석할래요?"라는 말을 건네며 처음으로 본심을 꺼낸다. 이런 내적 대화는 돌봄관계가 없는 돌봄이라는 근원적 모순을 극복하기 위해 자신에게 무엇이 필요한지를 본능적으로 자각하면서 내뱉는 자구책으로서의 독백이다.

윌슨을 애정하는 마음

어떤 1인가구들은 동물, 식물, 물건에 애정을 쏟으며 유사 돌봄 관계를 만들기도 한다. 고양이 두 마리를 기르는 혜수 씨는 반려동물들을 자신이 "책임져야 할 생명"으로 여기고 "딸", "우리 아이", "자식"이라 부르며 헌신적으로 돌봐왔다. 수급자인 아련 씨는 자활근로를 하며 단칸방에서 살아가고 있지만, 넉넉지 않은 살림에도 개를 키우고 있었다. 그녀는 강아지를 위해 일한다고 말할 정도로 반려동물에 애정을 쏟았다. 혜수 씨도 아련 씨도 모두 자기가 반려동물을 돌보기만 하는 게 아니라, 반려동물로 인해 살아갈 힘과 위로를 얻는다고 말했다. 그들의 고백은 돌봄의 관계는 겉보기에는 한 존재가 한 존재에게 일방적으로 주는 것처럼 보여도, 본질적으로 서로를 지탱하는 관계임을 방증한다. 돌봄의 상호호혜성은 사람과의 관계를 넘어서도 유효했다.

> 두 딸들(고양이)이 있는데, 인생의 기쁨은 이 아이들인 것 같아요. 내가 생명을 둘이나 책임져야 되는데 가볍게 해서는 안 된다 생각해서 공부도 하고, 정말 애지중지 모시고 살고 있습니다. 이 아이들이 없으면 어떻게 살았을지 상상이 안 돼요. 제가 마음이 아프면 애들이 위로를 해줘요. 제 삶의 기쁨이고 비타민이죠. 정말 자식처럼 삶의 일부분인 것 같아요. (임혜수, 고위공무원, 49세)

혼자 사는 사람들이 애정을 쏟는 것이 반려동물만은 아니다. 영화 「캐스트 어웨이」에서 무인도에서 표류하게 된 주인공 척 놀런드는 바닷가에 떠내려온 배구공을 발견한다. 그는 배구공을 '윌슨'이라고 부르며 애착의 대상으로 삼는다. 척이 공에게 품은 절절한 애정은 관객들을 울리기에 부족함이 없었다. 솔직히 말하자면 당시 나는 눈물을 훔치면서도 바람 빠진 배구공에 대한 척의 애착이 그의 고독을 강조하기 위한 창작적 장치일 뿐이라고 생각했다.

하지만 많은 1인가구를 만나며 인간은 겉보기에는 상호작용할 수 없는 물건이나 식물에게도 얼마든지 진심을 다해 애정을 쏟을 수 있다는 사실을 실감했다. 마치 어린아이들이 애착인형이나 애착이불을 소중히 다루듯 1인가구들도 식물, 책, 불상 미니어처, 미니디스크(MD) 등 교감할 수 없는 대상에게 깊은 의미를 부여했다. 이들은 물건을 그저 물건으로 대하기보다 함께 살거나 같이 노는 상대이자 자기 역사를 담은 존재로까지 여겼다.

> 책은 내 역사 같은 느낌이 들어요. 책이랑 항상 이렇게 같이 있으니까 같이 사는 느낌도 들고. 새로 산 책들이 쌓인 것을 보면 내 세계관이라고 해야 하나, 인생관이라고 해야 되나, 이런 게 이렇게 바뀌고 있구나 이런 걸 눈으로 확인할 수도 있고.
> (김아리, 독립영화 감독, 29세)

> MD는 워크맨 같은 90년대 제품인데 제가 소니의 MD를 보고 디자이너 꿈을 키

웠거든요. 그래서 그것을 모으고 항상 MD들을 근처에 두고 살아요. 어렸을 때 사지 못했던 것들을 세월이 흘러서 갖게 되면서 그냥 가지고 노는 거죠. 그냥 같이 산다고 보시면 됩니다. (지호준, 1인 디자인 기업 대표, 39세)

1인가구만이 반려동물을 키우고 소중한 물건을 수집하는 것은 아니다. 하지만 애정을 쏟을 친밀한 타인이 없는 이들에게 자신이 아끼는 동식물과 사물들은 더없이 특별한 존재가 된다.

자기돌봄이 놓치고 있는 것

발달심리학에서는 자기조절self-regulation을 인간이 성장하면서 갖추어야 할 핵심 역량이라고 본다. 자기조절이란 말 그대로 스스로 자신의 행동과 감정을 관리하는 능력이다. 아무리 피곤해도 양치질하고 우울해도 샤워하는 것처럼 말이다. 우리는 흔히 자기조절을 잘해야 비로소 어른이 되었다고 여긴다. 독립적인 성인이라면 혼자서도 자신을 추스를 수 있어야 한다고 생각한다.

하지만 내가 만난 1인가구들이 들려준 고백은 좀 달랐다. 성인에게도 공동조절co-regulation이 필요하다는 것이다. 공동조절이란 혼자서는 감당하기 어려운 감정이나 행동을 타인과의 상호작용 속에서 다스려나가는 과정을 뜻한다. 보통 공동조절은 아이에게 필요한 것으로 여겨진다. 아이들이 낯선 곳에서 부모 손을 꼭 쥐어야 안심하듯 말이다. 그러나 이미 다 자란 어른이 되었어도 우리는 힘들 때 타인의 도움으로 자신을 일으켜 세우곤 한다. 친구와 통화하며 불안을 가라앉히고, 가족과 식사하며 생활의 리듬을 되찾고, 애인이 오니까 자연스럽게 집을 치우게 된다. 우리는 원래 그렇게 때로는 위로받고 때로는 눈치 보며, 타인을 통해 자신을 조절해 온 존재들이다. 그래서 평소 가까이서 서로를 조율해 줄 타인이 없는 1인가구의 살림은 본질적으로 불안정할 수밖에 없다.

정부는 1인가구의 불안정한 살림을 보완하기 위한 나름의 노력을 해왔다. 과거에는 식사하기 어려운 독거노인의 집으로 도시락을 배달하는 사업에 주력했지만 이는 혼밥의 고립을 그대로 유지하는 지원이었다. 다행히 최근 다양한 계층에서 1인가구가 증가하자 함께 요리법을 배우며 만든 음식을 나누어 먹는 소셜다이닝 프로그램을 확대하고 있다. 하지만 대개 10~20명을 모집해 한 달간 진행하는 단기 사업이라, 이를 통해 지속적으로 교류할 친밀한 타인을 만들기가 쉽지 않다. 사실 1인가구에게 필요한 돌봄관계는 많은 사람과의 얕은 관계가 아니다. 소수라도 집으로 거리낌 없이 초대해 함께 식사를 할 정도로 가깝고 신뢰하는 관계이다. 이런 관계는 단지 사람들을 인위적으로 모은다고 해서 형성되지 않는다.

결국 1인가구의 자기돌봄 실패를 개선하려면 인격적인 돌봄공동체가 필요하다. 여성주의 정치철학자 조앤 트론토Joan Tronto는 돌봄관계의 인격적인 속성을 강조한다.[13] 돌봄관계는 사람들이 있다고 해서 자동으로 만들어지는 게 아니다. 서로를 향한 관심, 상대를 책임지려는 마음, 기꺼이 도움을 주기도 하고, 받을 수 있는 태도가 필요하다는 것이다. 돌봄의 이런 속성을 충분히 고려하지 않는 기계적 소셜 네트워킹은 1인가구에게는 오히려 비인격적으로 느껴질 수 있다. 시간이 좀 걸리더라도 가까운 지역사회 안에서 지속 가능한 돌봄공동체를 형성하는 길을 고민해야 한다. 그래야 1인가구가 외발자전거로 서커스하듯 살림을 이어가지 않아도 되는 일상이 가능해진다.

나에게 돌아온 안부

"밥은 먹었어?"

혼자 살다 보면 알게 된다. 내가 밥은 먹었는지 진심으로 궁금해하는 사람이 세상에 그리 많진 않다는 것을. 그제야 귀찮았던 그 말이 돌봄이었음을 알게 된다. 그런데 만약 이 일상의 잔소리를 스스로 만들어볼 수 있다면 어떨까?

2025년 9월 서울시 금천구에 있는 청년센터에 방문한 적이 있다. 금천구는 가산디지털단지의 일자리와 상대적으로 저렴한 주거비 덕택에 직주근접으로 살아가는 청년 직장인 1인가구가 많은 지역이다. 실제 이 지역 청년 인구는 32.7%로 서울 평균보다 2.3%p 높다.[14] 서울청년센터 금천은 2025년 지역의 청년들을 위해 대안대학인 청벨대학교를 만들고 '1인가구학과'라는 신기한 학과를 개설했다. 나는 해당 학과의 필수1 코스 강사로 초청을 받았다.

나는 이 강좌에 참여하면서 스스로가구 사람들을 만나게 되었다. 스스로가구는 금천구에서 살고 일하는 청년들이 모여서 만든 자생적 네트워크이다. 이들은 "홀로 라이프 말고, 함께 스스로 라이프!"라는 슬로건을 내걸고, 혼자이되 함께할 수 있는 느슨한 이웃 커뮤니티를 지향해 왔다. 반상회나 굿모닝 클럽 같은 소소한 모임을 꾸려서 이웃 청년들과 얼굴을 마주하며 1인가구의 라이프스타일을 함께 고민한다.

이들은 나에게 2025년 봄에 진행했던 '자안소리'라는 팝업 프로젝트에 대해서도 들려주었다. 이 프로젝트의 소개글은 1인가구들이 당사자의 목소리로 스스로가 처한 상황을 담담하게 헤아리고 있었다.

> 혼자 사는 삶은 자유롭지만, 그만큼 스스로를 챙겨야 할 일도 많아집니다. 매일의 식사, 규칙적인 수면, 적당한 정리, 그리고 어쩌면 더 중요한… 나의 감정 돌봄. 누군가는 말해주지 않으면 챙기지 못하는 것들이 있습니다. "불은 껐어?" "밥은 먹었니?" "오늘 너무 무리하진 않았어?" 이런 사소한 잔소리는 때때로 가장 따뜻한 돌봄이 됩니다. 하지만 혼자 사는 우리에게 이런 말들을 해줄 사람은 없습니다.[15]

한때 피하고 싶었지만 이제는 그리운 잔소리를 해줄 사람이 더 이상 없다면, 그 소리를 어디에서 찾을 수 있을까? 스스로가구가 찾은 답은 그리 멀리 있지 않다. 자기 자신이다. 그래서 이 프로젝트의 이름은 '자안소리', 즉 자기 안의 소리다.

이 프로젝트에서 특히 인상 깊었던 건 편지교환소다. 참여자들은 자신이 듣고 싶은 잔소리를 편지에 적는다. "밥은 챙겨 먹었어?", "따뜻하게 입고 다녀, 감기 걸려", "일찍일찍 다녀야지, 위험해", "잘하고 있어, 지금도 충분해." 그리고 그 편지를 교환소에 남기고, 대신 누군가가 써놓은 다른 편지를 가져간다.

'자안소리' 프로젝트는 자기돌봄의 현실을 인정하면서도 이를 타인과의 연결로 확장하려는 도전이었다. 나에게 한 잔소리가 누군가에게 전해지고, 누군가의 잔소리가 나에게 돌아온다. 물론 편지교환이 일상적 돌봄관계를 대신할 수는 없다. 하지만 이런 작은 시도들이 하나씩 모여 지역사회 안에서 느슨하지만 지속적인 연결망이 만들어질 수 있다. 스스로가구 사람들은 내 안의 잔잔한 내적 대화가 누군가에게 건네는 안부가 될 수 있는 길을 찾았다. 그렇게 어색하지만 가장 오래된, 느리지만 가장 다정한 편지라는 방식으로 서로를 향해 말을 걸기 시작했다.

6장

혼자 하는 살림의 경제학

월 700만 원을 버는 1인 디자인 기업 대표 지호준 씨와 월 50만 원으로 살아가는 일용직 노동자 백승민 씨. 둘 다 혼자 살고 있다. 이 중 누가 더 잘 먹고 살까? 상식대로라면 답은 뻔하다. 그런데 막상 이들의 일상을 들여다보니 짐작과 상당히 달랐다. 호준 씨는 매일 배달앱을 뒤적이며 허기를 채우거나 굶는 일도 잦았다. 반면 승민 씨는 밥을 직접 짓고 반찬을 사다 먹거나 간단한 요리도 했다. 소득이 열네 배나 차이 나는데, 어쩐지 식탁의 격차는 그만큼 벌어져 있지 않았다.

1인가구 연구를 시작하면서 나는 비슷한 장면을 여러 번 마주했다. 사회적으로는 꽤 성공한 사람인데 평소 먹는 음식이 부실하고, 사는 집은 좁고 허름했다. 반면 형편이 어려운데도 균형 잡히고 건강한 생활을 꾸리는 사람들도 있었다. 가끔은 경제력이 1인가구의 의식주 생활에서는 반대로 작용하는 것처럼 보일 정도였다.

한 사람이 무엇을 먹고 입고 어디에 사는지는 경제적 수준에 따라 크게 달라진다. 이것은 오랫동안 진리처럼 여겨져 왔다. 이는 지난 수십 년에 걸쳐 여러 사회과학연구를 통해서도 확인되어 온 경향이다. 피에르 부르디외는 1963년과 1967년 총 1,200여 명을 대상으로 의식주 생활의 계층 차이를 조사했다. 그 결과 노동계급은 햄버거와 같이 배를 든든하게 채워주고 빠르게 나오는 음식을 선호하는 반면, 상류계급은 제철의 석화와 같이 양이 적고 고급스러우며 건강한 음식을 천천히 먹는 것을 선호했다. 가구나 옷도 마찬가지였다. 노동계급은 튼튼하고 오래 쓸 수 있는 것을 골랐고, 상류계급은 실용성보다 남들과 다른 세련된 취향을 드러내는 데 더 관심을 가졌다. 이 설문 내용은 1979년 출간된 『구별짓기』에 담겨 당시 세계적인 반향을 일으켰다.

한국에서도 비슷한 결과가 보고되어 왔다. 한국여성정책연구원 장미혜 박사는 부르디외의 연구에 착안해 2002년 470명을 대상으로 계층별 소비양식의 차이를 조사했는데, 유사한 패턴이 발견되었다.[1] 영양학자 장희경 교수 역시 2007~2009년 국민건강영양조사 응답자 8,356명을 대상으로 소득계층별 식생활 차이를 분석했다. 연구 결과, 소득이 낮은 계층은 식단의 균형이나 다양성이 떨어지고 영양 섭취 상태가 좋지 않았으며, 탄수화물 의존도와 비만율은 유의미하게 높았다.[2] 사실 굳이 연구 결과를 들먹이지 않아도 된다. 소득이 높을수록 의식주의 질이 좋아진다는 것은 모두가 아는 상식에 가깝다.

이런 계층적 소비 연구의 연장선에서 보면, 고소득 1인가구가 저소득 1인가구보다 더 나은 살림 수준을 향유할 것이라 예상할 수 있다. 그런데 왜 내가 만난 1인가구들의 일상은 이와 달랐을까? 그들이 특수한 사례가 아니라는 것은 다른 1인가구 연구들을 통해서도 확인되었다.

식생활 안정성이란 개념이 있다. 단순히 배만 채우는 게 아니라, 건강하고 활력 있는 삶을 위해 다양한 음식을 충분히 먹을 수 있는 여건이 마련된 상태를 말한다. 보통은 경제력이 높을수록 식생활 안정성도 높다. 그런데 2022년 서울연구원 김성아 박사 연구팀이 진행한 1인가구 건강실태 분석에서는 소득수준이 상대적으로 높은 관리직, 전문직과 화이트칼라 1인가구가 식생활 안정성이 가장 낮은 것으로 나타났다. 식사를 거르는 결식률도 제일 높았다.[3] 더불어 2019년 영양학자 정복미 교수가 책임을 맡은 연구에서는 2014~2016년 국민건강영양조사 참여자 2만 3080명을 1인가구와 다인가구로 따로 나누어 분석했다. 그 결과도 흥미로웠다. 실제로 소득수준이 높은 1인가구가 콜레스테롤과 열량 섭취량이 더 높은 것으로 나타난 것이다.[4] 기존 연구에서는 포착되지 않던 역전 현상이었다. 한마디로 예전에는 저소득층의 특징으로 여겨졌던 나쁜 영양섭취와 질 낮은 식단이 1인가구에서는 고소득층에게 더 많이 관찰되고 있었다.

돈은 혼자의 삶을 얼마나 바꿀까

과거처럼 가구 내에서 대부분의 의식주를 해결했던 때라면 모를까, 지금은 돈만 있으면 살림을 서비스업체에 맡기는 방법도 얼마든지 있다. 그런데도 왜 1인가구의 경우에는 소득에 따라 돌봄의 질이 크게 달라지지 않거나, 오히려 소득이 높을수록 더 낮아지는 현상이 나타나는 걸까? 경제적 수준은 1인가구의 살림에 영향을 미치지 않는 걸까? 만약 영향이 있다면, 우리의 상식과는 구체적으로 어떻게 다를까? 이 질문에 답하기 위해 나는 1인가구의 자기돌봄과 살림에 대한 연구를 시작할 때, 그들의 경제력이 어떻게 작용하는지 또한 유심히 살펴보기로 했다.

소득의 높고 낮음을 말하려면 기준이 있어야 한다. 소득이 1인가구의 의식주 생활이 어떻게 달라지는지 파악하기 위해 나는 먼저 32명의 인터뷰 참여자를 세 집단으로 분류했다. 2025년 1인가구 기준 중위소득은 약 240만 원이다. 그래서 중위소득의 50%인 약 120만 원 이하를 저소득층으로, 중위소득의 두 배를 넘는 480만 원 이상을 고소득층, 그리고 120~480만 원 사이를 중소득층으로 나누었다. 이렇게 했을 때 인터뷰 참여자 32명 중 저소득층은 8명, 중소득층은 14명, 고소득층은 10명이었다. 세 소득계층으로 분류하는 동시에 개별 참여자들에게 소득순으로 일련번호도 붙였다. 독자가 인터뷰 내용을 읽을 때 개별 참여자의 상대적 소득수준을 가늠할 수 있도록 하려는 목적이다.

예를 들어, '1_저'는 32명의 참여자 중 가장 소득이 낮은 사람이다. '32_고'는 고소득층 중에서도 가장 소득이 높은 사람이라는 뜻이다. '1_저'는 앞서 언급한 일용직 노동을 하는 42세 남성 백승민 씨로, 월소득이 50만 원이고 고시원에서 살았다. '32_고'는 대기업 부장인 42세 여성 유희영 씨다. 희영 씨는 월 기본급만 800만 원에 서울 자가 아파트를 보유하고 있다. 혼자 산 지는 22년 차다. 월 50만 원부터 800만 원까지, 32개의 1인가구 살림을 살피며 그들의 삶의 질은 소득처럼 줄 세우기 쉽지 않다고 느꼈다.

좁은 공간이 주는 에너지가 있어요

좁은 집에 살면서 느낀 건데, 공간이 주는 특유의 에너지가 있어요. (송나영, 10_중, 메이크업 아티스트, 35세)

송나영 씨(10_중)의 이 한마디는 지금도 귓가에 생생하다. 가족과 사이가 그다지 좋지 않았던 그녀는 1년 전 원룸으로 독립했다. 비록 수입에 맞춰 구한 4평 남짓의 작은 방이었지만, 나름 싱크대도 있고 화장실도 있었다. 처음으로 나만의 공간이 생겨서 해방감도 느꼈다. 하지만 그것도 잠시. 생활할수록 "숨이 막혔고" "점점 피폐해지는 게" 느껴졌다. "침대 하나에 공간이 꽉 차서 밥을 먹고 옆에 치워둘 곳도 없을 정도"였다. 화장실까지 두세 걸음이니 하루 종일 움직일 일도 없었다. 이런 공간에서 머물면 "좁은 공간 특유의 에너지"에 눌려 살림할 기운이 나질 않았다.

거주공간은 삶의 방식에 큰 영향을 끼친다. 집안에서 해야 하는 살림은 더욱 그렇다. 협소한 주거공간에서는 요리는 물론 물건을 정리하고 휴식하기도 쉽지 않다. 중소득층으로 분류되는 나영 씨는 "가진 돈으로 이런 데밖에 구할 수 없어" 원룸에서 살게 되었다고 말했다. 아마 소득이 높았다면 더 좋은 집에서 살 수 있었을 것이고 그러면 살림할 맛이 생겼을지도 모를 일이다.

하지만 1인가구에게는 높은 소득이 꼭 더 나은 주거공간으로 직결되지 않는다. 소득이 높은 1인가구도 원룸 생활을 하는 경우가 많기 때문이다. 2022년 KB금융지주경영연구소가 발표한 『2022년 한국 1인가구 보고서』에 따르면, 1인가구의 압도적인 비율인 82.9%가 초소형·소형가구에서 생활한다.[5] 국토교통부의 2023년 주거실태조사에 따르면, 전체 가구의 42.9%가 18~31평 주거에서 사는 반면, 1인가구는 49.6%가 12평 이하에서 지내는 것으로 나타났다.[6] 실제로 자활근로자 진아련 씨(7_저)도 5.4평짜리 단칸방에 살지만, 회계사인 최세현 씨(26_고)의 오피스텔도 7평 정도밖에 되지 않았다. 이처럼 1인가구 대다수가 소득에 상관없이 상대적으로 좁은 주거에서 살고 있다. 이 연구 결과는 내 경험과도 일치했다. 26년째 혼자 사는 나 역시 아이를 하나둘 낳으며 점점 집을 넓혀간 오빠나 동생과 달리, 집의 크기가 내내 제자리걸음이다. 나영 씨의 말이 인상 깊었던 이유는 나도 어렴풋이 체감했던 "좁은 공간이 주는 특유의 에너지"를 언어화해 주었기 때문이다.

좁은 공간은 추가적인 비용으로 이어지기도 한다. 소득이 낮은 1인가구들은 공간적 제약이 있더라도 돈을 아끼기 위해 어떻게든 살림을 직접 해결하고 싶어 한다. 자활근로자 진아련 씨(7_저)는 단칸방에 살지만 비좁은 "화장실에서 이불 빨래를" 했고, 현재 무직인 김민석 씨(2_저)는 환기가 쉽지 않은 반지하 원룸에서 살면서도 1구짜리 인덕션을 활용해 가급적 집에서 밥을 해 먹으려 노력했다. 이런 의지에도 불구하고 일부 저소득 1인가구가 사는 공간은 집안일을 하는 것이 불가능할 정도로 열악했다. 조기태 씨(5_저)는 공장의 빈터, 트럭, 단칸방을 집으로 삼아 살아왔다. 사실상 "집이 아닌 곳"에서 생활했기 때문에 가정집에서 하듯이 살림살이를 마련할 수가 없었다. 특히 저소득층 1인가구들이 많이 사는 고시원이나 단칸방에는 싱크대나 가스레인지가 갖춰져 있지 않다. 세탁기를 설치하거나 빨래를 건조할 수 있는 베란다도 물론 없다. 그래서 적은 수입을 쪼개서 밖에서 밥을 사 먹고 빨래방에서 세탁을 해야 한다. 돈이 없어 열악한 주거에 사는 이들은 또 어쩔 수 없이 돈을 주고 살림을 외주화해야 하는 이중의 굴레에 부딪힌다. 이런 비용은 전형적인 빈곤 프리미엄poverty premium이다.

> 저는 예전에는 공장 한쪽에서 살기도 했고 그 후에는 단칸방 200에 20짜리 얻어서 살았어요. 거기선 살림을 아예 못 해요. 밥을 해 먹는 시설 같은 건 없고 부탄가스로 라면이나 끓여 먹고, 세탁기는 설치할 공간이 없어요. 그냥 세면 정도만 할 수 있고…. (조기태, 5_저, 자활근로자, 57세)

나영 씨(10_중)를 비롯해 내가 만난 청년 1인가구들은 소득계층으로 보자면 중소득층에 많이 포진해 있었다. 이들의 학력은 거의가 대졸 이상으로 대부분이 고졸 미만인 저소득층 참여자들에 비해 높았다. 하지만 이들 대다수가 전세집이나 자가를 마련할 정도까지 목돈을 모은 상태는 아니었다. 따라서 대부분 하숙집이나 원룸에서 생활하고 있었다. 그러다 보니 방 단위 주거에서 겪게 되는 살림의 제약은 저소득층과 비슷했다.

하숙집에 사는 정고운 씨(14_중)는 방과 화장실 외에 주인집 주방을 사용하지 않는 조건으로 계약을 했다. 처음에는 간단한 조리도구를 사서 방에서 요리를 해 먹으려는 노력도 해보았다. 하지만 "설거지를 화장실에서 해야 하는" 번거로움에 결국 요리를 그만두었다. 2018년 12월 7일 KBS에서는 『아프니까 청춘이다』라는 책의 제목을 빌려 「좁으니까 청춘이다?」라는 타이틀의 뉴스를 방영했었다. 이 방송에서는 이른바 '지·옥·고', 즉 지하, 옥탑방, 고시원으로 상징되는 청년들의 주거 실태를 보도했다. 내가 만난 청년 1인가구들의 주거 상황도 그때와 크게 달라지지 않았다.

상대적으로 연령도 높고 자산도 있는 고소득층은 어떨까? 상당수가 투룸 이상의 공간에 거주했지만, 여전히 원룸이나 오피스텔에서 주거하는 경우도 흔했다. 결혼이나 출산처럼 거주공간을 확장해야 할 결정적 사건이 없고, 일 중심으로 살아가는 1인가구들 중 일부는 경제력이 있어도 직장에서 가깝고 관리하기 쉬운 주거를 선호했기 때문이다.

강진모(30_고) 씨가 대표적인 사례다. 50대 중소기업 대표인 진모 씨는 회사 빌딩을 가지고 있을 만큼 부유했다. 하지만 젊은 시절부터 지금까지 쭉 원룸에서만 살았다. "별다른 취미도 없이 집-회사, 집-회사"를 왕복하며 살아온 그에게 집은 "잠자는 숙소"에 지나지 않았다. 그러니 직접 살림을 산다는 건 생각해 보지도 않았다. 밥은 모두 밖에서 먹었고, 빨래도 2주에 한 번씩 어머니에게 가져다 드리고 있었다.

저한테 집은 전혀 의미가 없는 곳이었거든요. 그런 데 돈을 많이 들이지 않는다는

생각을 가지고 있어서 잠만 잘 수만 있으면 된다. (강진모, 30_고, 중소기업 대표, 53세)

프랑스 사회철학자 앙리 르페브르Henri Lefebvre는 『공간의 생산La production de l'espace』에서 공간을 단순한 배경이 아니라, 삶을 특정한 방식으로 설계하는 하나의 사회구조라고 보았다.[7] 작은 주거공간도 그 자체로 특정한 삶을 생산한다. 자기돌봄이 어려워지고, 가사노동이 외주화되고, 행동반경이 축소되는 경향은 1인가구의 주거공간이 만들어낸 삶의 결과물이다.

현재 대다수 1인가구가 원룸이나 그와 유사한 소형주거에서 살아가는 현실은 단순한 개인적 선호나 편의 때문만은 아니다. 이것은 경제·사회구조가 1인가구에게 허락한 주거의 방향이다. 2장에서 1인가구 노동자들이 직장 근처 오피스텔이나 원룸에서 생활하는 경향에 대해 말했다. 이는 경쟁이 심한 신자유주의 시장에 빠르게 부응하기 위함이었다. 그런데 정부의 정책도 이러한 경향을 공고히 한다.

정부의 1인가구 주거지원사업은 대부분 원룸 공급을 기본 단위로 한다. 1인가구가 지원할 수 있는 공공임대주택은 전용면적 35m^2(약 10.6평) 이하로 제한이 있고, 대학생, 청년, 사회초년생을 대상으로 공급되는 행복주택이나 청년주택도 10~20m^2(약 3~6평) 사이의 원룸형이 많다. 이런 정책의 배경에는 한국 주거정책의 오래된 기준인 '국민평형'이 자리하고 있다. 국민평형은 일반적으로 전용면적 84m², 약 25평을 의미하는데, 이는 핵가족의 시대였던 1973년 주택공급 계획 당시 '1인당 5평×평균 가구원수 5명'이라는 단순 공식에서 비롯되었다. 이 공식을 기계적으로 적용하면 1인가구에게는 5평 남짓한 원룸이 가장 적절한 주거 크기라는 결론에 도달한다.

그러나 원룸은 머물 수는 있지만 오래 살긴 어려운 공간이다. 홍콩의 공중보건학자인 크리스털 잉 찬Crystal Ying Chan은 지나치게 좁은 주거 면적이 생활 기능의 수행을 제약하고, 건강과 삶의 질을 떨어뜨린다는 점을 관찰했다.[8] 쉬고, 요리하고, 씻는 일이 한 공간에 뒤섞이면 만성적인 스트레스와 통제감 상실로 이어진다는 것이다. 청년과 1인가구를 위한 임대주택들이 '닭장'이라는 비판을 받는 것도 이런 맥락에서다. 좁은 공간을 기본으로 하는 1인가구 주거정책은 결국 그 공간이 생산해 낼 수 있는 최소한의 삶만을 이들에게 허락한다.

인생은 투룸부터 시작된다

인터뷰에 참여한 1인가구들이 거듭 들려준 이야기가 있다. 살림을 위한 최소 공간이 있다는 말이었다. 1인가구들은 본격적인 살림이 가능하려면 투룸 이상의 주거에 살아야 한다고 했다. 마침내 원룸을 떠났을 때 삶이 어떻게 달라졌는지에 대한 1인가구들의 경험담은 생활공간이 얼마나 자기돌봄과 살림에 큰 영향을 끼치는지를 보여주었다.

7년 동안 원룸에서 살았던 김아리 씨(11_중)는 LH(한국토지주택공사)의 전세자금 대출 지원으로 3년 전에 투룸으로 이사했다. 그녀도 나영 씨처럼 조금만 움직이면 침대가 나오는 비좁은 공간에 살았지만, 이번에는 "투룸을 고집"했다. 작업실을 둘 수 있는 집, 탁자에 테이블보를 깔 만한 집에 살고 싶었다.

> 전에는 원룸에 살았는데 이번에는 투룸을 꼭 고집했었던 게, 원룸 살 때는 조금만 움직이면 바로 옆이 침대고 그랬는데 투룸에 오니까 한 방은 작업실로 쓰고 한 방은 침실로 쓰고 또 거실도 있으니까, 공간 분리가 되니까 생활이 많이 정돈되는 거 같아요. 여기 부엌 겸 거실에 제가 신경을 많이 썼어요. 집에 온전히 휴식할 수 있는 공간을 만들고 사람들을 초대해서 차도 마시면 좋겠다 싶어서. (김아리, 11_중, 독립영화 감독, 29세)

고소득층인 희영 씨도 아리 씨의 마음을 잘 안다. 지리학자 이희연 교수의 연구를 보면, 젊을 때는 고학력자라도 소형 노후주택에서 살지만, 나이가 들수록 아파트로 이사하는 경향이 나타난다.[9] 희영 씨도 20대에는 하숙집과 원룸에서 살았다. 하지만 지금은 어엿한 자가 아파트에 살고 있다. 그녀는 "식탁에서 공부하고, 싱크대에 세탁기가 들어가는" 뒤죽박죽으로 섞인 주거에서 탈출하려고 20여 년 동안 열심히 돈을 모았고 마침내 30평대 아파트를 사서 이사했다. 희영 씨는 현재 자신이 "안정적인 1인가정"으로 살 수 있게 된 이유로 "가정집다운 집"을 꼽았다.

> 20대 때 원룸에서 시작하면서 공간은 분리되어야 한다는 데 집착하게 되었어요. 침실에 책상이 있는 게 싫고, 식탁에서 공부하는 것도 싫고, 싱크대에 세탁기가 들어가는 것도 싫었어요. 그래서 돈 벌면 무조건 분리한다. 나이를 먹고 돈을 벌면서 하나하나 구현하는 인생을 살았어요. 집이 어떤 공간이어야 사람답게 살 수 있는가 굉장히 신경 썼고, 이게 제가 안정적인 1인가정으로 사는 데 큰 도움이 됐어요. (유희영, 32_고, 대기업 부장, 42세)

저소득 1인가구들 역시 집안일을 밖에서 해결하지 않고, 집안에서 밥을 해 먹고 빨래를 할 수 있게 된 계기로 이사를 꼽았다. 이들의 살림은 저소득층을 위한 LH나 SH(서울주택도시공사)의 임대주택 분양사업에 당첨되면서부터 달라졌다. 임대주택으로 이사한 저소득 1인가구들은 "드럼세탁기로 빨래를 하고, 주방도구를 사서 밥을 해 먹게" 되었다. 그러면서 살림의 질이 확 달라졌다.

> 고시원 살다가 LH 분양 당첨되어서 오피스텔로 이사한 지 한 일주일 됐거든요. 주방도구 같은 걸 살 수 있으니까 밥도 좀 해 먹게 되고. 예전에는 빨래도 빨래방에서

했는데 지금은 세탁기가 있더라고요. (윤태환, 6_저, 자활근로자, 51세)

1인가구의 살림과 자기돌봄은 주거환경, 특히 집의 넓이에 크게 영향을 받는다. 요리 솜씨가 있어도 고시원에서는 펼칠 수 없고, 친구가 있어도 원룸으로는 초대하기가 쉽지 않다. 르페브르의 말처럼 좁은 공간이 좁은 선택과 좁은 관계를 재생산하는 것이다. 부유한 1인가구라도 방 단위 주거에 머무른다면 마찬가지다. 1인가구에게도 먹고 자고 씻고 쉬는 공간이 분리된 투룸 이상의 주거가 인간다운 삶의 시작이다. 좁은 집에서는 살림이 자라지 않는다.

패밀리팩과 음식물 쓰레기

좁은 집만큼이나 모든 소득계층의 1인가구가 살림을 할 때 걸림돌이 되는 것이 있다. 바로 식재료 관리다. 이는 내가 만난 1인가구들이 요리하기 꺼리는 이유로 가장 먼저 꼽은 문제였다. 거의 모두가 야심 차게 살림을 시작했다가 냉장고에서 시들거나 물러진 식재료를 발견하고 버리면서 죄책감을 느낀 경험을 털어놓았다. 독립영화 감독 아리 씨는 식재료를 소분해 정리할 정도로 신경을 썼지만 그래도 "양이 워낙 많으니까" 버리는 게 꼭 생겼다. 유튜브로 공부해 가며 살림에 능숙해졌다는 고정민 씨(16_중)도 이 부분에서만큼은 어려움을 말했다.

> 저한테는 살림 중에 상한 음식을 관리하는 부분이 굉장히 커요. 이게 요리도 재료가 있어야 할 수 있으니까. 요리는 인터넷 유튜브도 보면서 어떻게든 하겠는데, 저한테 정말 큰 과제라고 하면 음식물 관리하는 거. 재료 관리라든가 그게 저한테는 오히려 살림에서 어려운 점인 것 같습니다. (고정민, 16_중, 정신건강 사회복지사, 30세)

음식물 쓰레기는 다인가구에게도 골칫거리다. 그런데 1인가구에게는 아예 요리를 포기하게 만들 정도로 심각한 고충이다. 1인가구가 급증하고 있지만 정작 식료품 시장은 여전히 가족 단위로 설계되어 있기 때문이다. 마트에 가보면 채소, 어패류, 육류 같은 신선식품은 물론이고 공산품까지도 대부분 대용량으로 포장되어 있다. 패밀리팩family pack이라는 이름의 할인상품들도 가족을 염두에 둔 것이다. 1인가구가 증가하면서 소용량 제품이 나오고 있지만, 포장과 유통비용 때문에 가격대가 일반 제품보다 훨씬 비싸다. 가격을 생각해 대용량 식료품을 사게 되면 결국 다 먹지 못해 음식물 쓰레기로 버리는 악순환이 반복된다. 신지영 씨는 이럴 때마다 마음이 여간 불편한 게 아니었다.

> 혼자 살면 어려운 것이 특히 음식 같은 거. 요즘 1인용으로 나오고 있지만 아직까

지 그렇게 많지는 않거든요. 그냥 대량으로 살 수밖에 없고, 그러니까 유통기한 지나고 버리고 마음이 안 좋죠. (신지영, 22_중, 기간제 교사, 42세)

역설적이게도 혼자 사는 사람은 둘 이상 사는 사람보다 식비가 더 든다. 규모의 경제를 누릴 수 없기 때문이다. 중소기업에서 영업직원으로 일하는 박은택 씨(18_중)는 혼자 살기 전에 친구와 같이 산 적이 있다. 당시에는 "치킨이나 피자를 시켜도 남기지 않고 다 먹을 수 있고, 생수도 한두 병이 아니라 12개들이를 쟁여놓게 되다 보니" 식비가 줄었다. 실제로 2024년 통계청 가계동향조사에서 1인가구가 식료품과 음식 구매 등에 쓰는 비용은 약 52.6만 원으로 1인가구 평균소득(약 290만 원)에서 식비로 지출하는 비율은 18.1%에 달했다.[10] 이는 2인가구(16.9%), 3인가구(15.7%), 4인 이상 가구(15.9%)보다 높은 수치이다. 소득 대비 식비 부담이 가장 큰 셈이다. 경제연구소 연구원인 전현국 씨(28_고)는 혼자 먹다 보니 버려지는 음식과 낭비되는 비용이 아까웠다. 그래서 혼자서는 밥을 잘 챙겨 먹지 않게 되었다.

(혼자 살면) 음식비는 더 들어요. 둘이 먹으면 음식을 나눠 먹으면 되니까. 그런데 혼자면 남겨서 버리게 되고. 그러니까 혼자 있으면 잘 안 먹게 돼요. 대충 때우고 그렇게 되죠. (전현국, 28_고, 경제연구소 박사급 연구원, 47세)

물론 1인가구가 증가하면서 시장도 이들을 겨냥한 식료품을 출시하기 시작했다. 가정간편식, 공식적으로는 가정식 대체식품HMR, home meal replacement으로 불리는 상품들이다. 3분 카레·짜장과 같은 레토르트 식품, 냉동·가공식품, 소포장 밀키트, 컵밥, 삼각김밥과 같은 즉석식품이 이에 속한다. 한국농수산식품유통공사에 따르면, 국내 가정간편식 시장은 2018년 3조 2천억 원에서 2023년 약 7조 원으로 폭발적으로 성장했다. 1인가구는 이런 가정간편식의 주요 고객으로 꼽힌다.

하지만 1인가구가 간편식을 정말로 좋아해서 구매하는 것은 아니다. 대부분 양은 적은데 비싸고, 신선하지 않아 건강에 이롭지 않은 제품들이다. 그런데도 오래 보관이 가능하고 바로 먹기 편해서 손이 갈 수밖에 없다. 가정식을 해 먹기 힘든 1인가구에게는 거부하기 어려운 대체식품이다. 그래서 1인가구는 마트의 신선 코너를 지나 간편식 코너로 향하게 된다. 우리는 시장에서 개인의 선호에 따라 상품을 선택하고 있다고 생각하지만 실제로는 시장이 제시하는 선택지 안에서 물건을 고른다.

사회학자 켈시 한라한Kelsey B. Hanrahan은 한 사람의 살림에는 이를 뒷받침해 주는 사회적 체계가 존재한다고 보았다.[11] 예를 들어, 가나의 한 여성이 아침식사를 차려낼 수 있는 건 그녀의 요리 실력과 부지런함 때문만은 아니다. 장작을 가져다주는 아들, 수프를 어떻게 끓이는지 알려준 이웃, 그리고 무엇보다 채소를 기르고 파는 농장 없이는 불가능하다는 것이다. 그 반대의 상황도 마찬가지다. 한 사람이 살림을 잘 해내지 못하는 배경에도 이를 둘러싼 사회적 제약이 존재한다. 혼자의 시대에도 여전히 가족 단위를 기준으로 하는 식재료 시장은 1인가구에게 일종의 싱글 페널티single penalty로 작용한다. 경제력이 있는 1인가구라도 이는 마찬가지다. 1인가구는 가족을 이루지 않았다는 이유로 더 비싸고 덜 신선한 음식을 먹으며 보이지 않는 비용을 지불한다.

나는 이런 제약을 확인하면서 혼자 사는 주민들끼리 건강한 식재료를 공동구매할 수 있는 지역사회 네트워크가 있으면 좋겠다고 생각했고, 이를 논문의 제언에도 담았었다. 그런데 사람들은 이미 나름의 자구책을 만들어가고 있었다. 연구보다 현장이 훨씬 빨랐다. 최근 폭발적으로 늘어난 '소분모임'이 그것이다. 동네 주민, 직장 동료, 온라인 커뮤니티 회원들이 함께 장을 본 뒤 식재료를 나누는 자생적인 모임으로, 2022년부터 당근마켓에 올라오기 시작해 지난 1년 동안에만 다섯 배나 증가했다. 대용량 채소나 정육을 공동구매해 1인분씩 소분하면 신선한 재료를 적정한 가격에 먹을 수 있다. 재료를 나누는 과정에서 자연스럽게 인간관계도 넓어진다. 시장이 1인가구를 위해 움직이지 않으니, 사람들이 서로 연결되어 그 제약을 우회하기 시작했다.

1인가구 식사의 스펙트럼

지금까지 혼자 살면 제대로 된 살림을 하기 어려운 사회적 이유를 여럿 살펴봤다. 살림을 할 공간이 확보되지 않은 좁은 집에 사는 점. 그리고 여기에 더해 가족 단위를 전제로 설계된 소비시장이 겹겹의 장애물이 된다. 이런 장애물들이 소득을 떠나 1인가구의 살림을 어렵게 만든다.

특히 1인가구들은 살림의 여러 영역 중에서도 가장 기본이라고 할 수 있는 요리에서 유독 고전한다. 1인가구 실태조사들은 소득에 관계없이 거의 모든 1인가구들이 식사 해결에 어려움을 겪고 있으며, 요리를 직접 하기보다 사 먹는 경향이 있음을 보고해 왔다.[12] 2021년 한국농촌경제연구원의 조사에 따르면, 다인가구의 식료품비 지출 중에서 외식비는 41.4%인 데 반해, 1인가구는 52.3%로 10%p 이상 높다. 오히려 20~30대 1인가구는 외식비가 69.0%에 달했다가 나이가 들수록 점차 줄어드는 연령 효과가 소득 효과보다 두드러진다.[13]

그렇다면 소득은 1인가구의 식사 수준과 무관한가? 그렇지는 않다. 소득수준에 따라 어떤 음식을 어떻게 먹을지를 결정할 수 있는 선택의 폭이 달라진다.

나는 1인가구의 살림을 연구하면서 만난 32명의 인터뷰 참여자들에게 일상에서 식사를 해결하는 가장 주된 방식이 무엇인지를 물어보았다. 그리고 집으로 돌아와 이를 하나의 표로 정리했다. 한 눈에 보니 식비를 지출하는 구체적인 방식에서 소득수준에 따른 뚜렷한 패턴 차이를 포착할 수 있었다. 다만 그 패턴은 예상했던 방향과는 상당히 달랐다.

	저소득	중소득	고소득
직접 요리하기	김민석2_저 조기태5_저 진아련7_저 민영숙8_저	고정민16_중 조윤지19_중 신지영22_중	유희영32_고 홍수경32_고
반찬 사 먹기	백승민1_저 강현욱3_저 권익창4_저 윤태환6_저	송나영10_중 김아리11_중	
편의점 도시락 사 먹기		장희수13_중 노정호17_중	
음식 포장해 오기		서효주12_중 정고운14_중	
배달 음식 주문하기		김산호9_중 이건우15_중	문도영24_고 유성재27_고 지호준29_고
밖에서 사 먹기		박은택18_중 박현준20_중 권은성21_중 성지나23_중 (김산호9_중)	최세현26_고 전현국28_고 강진모30_고 임혜수31_고 (홍수경25_고)

표2. 1인가구 주된 식사 방식의 계층적 패턴

배달 음식의 진정한 애용자

MBC 관찰 예능 프로그램 「나 혼자 산다」가 배출한 최고의 스타는 아마 기안84일 것이다. 그는 첫 출연부터 소탈함을 넘어 기행에 가까운 생활습관들로 주목받았으며, 제멋대로 살면서 1인가구의 자유를 한껏 누리는 상징적인 인물로 자리 잡았다. 이제 그도 방송 초기와는 많이 달라졌지만, 여전히 자신만의 삶의 방식을 고수하는 모습은 팬들의 호응을 받고 있다.

얼마 전 기안84가 한 유튜브 채널에 출연해 나눈 배달 음식에 관한 일화도 그런 예다. 그는 배달비를 아끼기 위해 곤이 찜 두 개를 주문했다. 하나는 먹고, 나머지 한 통은 얼린 다음 꽁꽁 언 곤이 찜을 네 조각으로 쪼갰다. 그것을 라면 끓일 때 넣는 방법으로 네 번에 걸쳐 먹었다. 그는 이런 방식이 "징하게" 보일 수는 있어도 "가성비는 좋다"고 말했다.

배달 요리를 여러 번이고 재탕해서 먹는 기안84의 모습은 일견 소박하게 보인다. 하지만 가성비를 따져서 배달 음식을 먹는다는 기안84와는 달리 정작 저소득층 1인가구 중에는 음식을 배달시켜 먹는 사람들은 거의 없었다. 이들에게는 배달 음식 자체가 가성비가 나쁜 식사이기 때문이다.

보통 배달비는 1건당 2~3천 원이 기본이다. 최대 7천 원까지도 내야 한다. 저소득층에게는 결코 무시할 수 없는 금액이다. 게다가 배달이 가능한 금액의 최저선이 꽤 높고, 매장에서 먹는 것보다 가격이 높은 경우도 많다. 2023년 한국소비자원의 발표에 의하면, 거의 60%에 가까운 음식점이 배달앱의 수수료와 광고비를 부담하기 위해 배달 음식의 가격을 10%가량 높여 판매하고 있다. 그러니 중소기업에 다니는 서효주 씨(12_중)의 말처럼 가끔 "배달비 부담이 없는 포장"을 해 올 수는 있어도 배달앱을 자주 애용하진 않는다.

배달비 때문에 시켜 먹을 수도 없고, 주거가 열악해 해 먹기도 어려운 사람들은 식사를 어떻게 해결해야 할까? 현욱 씨(3_저)나 태환 씨(6_저)를 비롯한 꽤 많은 중·저소득 1인가구들은 식사를 해결하기 위해 절충적인 전략을 택한다. "밥은 전기밥솥으로 하고 반찬만 사 먹는" 것이다. 이것이 저소득층이 생각하는 진정으로 가성비가 높은 식사다. 인터뷰 참여자들은 이런 밥상을 "찬밥"으로 묘사했다. 밥솥으로 밥만 짓더라도 매끼 갓 지어 먹기는 번거롭다. 그래서 밥을 지은 다음 소분해서 냉동해 뒀다가 전자레인지에 돌려 먹는 경우가 많다. 이런 얼린 밥이나 햇반은 태환 씨(6_저)가 그리워하는 "어머님이 해주시는 따뜻한 집밥"과 대조를 이룬다.

그러나 이런 간소한 방법으로도 꾸준히 끼니를 챙기는 건 쉬운 일이 아니다. 나영 씨(10_중)도 밥을 지어 얼려두지만 쟁여놓은 밥이 떨어지면 그냥 식사를 거른다. 차갑고 오래된 밥에 비슷비슷한 반찬을 먹다 보면 "밥맛도 없어"져서 챙겨 먹는 것도 귀찮다. 아리 씨(11_중)의 밥상도 놀라울 만큼 비슷하다.

밥을 한번에 많이 해놓고 냉동실에 얼려놓고 소분해서 먹었어요. 뭘 계속 챙기기 귀찮은 거예요. 밤을 새울 때는 밥 해놓는 것도 까먹고 이러니까 너무 바쁘면 그냥 햇반…. (김아리, 11_중, 독립영화 감독, 29세)

배달 음식을 애용하는 건 의외로 고소득 1인가구들이다. 기안84도 웹툰 작가이자 연예인으로 크게 성공한 고소득자다. 그는 배달비를 의식한다고 말했지만 실제로는 한 번에 곤이 찜 두 개를 시키는 걸 망설이지 않을 만큼 넉넉한 형편이다.

그가 배달 음식을 시켜 먹는 진짜 이유는 돈을 아끼려는 것이 아니다. 그가 일 중심으로 사는 사람, 자기생산에 집중하는 사람이기 때문이다. 그는 같은 영상에서 '대충 산다'는 평판에 대해 자신은 열심히 산다며 반박했다. "빨리 출근을 해서 그림을 그리거나 촬영을 해야 되잖아, 다른 데 신경 쓸 시간이 없어서 에너지를 안 쓰는 거야."

연구에 참여한 고소득 1인가구들 역시 기안84와 비슷한 이유로 배달 음식을 선호했다. 늦게까지 일하다가 퇴근했을 때 살림을 하는 수고로움 없이 바로 시켜 먹을 수 있어서다. 배달 음식을 주로 먹는 이들의 고민은 배달비가 아니다. 매번 반복되는 메뉴에서 오는 지겨움이다. 야근을 자주 하는 회계사인 최세현 씨(26_고)나 1인 디자인 기업 대표 지호준 씨(29_고)는 다양한 배달앱을 사용하고 새로운 가게를 시도하며 음식 종류에 "베리에이션을 주려고" 했다. 특히 세현 씨는 피자, 파스타, 리소토와 같은 고탄수화물 음식도 시켰지만 가능하면 채소를 포함한 메뉴를 주문하려고 의식적으로 노력했다. '먹는 즐거움'을 넘어 배달 음식을 먹으면서도 나름 내 몸도 챙겨보려는 심산이었다.

> 대부분 시켜서 먹어요. 예전에는 피자나 파스타, 리소토 이런 음식 위주로 많이 먹었는데, 해장국, 뼈해장국, 감자탕 이런 것들을 점점 찾게 되는 것 같고, 채소를 먹을 때는 어디 식당이나 이렇게 같이 딸려 오는 음식들에 포함되어 있는 반찬들 있잖아요. 그런 걸 시켜 먹으려고도 노력하죠. (최세현, 26_고, 회계사, 30세)

중·고소득 1인가구가 선택하는 또 다른 식사 방식은 외식이다. 일 중심으로 생활하는 이들은 식생활에 들일 시간이 많지 않다. 특히 과외교사로 일하는 권은성 씨(21_중)나 출장이 잦은 진모 씨(30_고)처럼 직무상 이동이 많아 식사 시간을 지키기 어려운 사람들에게 외식은 식사를 해결하는 가장 간편한 방법이다.

> 밥 같은 경우에는 백 퍼센트 외식을 해요. 아무래도 하는 일의 성격상 출장도 많고 외국인도 많이 만나기 때문에 나가서 저녁에 밥 먹고 일하고 술 먹는 경우가 많아요. (강진모, 30_고, 중소기업 대표, 53세)

> 밥 먹을 그런 정신이 없어서 맨날 밖에서 사 먹었어요. 항상 밖에서 사 먹고 사실

일하다 보면 밥 먹을 시간도 없고. 그래서 되게 불규칙적이고 밤에 뭔가를 먹고 이랬었거든요? (권은성, 21_중, 과외교사, 39세)

이처럼 사 먹는 식사라고 해도 계층별로 추구하는 '가성비'의 의미는 다르다. 소득이 적은 1인가구들은 '돈을 아끼는 식사'를 선호하는 반면, 소득이 높은 1인가구들은 '시간을 아끼는 식사'를 선호한다. 고소득 1인가구가 많은 식비를 들여 배달 음식이나 외식을 선택하는 이유는 단순한 편의가 아니다. 시간과 에너지를 절약해 다시 일에 투입하기 위해서다.

부르디외는 45년 전 『구별짓기』에서 상류층의 식사를 상세히 묘사했다. 고급 식기가 놓인 식탁에서 흰살 생선의 뼈를 바르고, 소고기 스테이크를 한입 크기로 썰어 먹는다. 아무리 바빠도 서두르지 않고 음식을 천천히 씹으며 주변 사람과 대화를 나눈다. 이들에게 식사는 필요나 쓸모를 추구하는 행위라기보다 자신의 미식가적 취향과 교양을 보여주는 사회적 표식social marker이었다. 상류층의 삶을 지향하는 중산층도 이러한 식사문화를 따라가려고 노력했다. 그러나 기안84나 내가 만난 고소득 1인가구의 일상적인 식탁에서 이런 여유를 찾기란 쉽지 않았다. 이들은 오히려 부르디외가 저소득층의 특성이라 말했던 빠르게 배를 채우는 식사를 추구했다. 배달 음식 애용이 그 단면이다.

그러나 이렇게 시간을 아끼는 식사는 삶의 질을 높이지 못한다. 독일의 사회학자 하르트무트 로자Hartmut Rosa가 말한 것처럼, 현대인은 시간을 절약하기 위해 기술과 소비를 동원하지만 그 결과로 오히려 시간이 더 모자라는 상황, 즉 가속의 역설에 빠진다. 느긋하게 식사할 여유를 잃어버리고, 일에 모든 시간을 흡입당해 버린다.

시간을 아끼려다 잃게 되는 건 여유만이 아니다. 불규칙적으로 식사를 하고, 배달 음식과 외식에 의존하다 보니 건강 상태도 더 나빠진다. 보통 다인가구는 소득이 높을수록 식생활 습관이 좋은 경향이 있지만, 1인가구에게는 이러한 상식적 추세가 뚜렷하지 않다고 앞서 밝혔다. 교육수준과 소득수준이 높은 1인가구일수록 콜레스테롤 섭취량이 높게 나타난다는 영양학자들의 연구도 기억할 것이다. 이는 "피자나 파스타, 리소토, 해장국, 뼈해장국, 감자탕을 배달받아 먹는" 고소득 1인가구의 식생활 패턴을 보았을 때 어쩌면 예견된 결과일지 모른다. 돈을 벌수록 건강해지는 게 아니라, 돈을 벌수록 더 못 먹게 되는 상황 말이다.

김치볶음밥과 수제 샐러드

그렇다면 식사를 외부에 맡기지 않고 직접 요리를 하는 나머지 절반의 1인가구들은 어떻게 먹을까? 이들의 식탁도 소득에 따라 달라진다. 「표2」에서도 볼 수 있듯이, 소득이 낮은 1인가구가 소득이 높은 1인가구보다 직접 요리를 해 먹는 경우가 더 많았다. 이들이 요리를 하는 가장 큰 이유는 식비를 아끼기 위해서다. 그런 만큼 다양성이나 맛은 크게 중요하지 않다. 민석 씨(2_저)는 "두고두고 먹을 수 있는 재료로 만든 음식"이나 "계란, 된장찌개, 김치처럼 비싸지 않은 음식"을 주로 먹었다. 1인가구의 요리는 편의를 중시하는 성향도 두드러진다. 조윤지 씨(19_중)를 비롯한 1인가구들은 가급적 식재료를 버리지 않으면서도 간단하게 만들 수 있는 한 그릇 음식을 선호했다.

> 저는 한 접시에 해결할 수 있는 거를 만들어서 먹어요. 김치볶음밥이나 덮밥이나 그런 거 많이 하고. 반찬은 잘 만들지 못하고 또 금방 상하기도 하고. 야채들은 너무 많이 사야 해서. 그래서 볶음밥, 파스타 한 접시 이렇게 해결할 수 있는 음식들을 많이 하고 있어요. (조윤지, 19_중, 프리랜서 디자이너, 33세)

반면 소득이 높고 청년기를 벗어난 1인가구들도 요리를 시작했다. 이들은 요리를 할 때 비용이나 편의보다는 건강과 품질을 추구했다. 50대 대학교수인 홍수경 씨(25_고)는 주로 밖에서 식사를 해결한다. 하지만 "자신을 케어해야겠다는 생각이 들면 샐러드나 생선과 같은" 음식을 챙겨 먹는다. 40대 대기업 부장인 희영 씨(32_고)는 요리를 할 때 될 수 있으면 "신선식품을 직접 눈으로 보고 사기" 위해 마트에 가는 걸 즐긴다. 여유가 생기면 레몬즙, 간장, 정제수를 1:1:2로 배합해 직접 만든 수제 드레싱에 친환경 양배추, 블루베리, 당근, 토마토와 같은 슈퍼푸드를 듬뿍 넣은 샐러드를 해 먹기도 한다.

> 제가 아는 싱글 여자 교수님들은 대부분 자기 몸을 보호하기 위해 오가닉푸드를 먹는 걸 굉장히 많이 봤어요. 저도 뭔가 케어하겠다고 생각했을 시에는 주로 샐러드를 만들고 몸에 좋은 생선을 구워 먹기도 하고 그래요. (홍수경, 25_고, 대학교수, 50세)

> 신선식품들은 마트에 가서 직접 눈으로 보고 사는 게 제일 좋아요. 심하게 바빠지면 마켓컬리 새벽 배송을 시키거나 할 텐데, 저는 아직은 직접 장을 보는 것과 배송을 왔다 갔다 하는 것 같아요. (유희영, 32_고, 대기업 부장, 42세)

직접 요리를 하는 고소득 1인가구의 먹거리를 보면, 부르디외가 말한 계급별 취향 차이가 비로소 나타나는 듯하다. 소득이 낮을수록 제한된 재료와 메뉴로 요리를 만드는 반면, 소득이 높아질수록 건강에 좋은 재료와 메뉴로 엄선해 먹고 있으니 말이다.

하지만 이들이 고소득 1인가구의 대표적 모습은 아니다. 고소득층으로 분류된 10명 중에 건강식을 나름대로 꾸준히 실천하는 사람은 2명에 불과했다. 수경 씨와 희영 씨는 40~50대에 접어들면서 일뿐만 아니라 건강이 중요하다는 사실을 깨닫게 되었다고 했다.

2장에서 다뤘듯이, 1인가구들은 40대를 넘어서면서 노동에 온전히 헌신하는 삶을 멈추는 시기가 오는데, 건강한 요리를 챙기는 시기도 이와 맞물려 있었다. 20~30대에는 일만 하며 배달 음식을 먹는데 거리낌이 없었던 1인가구 직장인들은 40대 전후에 이르러서야 일의 도구로서가 아니라 돌봄의 대상으로 자기 자신의 몸을 바라보는 것이다. 그리고 그때 '살림', 즉 자신을 살리려는 여지와 의지가 생긴다.

배달 음식과 얼린 밥, 한 그릇 음식과 수제 샐러드로 대변되는 1인가구의 식사는 비단 이 연구에서만 관찰된 현상은 아니다. 2018년 명지대학교 식품영양학과 이영미 교수 연구팀이 내놓은 연구 결과도 비슷한 패턴을 보여준다.[14] 이들의 연구는 1인가구의 식사 유형을 세 가지로 나누었다. 가성비와 편의성을 우선시하는 실용주의자, 트렌드와 새로움을 원하는 다양성 추구자, 건강을 중시하는 건강 의식 실용주의자다. 이 연구에서 실용주의자들은 주로 20대이거나 저학력, 저소득층이 많았고, 다양성 추구자는 고학력, 고소득층이거나 30대가 많았으며, 건강 의식 실용주의자는 40~50대가 많았다.

내가 만난 저소득 1인가구들과 젊은 1인가구들은 돈을 아끼기 위해 반찬만 사 먹거나 요리를 할 때도 덮밥과 같은 한 그릇 음식을 선호하는 실용주의자가 많았다. 반면 고소득 1인가구들은 가성비보다 시간과 편의를 추구하며 배달 음식과 외식을 선호했는데, 이때는 될 수 있으면 다양한 메뉴들을 시켜 먹으려는 다양성 추구자의 모습을 보였다. 하지만 일부 고소득 1인가구는 나이가 들면서 건강에 좋지 않은 배달 음식보다 영양의 균형과 음식의 품질에 신경을 쓰는 건강 의식 실용주의자가 되었다.

저속노화 편의점 도시락

희영 씨(32_고)와 수경 씨(25_고)의 건강 식단을 살펴보면서 한동안 유행했던 '저속노화'가 떠올랐다. 이 개념은 신체의 생물학적 노화 속도를 늦춰 기능 저하와 질병 발생을 지연하고 건강수명을 연장하려는 전략으로, 이를 위해 빠르게 소진되는 삶의 속도를 조절하고 스트레스를 줄이며, 단순하고 규칙적인 생활을 통해 몸의 리듬을 회복하려는 실천을 포함한다.

저속노화에 좋다는 식단을 한번 살펴봤다. 현미밥에 나물 몇 가지, 된장찌개, 생선구이. 혹은 렌틸콩과 삶은 달걀, 참치캔. 값비싼 슈퍼푸드 대신 비용이 합리적이고 자극적이지 않으며 가급적 가공되지 않은 음식을 규칙적으로 먹는다. 이론적으로는 1인가구도 충분히 시도할 수 있을 것 같아 보인다. 오히려 혼자 사니까 자기 페이스대로 식단을 짤 수 있지 않을까? 하지만 지난 몇 년간 만나온 1인가구들의 현실은 그렇지 않았다. 잦은 야근과 식사를 준비하기 힘든 상황 속에서 제때 밥을 먹는 것조차 어려웠다.

문제는 노동 시간과 스트레스 강도다. 저속노화를 실천하려면 일상에 대한 통제권이 있어야 한다. 퇴근시간이 예측 가능해야 하고, 주말에 장을 보고 반찬을 만들 여유가 있어야 하며, 그런 행동을 사치처럼 느끼게 하는 내면의 압박에서 자유로워야 한다. 그렇기에 어느 정도 경제력과 업무 통제력을 확보한 중년의 대학교수와 대기업 부장이 이런 식단을 간간이 실천해 볼 수 있었다.

저속노화의 깃발을 달고 편의점에서 출시됐던 건강 도시락 시리즈가 얼마 못 가 시들해진 것도 이런 맥락이다. 편의점 음식을 자주 먹는 사람들은 시간이나 비용, 혹은 둘 다 부족한 상황일 가능성이 높다. 내가 만난 1인가구 중 편의점 음식이 주된 식사 해결 방법이라고 말한 장희수 씨(13_중)와 노정호 씨(17_중)는 중위계층에 속한 청년들이었다. 아직 경제적으로 완전히 자리 잡지 못했고 일과 학업에 쫓겨 시간도 부족한 시기다. 이런 불안정한 상황은 대개 높은 스트레스를 동반한다. 사람들은 스트레스가 높을 때 자극적인 음식을 찾는다. 긴장된 몸은 스트레스 호르몬 코르티솔에 반응해 당분과 지방을 갈망하고, 지친 뇌는 도파민이 분비되는 강렬한 맛을 통해 빠른 위안을 얻으려 한다. 그래서 현미밥과 나물보다 불닭볶음면이나 스팸·제육도시락이 당기는 건 생존 본능에 가깝다. 저속노화가 표방하는 건강한 음식을 천천히 씹는 여유는 편의점에서 끼니를 자주 때워야 하는 삶과 애초에 양립하기 어렵다. 편의점을 애용하는 삶은 이미 저속이 아니라 가속의 삶이다.

빨래방과 세탁서비스의 차이

영화 「기생충」은 계층이 다른 두 가족의 생활상을 극명하게 보여주며 불평등의 민낯을 드러낸 작품으로 찬사를 받았다. 기택네 가족은 박 사장 집에 과외교사, 미술교사, 가사도우미, 운전사로 취업하지만 박 사장 일가는 이를 꿈에도 눈치채지 못한다. 그러나 이들이 유일하게 진실에 다가갔던 순간이 있다. 바로 '냄새' 때문이다. 이상하게도 고용인 네 명의 옷에서는 모두 같은 냄새가 났다. '무말랭이 같은 쾨쾨한 냄새' 말이다. 이 냄새의 정체는 무엇일까? 기택은 말한다. "그거 반지하 냄새야. 이사 가야 없어져."

빨래는 생각보다 까다로운 일이다. 적정한 양의 세제를 써서 알맞게 돌리는 데도 요령과 경험이 필요하거니와 특히 말리는 과정이 중요하다. 빨래를 늦게 꺼낸다거나 반지하와 같이 환기가 잘되지 않는 곳에서 오랫동안 말렸다가는 되레 쉰내가 나기 십상이다. 모락셀라라는 박테리아가 번식할 때 난다는 그 특유의 냄새가 나기 시작하면 다시 빨아도 잘 사라지지 않는다. 그러니 김산호 씨(9_중)의 설명처럼 단칸방, 고시촌, 하숙방처럼 세탁기가 없거나, 세탁기가 있어도 말릴 공간이 없는 원룸에 사는 중·저소득 1인가구들에게 빨래방은 청결을 유지하기 위한 필수적인 선택이 된다. 주거가 열악하고 협소한 저소득층일수록 세탁도 외주화가 불가피하다.

> 원룸 특성상 빨래를 마르게 하려고 해도 잘 마르지 않다 보니까 빨래방을 많이 이용합니다. 빨래방에 가면 그냥 한 시간이면 다 빨고 마르기까지 하니까요. 이 집 구조상 햇빛이 잘 안 들어오는 구조라 지상층인데도 하루에 네다섯 시간 정도만 해가 비추고 많이 어둡거든요.(김산호, 9_중, 과외교사, 27세)

빨래방이 중·저소득 1인가구가 애용하는 공간이라면, 소득이 높은 1인가구는 세탁을 외주화하는 방법으로 세탁서비스 플랫폼을 자주 활용한다. 이들이 세탁을 맡기는 주된 이유는 크게 두 가지다.

먼저 배달음식이나 외식과 마찬가지로 노동시간을 확보하기 위해서다. 노무사인 성지나 씨(23_중)는 "야근이 많아지면서 빨랫감이 쌓이자" 친구들의 추천을 받아 런드리고를 사용하기 시작했다. 세탁물을 현관문 밖에 걸어두면 세탁을 해서 다시 문 앞에 걸어주는 세탁서비스는 일이 많은 지나 씨에게 매우 유용한 서비스였다.

두 번째로 고급 옷을 관리하고 패션 취향을 유지하기 위해서도 세탁서비스가 필요했다. 스타트업 대표인 문도영 씨(24_고)도 런드리고나 세탁특공대를 자주 사용했다. 집안일을 하기에는 회사 일이 바빠서이기도 하지만, 그보다 "점차 고급 옷이 많아지면서" 드라이클리닝이나 특수세탁이 필요했기 때문이다. 더욱이 세탁소에 직접 갈 시간도 부족하다 보니 도어 투 도어door to door 서비스를 표방하는 세탁 플랫폼이 안성맞춤이었다.

> 저는 옷을 사는 걸 좋아하는데 점점 사는 옷들의 가격이 비싸져서. 일반 세탁으로는 할 수 없는 것들이 많아지면서 세탁소에 맡겨야 되는 옷들이 늘어나고 있어요. 그럴 바에는 차라리 외주로 런드리고 같은 거라든지 세탁특공대라든지 이런 것들을 사용하게 되는 거죠. (문도영, 24_고, 스타트업 대표, 29세)

세탁은 유독 소득수준에 따른 방식의 차이가 선명하게 보이는 살림의 영역이었다. 겉보기에는 빨래방과 세탁서비스 모두 가사의 외주화에 속한다. 하지만 빨래방은 본인이 직접 빨래를 운반하고 세탁 시간 동안 기다리면서 노동력과 시간을 투입해야 한다. 반면 세탁서비스는 노무사인 지나(23_중) 씨의 설명처럼 세탁물을 가져가고 가져다주는 누군가의 "보이지 않는 노동"을 구입하는 것이다.

> 모든 서비스가 비대면, 제가 보지 않을 때 딱 해놓는 서비스가 강조되더라고요. 최근에 개인주의화가 많이 됐다 보니까 보이지 않는 노동이 트렌드 같아요. 빨래를 앞에 놔두면 조용히 다 해놓고 가고. 집 앞에 내놓으면 되니까 세탁소조차 안 가고 싶은 사람들이 많아서 수요가 높아진 거잖아요. (성지나, 23_중, 노무사, 30세)

빨래방은 세탁기와 건조기라는 살림도구를 대여하는 것에 가깝다면, 세탁서비스는 살림을 대신 해주는 노동력을 사는 것에 가깝다. 중·고소득 1인가구들은 이렇게 가사노동을 사면서 남게 된 시간을 생산노동에 다시 투입하고 있었다.

문턱에서 끝나는 서비스

경제력이 있더라도 쉽사리 외주화하지 않는 집안일도 있다. 청소가 그렇다. 1인가구 대부분이 소형주택에 살고 있기 때문에, 좁은 공간의 청소를 누군가에게 맡기기보다 직접 청소기로 밀거나 물걸레질을 하는 경우가 대부분이었다. 하지만 어느 정도의 청소는 해도, 물때나 곰팡이가 많이 끼고 냄새가 나는 화장실 청소를 만족스러울 만큼 해내기는 어렵다. 그래서 정민 씨(16_중)처럼 중소득층에 속하는 일부 참여자들은 "아직 경제 사정은 안 되지만", 나중에 "돈을 많이 벌게 되면 한 달에 한 번 정도는" 청소 용역 서비스를 받고 싶다는 바람을 전하기도 했다.

> 돈을 많이 벌게 되면 한 달에 한 번 정도 청소하는 용역 분들 하루에 5만 원 정도 하니까 그걸로 해서 화장실에 구석구석의 숨은 때들 좀 벗겨낼 수 있다면 그런 거 좀 해보고 싶은데. 아직 그 정도 경제 상황이 안 돼서 항상 생각만 하고 있어요. (고정민, 16_중, 정신건강 사회복지사, 30세)

그러나 막상 경제적 여유가 되는 고소득 1인가구들도 청소서비스를 사용하는 경우는 드물었다. 사생활 보호와 취향 때문이다. 스타트업 대표 문도영 씨(24_고)는 몇 번 청소서비스를 이용해 본 이후에 자신이 직접 청소한 것보다 "깔끔함의 정도가 더 낫지 않다"라고 판단해 서비스 이용을 그만두었다. 30평대 아파트에 사는 희영 씨(32_고)는 가끔 혼자 청소하기가 버겁기도 했다. 인터뷰 참여자 중 가장 고소득인 희영 씨에게 "4~5만 원은 대단히 비싼 건 아니지만" 누군가 자신의 사적 공간에 들어와서 자신만의 세팅을 흐트러뜨리면 스트레스를 받을 것 같아 청소서비스를 부를 생각은 하지 않는다. 1인 디자인 기업 대표인 지호준 씨(29_고)도 마찬가지로 소득이 높고 업무 강도가 높았지만 비슷한 이유로 청소서비스를 꺼렸다.

> 혼자 있는 공간이 침범받는 거를 별로 안 좋아해요. 집 책장에 책이 짝 꽂혀 있는데, 그게 다 패턴과 습관이 있는 공간인데, 그 공간에서의 규칙들이 어긋날 때 오는 스트레스들이 있을 수밖에 없어요. 어떤 새로운 사람이 들어오면 제 나름의 규칙과 배열을 구축할 수가 없으니까 안 좋아하는 편이죠. (지호준, 29_고, 1인 디자인 기업 대표, 39세)

혼자 사는 데 익숙해진 이들은 낯선 사람이 집에 들어와 자신의 세계와 질서에 개입하는 일을 꺼렸다. 세탁서비스나 배달 음식이 편리한 이유는 집 바깥에서 비대면으로 이루어지기 때문이다.

주섬주섬 옷 매무새를 살필 이유도, 배달원과 어색한 인사를 나눌 필요도 없다. 하지만 집안 공개가 불가피한 청소서비스는 다르다. 타인과의 교류가 동반되기 때문에 마냥 편하지만은 않다. 그래서 배달 음식과 세탁서비스를 애용하는 고소득층 1인가구라도 청소서비스는 상대적으로 드물게 사용했다. 바빠서 집안이 어수선하더라도 남에게 보이느니 그냥 그대로 둔다.

편리함이 삶의 질이 되지 못할 때

왜 1인가구에게는 돈이 삶의 질로 쉽게 전환되지 않을까? 1인가구의 살림을 여러 차원에서 검토하면서 내가 도달한 결론은 이것이다. 이들이 돈으로 주로 구매하는 것이 삶의 질이 아닌 편리함이기 때문이다.

배달 음식, 간편식, 세탁서비스, 각종 플랫폼들은 살림의 번거로움을 대신해 주겠다고 약속한다. 하지만 이 편의들은 삶을 돌보기 위해 존재하지 않는다. 가사에 투입될 시간은 아껴주지만, 정작 확보된 시간은 자기를 돌보는 데 사용되기보다 노동시간으로 다시 흡수된다. 그 결과 일상의 돌봄은 점점 더 외면당한다. 돈을 더 벌고 더 쓰는데도 여유로움이 좀처럼 생기지 않는다.

소득수준과 무관하게 1인가구의 의식주 소비를 지배하는 기준은 가성비다. 다만 그 층위가 다를 뿐이다. 저소득층에게 가성비가 비용 절감이라면, 고소득층에게는 시간 절약이다. 시간을 아끼려고 직장 근처에 살고, 배달 음식을 시키고, 세탁을 맡긴다. 어느 쪽이든 윤택함이나 건강함과는 거리가 멀다.

이 지점에서 부르디외의 '구별짓기' 이론은 한계에 부딪힌다. 과거 부르디외가 관찰했던 고소득층과 마찬가지로, 오늘날의 고소득 1인가구들도 인간관계에서는 비슷한 성취와 취향을 기준으로 자신을 구별하는 경향이 있다. 하지만 살림의 영역에 이르면 이 구별짓기는 작동을 멈춘다. 이들의 식사는 느긋한 미식이 아니라 빠른 허기 채우기에 가깝고, 집은 살아가는 터전이 아니라 잠만 자는 휴게소가 된다. 인간관계에는 높은 벽을 세우지만, 정작 자신의 일상을 돌보는 기준은 무너져 있다. 구별짓기보다 구별포기에 가깝다. 그 속에서 함께 식탁을 나눌 사람은 줄어들고, 혼자 하는 식사는 점점 더 빠르고 고독해진다.

그러니 1인가구 1천만의 시대가 1천만이 못 먹고 못 쉬는 시대가 되지 않으려면 물어야 한다. 건강보다 속도를 추구하는 배달 플랫폼이 과연 삶의 혁신인가? 가정간편식이 우리가 바라던 미래의 먹거리인가? 5평짜리 원룸을 공급하는 것이 인간다운 주거 지원인가? 혼자의 시대에 사람들이 지속 가능하고 풍성한 삶을 살기 위해서 진짜로 바뀌어야 할 것은 무엇일까? 잠시 가속 페달을 멈추고 돌아봐야 할 때다.

작은 가능성

우정에 주소를 주다

혼자 살더라도 주거공간이 어느 정도 확보되어야 제대로 살림을 할 수 있다. 더 구체적으로는 공간의 기능이 분리되어야 한다. 앞서 살펴본 공중보건학자 크리스털 잉 찬의 분석처럼, 주거가 지나치게 좁으면 휴식·조리·위생 같은 기본적인 활동이 뒤죽박죽으로 섞이면서 만성적인 스트레스와 통제감 상실을 겪기 쉽다. 인터뷰 참여자들 역시 마찬가지였다. 주방과 거실이 분리된 1.5룸, 빨래를 널 수 있는 작은 베란다 하나만 있어도 살림의 가능성은 훨씬 커진다고 했다. 공간이 분리되느냐 그렇지 않냐가 삶의 질에 결정적인 차이를 낳는 것이다.

현실적으로 모든 1인가구가 투룸에서 살긴 어렵다. 이런 제약을 감안하면서, 공간의 분리를 가능케 하는 대안 중 하나가 셰어하우스다. 각자의 방은 확보하되 거실·주방·베란다 등 생활공간을 공유하는 방식이다. 서울시, 경기도, 울산시, 전북 완주군 등 많은 지자체에서 청년 셰어하우스를 운영하며 상당한 호응을 얻어왔다. 그러나 한편으로 서로 모르는 사람들이 하우스메이트로 배정되는 방식에 불편함을 느끼는 경우도 적지 않다. 2021년 용산에 마련된 역세권 청년주택 '베르디움 프렌즈'가 대표적인 사례다. 일반형 97실은 경쟁률 105.3대 1을 기록할 만큼 인기가 높았지만, 셰어하우스형 98실은 196명 모집에 91명만 입주하며 미달되었다.

사실 이런 반응은 당연하다. 집은 사회적 긴장을 내려놓는 공간이다. 흐트러진 모습, 피곤한 상태를 드러내도 되는 곳이다. 그런데 낯선 사람과 함께 살면 그 공간에서도 경계를 풀기가 어렵다. 게다가 친밀한 관계란 자연스러운 만남과 점진적 노출을 거치며 형성되는데, 셰어하우스는 이 순서를 뒤집는다. 관계가 형성되기도 전에 사적 공간을 오픈해야 하는 것이다. 언제 낯선 사람을 마주칠지 모르는 부엌과 거실은 편안한 공간이 되기 어렵다. 베르디움 프렌즈의 셰어하우스에 입주하기 꺼리던 청년들의 요청 역시 친구와 동반 입주할 수 있게 해달라는 것이었다. 사람들은 아무나와 함께 살고 싶은 것이 아니라, 함께 살고 싶은 사람과 함께 살길 원한다.

이 요청은 앞으로 1인가구의 지원이 어떤 방향을 취해야 하는지에 대한 중요한 힌트를 담고 있다. 바로 이미 존재하는 친근한 관계를 제도적으로 뒷받침해 주는 것이다. 1인가구의 삶이 건강하게 지속되려면 관계가 필요하지만, 이들이 주로 사는 좁은 공간은 관계를 이어가기 어렵게 만들었다. 그런데 이미 친한 사람들끼리 함께 살 수 있는 길이 주어진다면, 1인가구들의 인간관계를 강화하는 동시에 공간적 제약으로 발생하던 살림의 어려움도 해결할 수 있게 된다.

친구와 함께 사는 주거에 대한 지원은 결국 비친족가구에 대한 정책으로 발전할 수 있다. 비친족가구란 혼인이나 혈연으로 맺어진 가족이 아닌 친구, 학교 선후배, 직장 동료 등이 함께 거주하는 가구를 말한다. 2025년 국토연구원이 발표한 국토정책 브리프에 따르면, 비친족가구는 2018년 34만 가구에서 2023년 54.5만 가구로 5년 만에 1.6배 증가했다.[15] 이들이 함께 사는 이유는 정서적 안정이 38.0%로 가장 많았고, 주거비 절감(26.9%)과 생활비 절감(8.7%)이 그 뒤를 따랐다. 경제적 필요만이 아니라 관계적 필요가 비친족가구의 증가를 이끌고 있는 것이다.

주거정책도 이런 흐름을 반영해 기존의 '가족 단위'에서 '거주 단위' 지원으로 확대될 필요가 있다. 혈연가족이 아니더라도 '함께 살기'를 선택할 수 있는 제도적 기반이 마련되어야 한다. 구체적으로는 비친족가구가 함께 셰어하우스에 입주하는 방안 외에도, 기존에 가족에게만 가능했던 주택 청약이나 공공임대주택 신청의 기회를 열어주는 방안을 생각해 볼 수 있다. 그 밖에 임차인 간 연대책임, 보증금 납부 비중, 반환 권리 등을 명시한 공동거주계약서를 법제화해서 비친족가구가 법적으로 안정된 주거관계를 맺을 수 있도록 돕는 장치도 마련해 볼 수 있다.

주거정책 외에도 비친족가구를 지원할 방법에 대한 더 깊은 고민이 필요하다. 현재 한국에는 결혼, 출산, 입양으로 이루어진 가족 외에는 함께 살아도 법적 권리를 보장받을 방법이 별로 없다. 부르디외에 따르면, 사회자본이 안정적으로 유지되려면 제도적 보장이 필요하다. 우연히 맺어진 관계가 지속적인 의무와 권리를 수반하는 관계로 전환되어야 한다는 것이다. 가족이 그 대표적인 예다. 혈연이나 결혼으로 법적 인정을 받기에 관계가 보호되고 지속된다. 반면 우정처럼 비공식적인 관계는 제도적 보장이 없어 취약하다. 사실상 함께 살더라도 병원에 실려 가는 응급상황에서는 법적 보호자로 인정받기 쉽지 않다. 그래서 『친구를 입양했습니다』라는 책에도 소개되었듯이, 함께 사는 친구를 '성인입양'해서 법적 가족을 만드는 사례도 있다.[16] 실제로 내가 아는 몇몇 1인가구도 이 방안을 진지하게 고민하고 있다고 했다. 가족이 아닌 지인과 안정적으로 함께 살기 위해 그 사람을 억지로라도 가족으로 만들어야 하는 역설이다.

성인입양까지 고려하지는 않더라도 적지 않은 1인가구가 생애 후반기에 친구들과 함께 사는 모습을 상상하곤 할 것이다. 나도 그렇다. 하지만 이는 막연한 꿈에 그치기 쉽다. 만약 사람들이 머릿속으로만 꿈꿔왔던 일들을 제도가 좀 더 쉽게 현실이 될 수 있도록 지원해 준다면, 가족이 아니더라도 서로가 서로에게 돌봄공동체가 되어주는 삶이 가능하게 되지 않을까.

7장

아낌없이 주는 나무의 생애

오기나미 나오코 감독의 「카모메 식당」은 내가 대학원에 다니던 2006년에 개봉한 영화다. 최근 거의 20년 만에 극장에서 재개봉을 했을 정도로 꾸준히 사랑받아온 작품이다. 나도 이 영화를 보고 핀란드 헬싱키에 막연한 로망이 생겼었다. 언젠가 카모메 식당에 가서 오니기리를 먹어보고 싶다는 생각도 했다. 그렇게 세월이 흘러 2019년 핀란드로 학회를 가게 되었는데, 카모메 식당이 떠올라 일부러 시간을 내어 찾아가서 일본식 오니기리 가정식을 맛보기도 했다.

영화 내용은 워낙 오래전이라 구체적으로는 기억이 나지 않는다. 밝고 부드러운 색감과 정갈한 음식, 특유의 여백이 느껴지는 화면, 그리고 사치에, 미도리, 마사코의 따뜻하고 담백한 우정 같은 것만 잔상으로 남아 있다. 그런데 하나만큼은 잊히지 않는다. 주인공 세 사람 중 마사코가 핀란드에 온 이유다. 배우자와 자녀가 없는 마사코는 20년 동안 부모님을 간병했다. 그러다 결국 두 분 모두를 떠나보내고, 마음 한편에 품고 있던 핀란드로 처음이자 마지막이 될지도 모를 여행을 떠난다. 그 계기가 된 장면도 인상적이다. 어느 날 TV에서 기타 없이 기타 치는 흉내를 내는 핀란드의 '에어 기타' 챔피언십 소식을 보고 그 자유로운 모습에 마음이 끌렸기 때문이다. 그때 마사코는 아버지의 기저귀를 갈고 있었다.

사람들이 결혼하지 않고 아이가 없는 사람을 생각할 때 떠올리는 모습은 영화 속 사치에나 미도리의 삶에 가깝다. 사치에처럼 머나먼 타국으로 이민을 떠나 식당을 차리는 과감함이나 미도리처럼 눈을 감고 지도에서 아무 데나 짚은 곳으로 여행을 떠나 무작정 머무는 즉흥성은 돌봐야 할 가족이 있는 사람이라면 엄두를 내기 어렵다. 기성세대가 결혼하지 않은 청년 세대에게 보내는 시선도 비슷한 방향이다. 가족을 책임질 생각은 하지 않고, 제멋대로 사는 이기적인 사람들이라는 인식이다. 그런데 마사코의 이야기는 이 틀에 들어맞지 않는다. 오히려 그녀는 자기 인생을 가족의 돌봄에 바쳤던 사람이다. 그런 마사코는 예외적인 케이스일까?

동사로서의 가족

개인화 이슈를 다루어온 사회학자들 역시 1인가구를 가족에서 이탈한 존재로 묘사한다. 울리히 벡과 엘리자베트 벡-게른스하임의 분석에 따르면, 현대인들은 여전히 사랑과 친밀감을 갈망하면서도 자기 삶을 우선하는 개인주의를 추구한다.[1] 그래서 누군가를 만나더라도 가족과 같은 헌신적 관계로 이어지기 어려워진다. 쉽게 만나고 언제든 흩어져 각자의 길로 흘러가는, 지그문트 바우만이 말한 액체적 사랑liquid love를 선호한다는 것이다.[2]

이런 해석은 한 가지를 전제한다. 바로 혼자 사는 싱글들은 '가족'과 '개인'이라는 양자택일 앞에서 가족적인 삶보다 개인 중심의 삶을 택한 사람들이라는 것이다. 가족을 이루지 않은 사람들은 가족적이지 않다는 관념이다. 그래서 싱글은 가족과는 거리가 먼, 탈가족적인 존재로 그려지곤 한다.

하지만 1인가구 연구를 시작한 이래 내가 만난 싱글들은 이 이분법적 도식에 잘 들어맞지 않았다. 지금 1인가구로 산다고 해서 애초부터 가족이 없었던 것은 아니다. 대부분이 전통적인 가정에서 태어나 자랐고, 여전히 원가족과 관계를 유지하며 지낸다. 다만 자신이 새로 꾸린 핵가족이 없을 뿐이다. 싱글들과 인터뷰를 하다 보면 다른 주제로 대화를 나누더라도 결국 가족에 대한 이야기를 자주 듣게 된다. 병원에 가려고 상경하신 어머니를 돌본 이야기나, 어린 조카가 영상 통화로 자전거를 사달라고 했다는 이야기를 들으며 관념과 현실 사이의 미묘한 괴리를 느꼈다. 이는 점점 하나의 질문으로 수렴되었다. "과연 1인가구는 1인가족일까?"

이 질문을 정확하게 던지기 위해 짚어봐야 할 개념이 있다. 우리는 가족family과 가구household를 자주 같은 뜻으로 쓴다. 하지만 엄밀히 말하면 서로 다른 용어다. 먼저 가구는 행정적인 용어로 '한 집에서 함께 생활하는 단위'를 말한다. 반면 가족은 보통 '혼인과 혈연으로 맺어진 관계'를 뜻한다. 만약 1인가구로 사는 사람이 한 집에서 홀로 생활하지만 부모와 형제자매가 있고 그들과 여전히 교류하고 있다면, 그를 '가족이 없는 사람'이라고 부를 수 없다.

혼인과 혈연으로 묶였다고 다 '진짜 가족'은 아니라고 말할 사람도 있을 것이다. 사이가 좋지 않고 왕래도 거의 없어서 가족이라고 해도 남보다 못한 관계인 경우도 많다. 이런 이유로 최근 가족사회학자들은 혼인과 혈연관계만 충족되면 가족으로 보는 기존의 관점을 비판해 왔다. 『가족의 탐구Family Connections』의 저자 데이비드 모건David Morgan은 가족은 주어진 상태라기보다 어떤 행동과 역할을 다할 때 비로소 완성되는 관계로 이해해야 한다고 주장한다.[3] 아이가 태어났다고 자동으로 아버지가 되는 게 아니라, 새벽에 일어나 기저귀를 갈아주고, 자전거 타는 법을 가르쳐주고, 자녀의 학자금을 모으고, 미래를 함께 걱정하는 실천을 통해 아버지가 되어간다고 보는 관점이다. 그가 말하는 가족은 단지 '존재하는 상태being family'를 넘어 서로 노력하며 '실행하는 관계doing family'다. 모건에게 가족은 명사가 아닌 동사다. 이처럼 행동과 역할의 관점에서 가족을 정의했을 때, 다인가구라고 해서 꼭 가족다운 가족을 가진 것은 아니다. 반대로 가족과 떨어져 사는 1인가구라고 해서 가족이 없는 존재인 것도 아니다.

당신의 가족은 누구입니까

1인가구에게도 챙기고 신경 쓸 가족이 있다면 그들의 삶은 다인가구의 삶과 어떻게 다를까? 1인가구의 가족에 대해 고민하기 시작하자 그 생각은 1인가구의 생애과정 전체에 대한 궁금증으로 이어졌다.

보통 한 사람의 일생은 아동기, 청년기, 장년기, 노년기로 나뉜다. 이를 개인의 생애주기individual life cycle라고 부른다. 그런데 이 개인의 생애는 가족의 변화와 맞물리며 흘러간다(그림7). 아동기에는 부모와 함께 살고, 청년기가 되면 결혼해 새로운 가족을 만들고, 장년기에는 자녀를 키우고, 노년기에는 자녀가 독립하면서 배우자와 둘만 남는 흐름이다. 개인은 일생에 걸쳐 가족의 범위가 자연스럽게 확장되었다가 다시 줄어드는 리듬을 따른다. 사회학자 에블린 듀발Evelyn Duvall과 루벤 힐Reuben Hill은 이를 가족준비기, 가족형성

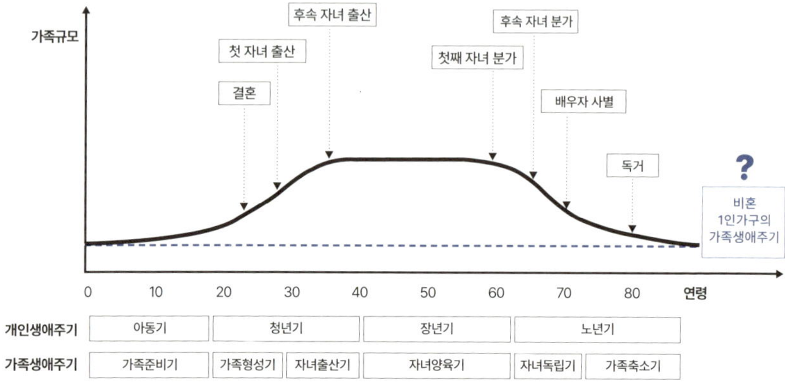

그림7. 전통적인 개인-가족 생애주기 모형

기, 자녀출산기, 자녀양육기, 자녀독립기, 가족축소기에 이르는 가족 생애주기family life cycle로 체계화했다.[4] 핵가족 중심의 사회에서 개인은 이러한 가족 생애주기를 마땅히 따라야 하는 규범적인 단계로 여기며 밟아왔다.

그렇다면 1인가구는 어떤 가족 생애주기를 그리고 있을까? 「그림7」의 파란 점선을 보면, 새로운 핵가족을 이루지 않는 비혼 1인가구는 일생을 통해 감당해야 할 어떠한 가족적 생애 과업도 없는 것처럼 보인다. 그러니 청년기에서 노년기로 흘러가는 생애과정에서 큰 변화가 예상되지 않는다. 이들의 가족 생애주기는 처음부터 끝까지 평행선을 따라 평탄하게 흐를 것 같다.

하지만 가족이 단순히 함께 사는 사람들의 명단이 아니라, 역할과 실천을 통해 만들어지는 관계라고 한다면 이야기는 달라진다. 1인가구의 가족 생애주기 역시 훨씬 더 역동적일 수 있다. 이들이 부모와 형제자매, 나중에는 조카들과 어떤 관계를 맺는지에 따라 이들이 그리는 가족의 궤적도 변화무쌍할 수 있으니까. 그러나 1인가구가 전체 가구의 42%를 차지하고 있는 지금도, 우리는 이들의 일생이 가족의 생애주기와 어떤 방식으로 포개지고 있는지 잘 알지 못한다.

가족사회학자 장경섭 교수는 한국 사회에서 개인은 한 사회의 시민이기 이전에 한 가족의 구성원으로 먼저 호명되어 왔다고 지적한다.[5] 한국처럼 가족 중심성이 강한 사회에서 1인가구의 삶을 가족의 맥락 위에서 살펴보는 일은 특히 중요하다. 하지만 1인가구의 생애를 평탄한 직선으로 보는 기존의 관점은 이들이 가족과의 관계 속에서 겪는 굴곡과 전환을 포착하지 못하게 만들었다. 마치 아무 일도 일어나지 않고, 성장 없이 멈춰 있는 진공 속의 삶처럼 묘사해 온 셈이다. 이러한 무지로 인해 우리 사회에서는 '자식을 낳아봐야 진짜 어른이 된다'는 말이 여전히 거리낌 없이 통용되며 싱글의 삶이 유아화된다.

우리가 1인가구의 서사를 온전히 쓰고자 한다면, 이들의 일생에서 가족관계는 어떤 모습으로 변하는지도 상세하게 살펴봐야 한다. 이들이 가족이라는 가장 기본적인 사회단위 속에서 어떤 위치에 놓여 있으며 어떤 관계를 맺고 있는지, 기존의 가족 생애주기에서처럼 구체적인 단계로 이름을 붙여줄 필요가 있다. 이런 명명의 과정을 통해 핵가족 중심의 사회에서 1인가구가 겪는 결핍과 위기가 개개인의 어려움으로 휘발되지 않고 사회적 의제로 떠오를 수 있다. 가시화되지 않은 것은 지원의 대상이 될 수도 없다. 1인가구의 생애주기에 대한 이해가 없을 때 그들은 복지에서도 사각지대에 놓이게 된다. 현재의 사회복지체계는 철저하게 생애주기를 따라 보장되기 때문이다.

사회보장기본법 제3조 제4호는 국가가 "생애주기에 걸쳐 보편적으로 충족되어야 하는 기본욕구를 평생사회안전망을 통해 보장"해야 한다고 명시한다. 하지만 이 보편적 욕구는 핵가족의 생애주기에 기대어 있다. 결혼, 출산, 양육으로 이어지는 전통적인 가족의 생애만을 고려하다 보니, 그 궤적에서 벗어난 1인가구의 생애는 정책적 공백으로 남게 되었다. 결국 1인가구들은 자신의 생애주기가 사회적으로나 제도적으로나 제대로 인지되지 못한 채 인생의 전환기를 홀로 통과하고 있는 셈이다.

내가 다양한 연령대의 비혼 1인가구 12명을 만나, "당신의 가족은 누구입니까?"라는 질문을 던지고자 했던 이유도 여기에 있다. 이들의 가족에 대한 인식이 연령대에 따라 어떻게 넓어지고 또 좁아지는지, 그리고 그 이유는 무엇인지 그 흐름을 따라가면서 이들의 생애주기를 그려보고자 했다.

「표3」은 이들이 주관적으로 인식하는 '내 가족'의 범위와 실제

	ID	연령	성별	가족으로 인식하는 범위	부모 생존	형제 자매	형제 자매 결혼	조카 유무
2030 세대	강범철	33	남	나, 부모	O	X	X	X
	안희은	36	여	나, 부모	O	X	X	X
	이송주	25	여	나, 부모, 형제자매	O	O	X	X
	김호영	29	남	나, 부모, 형제자매	O	O	X	X
4050 세대	장영애	41	여	나, 부모, 형제자매, 조카	O	O	O	O
	박선미	44	여	나, 부모, 형제자매, 조카	O	O	O	O
	최혜진	45	여	나, 부모, 형제자매, 조카	O	O	O	O
	오준민	55	남	나, 형제자매, 조카	X	O	O	O
	민영숙	45	여	나	X	O	O	X
	권익창	56	남	나	X	O	O	O
60+ 세대	유숙희	61	여	나	X	O	O	O
	손진석	69	남	나	X	O	O	O

표3. 연령대별 1인가구가 인식하는 내 가족의 범위

혈연가족의 객관적인 정보를 표시한 것이다. 이제 인터뷰를 통해 이 표가 말해주는 바를 더 깊이 들여다보려 한다.

보호막, 울타리, 정체성

12명의 인터뷰 참여자에게 가족의 범위를 물었을 때 대부분은 주저 없이 부모와 형제자매를 떠올렸다. 자신이 분가하기 전까지 함께 살았던 원가족을 여전히 내 가족으로 보았다. "같이 살지 않아도 가족은 가족"이라는 표현은 여러 참여자의 입에서 거의 똑같이 흘러나왔다. 이들은 부모님과 떨어져 살고 자주 만나지 못한다고 해도, 가족의 범위가 바뀌었다고 생각하지 않았다. 가족과 가구의 차이를 거의 본능적으로 알고 있었다.

55세 남성인 준민 씨는 "부모, 형제, 조카까지가 가족의 범위"이고, 그 관계는 변함이 없다고 강조했다. 41세 영애 씨도 "1인가구는 혼자 사는 사람일 뿐 가족이 없는 것은 아니"라며 1인가구를 가족이 없는 사람처럼 묘사하는 경향에 불편감을 드러냈다. 우리가 일상에서 말하는 가족이란, 혈연관계를 넘어서 함께 살아온 시간, 오랫동안 쌓인 정서적 기억을 포함하는 복합적 개념이다. 영애 씨는 '가족이 없다'는 세간의 표현이 마치 그런 시간과 기억이 없는 사람으로 취급하는 것 같다며 민감하게 반응했다.

> 보통 저 같은 사람은 1인가구라고 얘기하고 1인가구로 집계하잖아요. 그런데 1인가구는 그냥 혼자 사는 사람이지 그게 가족의 단위는 아니거든요. 보통 가족이라고 하면 가구주가 있으면서 그 밑에 딸린 가족들이 몇 명이 있어야 되는 건데, 전 그런 게 중요한 것은 아니라고 생각해요. 같이 살지 않아도 가족은 가족인 거죠.
> (장영애, 온라인 쇼핑몰 직원, 41세)

특히 부모는 1인가구의 가족 인식에서 가장 핵심적 위치를 차지한다. 외동딸로 자라서 부모의 사랑을 독차지해온 36세 안희은 씨는 부모를 "자신의 보호막이며, 울타리이자 정체성"이라고 설명했다. 지금은 부모님과 떨어져 지내고 있지만 여전히 가족을 애틋하게 생각했다. 부모를 가족의 축으로 삼는 감정은 거의 예외가 없었다. 부모와의 관계가 그리 가깝지 않더라도, 많은 이들이 부모를 꾸준히 만나고 소식을 전해야 하는 존재로 여겼다. 심지어 29세 김호영 씨처럼 부모와 갈등이 심해 정서적으로 거리를 두는 사람들도 부모를 자신의 가족 범위에서 제외하지는 않았다. 호영 씨는 여전히 "정기적으로 찾아뵈어야 된다고 의무감이 생기는 분들"이 부모님이기에, 부모는 여전히 내 가족이라고 생각했다.

형제자매에 대한 인식도 크게 다르지 않다. 결혼해서 멀리 살고 있어도, "어렸을 때부터 같은 공간에서 자라온 사람"이라는 기억이 이들을 가족의 울타리 안에 단단히 묶어두었다. 형제자매들은 결혼을 하면서 새로운 핵가족을 만들어나갔는데도, 1인가구들은 그 사실을 원가족에서의 이탈로 받아들이지 않았다. 오히려 "따로 살아도 가족은 가족"이라며, 그 관계를 더 고유한 것으로 간직하는 경향이 있었다. 혼자 살면서 가족의 존재감이 흐려지기보다는 지리적 거리를 넘어선 정서적 유대로서의 가족을 더 강조하게 된 것이다.

(형제자매는) 제 어린 시절부터 성인이 될 때까지 함께해온 사이이니까. 언제나 그 가족은 변함없이 가족이지 않을까 생각하고 있어요. 어떻게 보면 가족이라는 정의 자체가 피를 나눈 사이라고 생각해요. (이송주, 게임회사 직원, 25세)

그러나 현대사회에서 가족의 기본 단위는 사실상 부부와 미혼 자녀로 이루어진 핵가족이다. 결혼을 통해 원가족에서 독립한 사람들은 주로 배우자와 자녀까지를 '내 가족'으로 인식한다. 특히 핵가족에서 부모와 자녀는 매우 강한 유대관계로 얽혀 있다. 그래서 자녀가 태어나면 원가족과는 더 거리가 멀어진다. 연구에 참여한 1인가구들도 형제자매들이 결혼하면서 새로 만든 가족이 그들에게는 "먼저"라는 점을 잘 알고 있었다. 61세 유숙희 씨는 형제의 가족들이 모임을 갖더라도 암묵적인 경계선이 있기에, "거기 가서 끼어도 된다는 생각을 하면 안 될 것 같다"고 말했다. 장영애 씨도 비슷한 이야기를 했다.

> 미혼일 때는 부모님이나 형제가 다 가족이라고 테두리를 짓는다면, 형제자매들이 결혼을 해서 부인이 생기고 남편이 생기고 자식이 생기면 또 다른 가족을 형성하게 되는 거잖아요. 자신의 가족 중심으로 개편이 되는 거죠. 자신만의 가족이 생기면서 오히려 명확한 바운더리가 생기는 것 같아요. (장영애, 온라인 쇼핑몰 직원, 41세)

하지만 기혼 형제자매들에게 명확한 가족의 "바운더리가 생겼다"고 해서, 1인가구들도 그 형제자매들을 내 가족의 경계 밖으로 떠나보내는 것은 아니다. 형제자매들은 결혼과 출산을 하면서 가족의 형태와 인식에 변화를 겪었지만, 1인가구에게는 딱히 그런 계기가 없었다.

1인가구의 가족 범위는 혼자 산다고 쉽게 줄어들지 않는다. 이들 마음속 가족 지도의 중심에는 부모와 형제자매가 여전히 또렷하게 자리하고 있었다. 1인가구를 '가족 밖의 사람'이라고 단정해 온 통념은 이들의 실제 인식과는 거리가 멀다. 많은 경우, 이들의 가족 인식은 오히려 원가족의 오래된 기반 위에 더 단단하게 뿌리를 내리고 있었다.

조카가 내 이름을 불러주었을 때

1인가구의 가족 범위가 다인가구들보다 오히려 커지는 시기도 있다. 바로 조카가 탄생하는 시점이다. '조카바보'는 이 현상을 한마디로 드러내는 단어다. 조카바보는 비혼이 급증하기 시작한 2010년대 초중반에 등장한 용어로 마치 자기 자식을 돌보듯이 조카에게 애정을 쏟는 20~40대 비혼 남녀를 칭한다. 2016년 결혼정보회사 가연이 비혼 직장인 329명을 대상으로 진행한 설문에서 응답자의 46%가 자신이 조카바보라고 말했다.[6] 실제로 이번 연구를 위해 만난 20~40대 싱글들은 조카에게 강한 애착을 드러내며 조카를 내 가족의 범위에 넣었다. 사실 너나 할 것 없이 바쁜 현대사회를 살아가는 1인가구들에게 조카를 챙기지 못할 이유는 너무나 많다. 그런

데도 어린 조카는 왜 이토록 비혼 1인가구들에게 특별한 존재일까?

44세 박선미 씨는 조카가 처음 생겼을 때 빨갛고 작은 아기가 좀 낯설었다. 평소 아이를 그리 좋아하지도 않았다. 그런데 말도 못하고, 만나면 울기만 하던 아이가 어느 날 "고모!"라고 말하며 아장아장 걸어오자 마음속에서 무언가가 꿈틀대기 시작했다. 가족이라는 관계가 또렷하게 선포되는 순간이었다. 역시 40대 여성인 장영애 씨와 최혜진 씨 또한 비슷한 경험을 했다.

> 조카가 저한테 부르는 호칭이 있잖아요. "이모!" 아빠나 엄마처럼 저를 이모라고 호칭을 불러주는 것 때문에 거기까지 가족이라고 생각해요. 왜 이렇게 이모와 조카 간에 친밀감이 있는지 생각해 보니깐, 그런 호칭에서 가족이라는 게 무의식중에 들어 있는 것 같아요. (장영애, 온라인 쇼핑몰 직원, 41세)

> 저는 부모님, 형제자매, 조카까지를 가족의 범위로 보고 있습니다. 형제자매나 부모님은 일단 기본적인 가족이지만, 그 가족이 결혼해서 아이를 낳았을 때 제가 "고모"라고 불리고, "이모"라고 불리게 되잖아요. 호칭이 그렇게 정해져 있는 그 범위까지 저는 가족이라고 생각합니다. (최혜진, 운수회사 직원, 45세)

이들의 경험처럼, 조카가 1인가구의 가족 범위에 편입되는 데는 호칭이 중요한 역할을 한다. 부모는 아이가 엄마, 아빠라고 불러줄 때 형언할 수 없는 감동을 느낀다. 마찬가지로 비혼 1인가구들도 이모·고모, 삼촌이라는 새로운 호명을 통해 조카에게 친밀감을 느끼기 시작했다. 영애 씨는 조카가 엄마 친구를 부를 때 쓰는 "그냥 이모"와 달리, 자신은 "진짜 이모"라며 이모의 진품과 모조품을 구별하는 데 열을 올리기도 했다.

비혼 1인가구들에게 이러한 호칭은 특별한 의미를 갖는다. 이미 자신의 아이를 둔 사람에게 아이의 존재는 그리 새롭진 않다. 하지만 비혼 1인가구에게 고모, 이모라는 호칭은 부모 다음으로 가까운 어른이라는 새로운 정체성을 부여한다. 가족주의가 여전히 강성한 한국 사회에서 혈연가족의 일원으로 명확한 호명을 받은 것이다. 이 새로운 호칭을 얻은 싱글들은 형제자매에게 배우자가 생기면서 어느 정도 거리를 두었다가도, 조카 앞에서는 경계심과 조심스러움이 스르륵 허물어진다.

이들은 물리적 형태로는 규모가 가장 작은 가구지만, 인식론적으로는 부부-자녀로 이루어진 핵가족보다 훨씬 넓은 가족의 범위를 갖는다. 이들의 확대된 가족 인식은, 이들이 그간 견지해 오던 원가족 중심 사고의 자연스러운 확장이다. 형제자매가 여전히 내 가족이니, 조카도 당연히 내 가족인 것이다. 이런 인식은 실제 가족을 향한 행동으로도 발현된다.

가족의 상비군

어린 시절 준비물을 놓고 오거나 갑작스럽게 비가 올 때면 엄마에게 전화를 걸어 학교에 와달라고 부탁을 하곤 했다. 나이가 들어서도 중요한 택배나 우편을 받아야 할 때면 엄마를 찾았다. 엄마는 나뿐 아니라 다른 가족이 도움을 필요로 할 때 언제나 손을 뻗을 수 있는 사람이었다. 엄마의 시간과 에너지는 가족을 위해 늘 준비되어 있었다. 전업주부인 엄마는 일을 하지 않기 때문에 한갓진, 그래서 항상 여유분의 시간을 내어줄 수 있는 존재로 여겨졌다. 이제 맞벌이 가구가 많아지면서 엄마라는 존재가 가족의 상비군 역할을 하는 시대는 지났다고들 한다. 하지만 전업주부가 점차 줄어드는 오늘날에도 가족 내 상비군은 여전히 필요하다. 그렇다면 이제 누가 그 역할을 대신하고 있을까?

비혼 1인가구들은 어느 순간 미묘한 상황을 마주하게 된다. 가족 안에서 누군가가 아프거나 급한 일이 생기면 먼저 움직이는 사람은 주로 혼자 사는 쪽이 된다는 점이다. 처음에는 잠깐 도와주려던 것이 어느 순간 당연히 해야 하는 일로 바뀌어 있는 경우도 있다. 이들은 혼자 살기 때문에 한갓진, 그래서 항상 여유분의 시간이 있는 존재로 여겨진다.

45세 혜진 씨는 결혼하지 않은 자신이 부모님을 챙겨야 한다는 마음을 어느 순간부터 품게 되었다. 누가 그래야 한다고 말한 건 아니다. 하지만 아이들을 돌보느라 빠듯하게 사는 형제자매들을 보면서 부모 부양에 대한 부담이 자신에게로 천천히 흘러오는 것을 막지 않았다. 그러다 보니 다리가 아픈 엄마를 모시고 정기적으로 병원에 가는 일은 혜진 씨 몫이 되었다. 지난달 아빠가 입원했을 때도 혜진 씨가 가장 많은 시간을 간병했다. 부모님 용돈도 다른 형제자매보다 1.5배 더 챙긴다. 혜진 씨는 30대까지는 '노처녀'인 자신이 부모님의 가장 큰 걱정거리였지만 부모님이 나이 들면서는 결혼 안 한 자신만큼 효녀 노릇하는 자녀는 없다고 생각한다.

61세 유숙희 씨는 아주 긴 세월 부모 부양을 홀로 감내했다. 숙희 씨가 30대일 때 엄마가 아프기 시작했고, 당시 가정이 있는 오빠와 동생은 간병을 이어가기 어려웠다. 결국 엄마가 돌아가시기까지 20년 가까운 시간 동안 숙희 씨는 "엄마의 손발"로 살았다. 마치 「카모메 식당」의 마사코처럼.

> 엄마가 아프시기 시작하면서 그때부터는 이제 거의 사회생활을 못했죠. 저는 결혼도 안 했으니깐 우리 엄마에게는 제가 끈이 된 거죠. 제가 한 20년간 엄마 손발이 되어드렸어요. (유숙희, 자영업, 61세)

41세 영애 씨는 아직 그런 상황에 처한 것은 아니다. 하지만 만약 혼자 계신 아빠가 치매나 다른 질병에 걸리게 되면 "가정이 있는 동생"보다는 자신이 부모 간병을 해야 하지 않을까 항시 마음의 준비를 하고 있었다. 기혼인 동생은 배우자나 자녀를 챙기는 데 여념이 없을 것을 알기에, 나이가 들어가는 부모의 돌봄은 자신이 책임지려고 한다. 외동인 희은 씨도 아직 30대이지만 스무 살이 되면서부터 부모 부양을 전담해야 한다는 부담감을 안고 살아왔다.

> 저는 혼자니까 부모님이 노후에 혹시라도 아프시면 내가 어떻게 해드려야 하는데, 이런 생각이 자꾸 들면서 부모님 은퇴 시기와 제 부담감이 정비례하는 것 같아요.
>
> (안희은, IT 기업 사무직 직원, 36세)

비혼 여성만이 아니다. 비혼 남성도 상비군 역할에서 자유롭지 못하다. 인류학자 지은숙 교수는 오랜 기간 일본 가족 연구를 해왔는데, 남녀 성별 분업이 매우 뚜렷한 일본에서도 최근 비혼자가 증가하면서 비혼 남성들이 그간의 젠더 역할을 깨고 부모님을 부양하고 간병하는 주된 돌봄자가 되는 현상을 관찰했다.[7] 연구에 참여한 비혼 1인가구들도 자의 반 타의 반으로 가족 내 부모 돌봄의 주된 담당자가 되어 있었다.

비혼 1인가구가 가족 상비군으로 하는 일은 부모의 간병과 돌봄에 그치지 않는다. 형제자매가 도움이 필요할 때도 그들이 나선다. 인터뷰 참여자 중 장남이었던 56세 권익창 씨는 부모 부양을 전담했을 뿐 아니라, 부모님이 돌아가신 후에 장사를 하며 동생들을 뒷바라지하느라 젊은 시절을 다 보냈다. 맏이로 살아온 1인가구일

수록 익창 씨처럼 부모 돌봄과 형제자매 지원을 "내 몫"으로 받아들이는 경향이 더 컸다. 가족을 위해 더 많은 책임과 희생을 떠안고 살아온 것이다.

> 부모님이 살아 계셨으면 부모님께서 구심점이 되었을 텐데… 제가 장남이니까 부모 대신 동생들을 돌보고 먼저 결혼시킨 다음에 결혼하려다가 놓쳐버린 거죠. 시기를 놓치고 그러다 보니 늦게 되어서 장가를 못 가게 된 거죠. (권익창, 무직, 56세)

조카에게 향하는 정성도 빼놓을 수 없다. 사회학자 로버트 밀라도Robert Milardo 『잊혀진 친족: 이모와 삼촌The Forgotten Kin: Aunts and Uncles』에서 현재의 가족 연구가 부모-자녀 관계만을 조명하면서, 부모의 형제자매인 이모·고모와 삼촌의 존재를 간과해 왔다고 비판했다.[8] 이모·고모와 삼촌은 두 번째 부모second parents로서 조카를 돌보고, 조카와 그 부모를 중재하며, 이들 가족과 가까이서 삶을 공유하는 매우 중요한 가족적 역할을 수행하고 있다는 것이다.

내가 만난 비혼 1인가구들도 조카가 있는 형제자매의 가정을 측면에서 지원해 왔다. 명절에 조카들에게 줄 선물과 용돈을 넉넉히 준비하는 것은 물론이고, 입학식과 졸업식에 따라가 함께 축하하는 것을 당연하게 여겼다. 55세 교육공무원인 준민 씨는 조카들이 대학교에 입학할 때 100만 원씩 보내주었다. 그는 "자기 가족이 없으니 이런 지출이 가능"하다고 했다. 나중에 조카가 공부를 잘하면 유학을 보내주거나, 자신이 세상을 떠난 후 유산을 조카에게 상속할 계획을 세운 사람들도 있었다.

혜진 씨는 형제자매한테 무슨 일이 생기면 찾아가서 아이를 대신 돌봐주거나 기꺼이 돈을 보태기도 했다. "결혼했으면 내 아이에게 들어갔을 돈이라고 생각하면, 지금 정도는 충분히 쓸 수 있는 돈"이라는 그녀의 설명은 여러 인터뷰 참여자들의 마음을 대변했다. 자기 자녀를 애지중지해 주니, 형제자매들도 이들의 호의가 내심 반갑다.

> 조카들에게 용돈을 많이 주고 그러는 게, 제가 결혼했으면 자녀한테 더 많이 들어갈 돈인데 그에 비하면 지금 정도는 충분히 쓸 수 있는 지출이라고 생각해요. 아무래도 저는 자유로우니까 조카들을 더 돌볼 수 있는 거죠. 친조카는 물론이고, 결혼한 제 친구도 아이들 낳을 때마다 제가 거의 일주일에 네 번씩 가서 같이 아기를 봐주기도 하고 그랬어요. (최혜진, 운수회사 직원, 45세)

영국 사회학자 존 버나즈Jon Bernardes는 가족의 자격은 그냥 주어지는 것이 아니라 가족 내에서 자기 역할을 찾아 수행했을 때 얻을 수 있는 것이라고 주장한다. 그는 이를 가족시민권family citizenship이라고 불렀다.[9] 싱글 1인가구들은 물리적으로는 독립된 가구로 살아가지만, 적지 않은 이들이 부모를 간병하고, 형제자매의 가정을 돕고, 조카를 챙기면서 성심껏 가족적 실천을 한다. 1인가구는 자칫 자신과 소원해질 수 있는 원가족을 전방위로 돌보며 쓸모 있는 가족구성원의 입지를 성취해나간다. 명사처럼 떨어져 있는 부모의 집과 형제가족의 집을 동사처럼 오가며 가족으로서의 연결을 이어간다. 이들은 가족의 바깥이 아니라 오히려 가장 중심에서 가족을 떠받치고 있는 셈이다. 그렇게 원가족 안에서 명예 가족시민권을 획득해 나간다.

친밀감이라는 보상, 소속감이라는 위안

비혼 1인가구의 가족 상비군 역할이 정점에 달하는 시기는 30대 중반부터 50대 초반 사이이다. 보통 이 시기가 연로한 부모에게 돌봄이 필요해지고, 결혼한 형제자매에게는 자녀 양육과 교육을 위한 지원이 필요한 기간이다. 공교롭게도 30~40대가 된 1인가구들은 경제활동 경력이 어느 정도 쌓이면서 과거에 비해 경제적 여유도 생긴다. 그러면서도 아직 신체적으로는 건강한 상태다. 당연한 이야기지만, 몸과 마음이 건강하고 재정 상태가 좋을수록 타인을 돌볼 여유와 여력이 생긴다. 그래서 55세 준민 씨와 45세 혜진 씨처럼 청·장년기에 속한 비혼 1인가구들이 다른 가족구성원들을 가장 활발하게 지원하고 있었다.

물론 이러한 도움이 언제나 일방향으로만 흐르는 것은 아니다.

가족 사이라도 상호호혜성은 친밀성을 유지하는 중요한 조건이다. 일방적으로 주는 관계는 지속되기 어렵다. 비혼 1인가구의 상비군 역할이 계속될 수 있는 이유는, 이들 역시 가족에게서 정서적이거나 물질적인 보상을 받고 있기 때문이다. 숙희 씨가 20여 년 엄마를 간병할 수 있었던 것은 오빠가 그 헌신을 인정하고 경제적인 보탬을 준 덕분이었다.

> 지금까지 제가 엄마를 혼자 맡아서 케어했기 때문에 다들 편안했죠. 보통 노인 모시는 문제 때문에 형제들끼리 서로 다투고 부모님 속상하시고 그런 일들이 많은데, 저희는 전혀 그런 게 없었어요. 오빠가 그것을 인정해 줘서 경제적으로 보탬을 줬어요. 오빠가 저에게 집을 해줬죠. 제가 엄마 때문에 결혼도 안 하고 그랬으니까. (유숙희, 자영업, 61세)

혜진 씨는 조카들에게 많은 용돈을 주는 등 금전적으로 가족들을 챙기는 편이다. 조카들이 주는 행복감과 언니에게서 받는 마음의 지지가 자신의 노고를 "충분히 상쇄하는 보상"이라고 여겼다. 겉으로 드러나는 보상은 없더라도 가족들과의 관계 속에서 인정과 고마움, 애정과 소속감을 느낄 수 있었기에 가족들을 지속적으로 돌볼 수 있었다. 공중보건학자인 메건 햄웨이Meghan Hamwey는 장성한 형제자매들이 서로 떨어져 살더라도 친밀한 관계를 유지할 때 큰 안정감을 얻는 사례들을 보고했다.[10] 내가 만난 1인가구들도 다른 형제자매들이 주는 관심과 지지를 정서적 보상이자 안정감의 원천이라고 여기고 있었다. 1인가구의 가족 상비군 역할은 이와 같은 유무형의 주고받음이 전제될 때 유지될 수 있는 것이기도 했다. 하지만 이들의 상호호혜적 관계를 녹슬게 하는 순간들이 있다.

그러면 이모가 섭섭해

한국 사회에서 가족 문제의 분기점과 같은 역할을 했던 소설 『82년생 김지영』에서 주인공 김지영은 일종의 해리성 장애를 겪고 있다. 김지영이 이 지경에 이르게 된 출발점은 명확하다. 망설이던 출산을 하고, 이내 양육 공백으로 좋아하던 회사에서 퇴사를 한 다음, 육아와 살림에 내몰리면서 위험의 징후가 찾아들었다. 김지영이 원치 않는 길을 걷게 된 건, 여자라면 당연히 그 일을 해야 한다는 사회적 압력 때문이었다. 여자니까, 엄마니까. 아내니까…. 가족의 틀 안에서 이런 당위성으로 한 구성원에게 무조건적 희생을 요구하는 것은 결국 균열의 씨앗이 된다.

비혼 1인가구가 수행해 온 상비군 역할도 균열의 징후를 만난다. '자식 도리는 누구라도 해야지.' '나는 더 여유가 있으니까.' '동생은 가족 챙기기도 바쁘니까.' 1인가구들은 자기 가족을 돌봐야 하는 형제들의 삶이 만만치 않다는 걸 너무 잘 알고 있다. 그들의 사정을 헤아리며 자발적으로 상비군 역할은 수행하고 있지만, 점차 그것이 책임이자 의무가 되는 느낌을 받는다. 그때 1인가구들의 마음 안으로 서운함이 스미기 시작한다. 이 감정은 큰 사건에서 오는 것이 아니다. 대부분 말을 꺼내기도 뭐한 너무 사소한 일들, 일상에서 자꾸 반복되는 장면들에서 조금씩 차올랐다. 가족 모임에서 농담처럼 대화를 나눌 때, 아무렇지 않게 지나가는 순간들 속에서 문득 작은 가시처럼 마음에 박히는 것들이 생겼다.

혜진 씨는 형제들과 함께 쓰는 가족 통장 때문에 서운함이 쌓였다. 혜진 씨네 삼남매는 평소 가구 단위로 동일한 금액을 적립해 두었다가 명절이나 생신 때 사용하곤 했다. 꽤 합리적으로 보이는 시스템이었지만 가끔 이상한 기분이 들었다.

> 우리 삼형제가 같이 돈을 모으는 통장이 있어요. 명절이나 생신 때 가족들이 회식을 한다거나 부모님께 선물을 사드린다거나 할 때 모든 걸 거기서 해결하는데요. 그런데 형제자매들끼리 가정 단위로 똑같이 갹출을 하잖아요. 저는 혼자 먹는데 똑같이 내고, 다른 가족들은 저랑 같은 돈을 내고 3인이 먹고. 그렇게 처리를 하는 게 뭔가 억울하다는 거죠. (최혜진, 운수회사 직원, 45세)

이런 "뭔가 억울한" 느낌은 형제자매들의 가족행사에 참여할 때 고조된다. 어느 설날 혜진 씨는 평소처럼 조카들에게 세뱃돈을 나눠주고 있었는데, 형제자매들은 주머니를 꾹 닫고 있었다. 알고 보니 서로 세뱃돈을 주고받지 않기로 미리 약속을 했던 것이다. 그렇지만 혜진 씨는 그럴 수 없었다. 혜진 씨 지갑에서는 늘 돈이 나갈 뿐 들어오는 것이 없었다. 자녀가 있는 형제자매 사이에서는 아기용품, 장난감, 동화책, 교구, 가구 들이 공유되며 자연스럽게 도움이 오간다. 하지만 비혼 1인가구는 이러한 나눔 없이 주는 입장에만 처하기 쉽다. 기본적으로는 조카들에게 용돈과 선물을 베푸는 것을 "행복"으로 여기고 있다고 해도, 가족 간 교환 행위에서 배제되는 경험이 지속되다 보면, "손해 보는 느낌"이 드는 건 어쩔 수 없다.

선미 씨는 한 살 터울의 오빠가 결혼하면서 "줄줄이" 이어졌던 가족행사들에 대한 심경을 토로했다. 집들이, 백일, 돌잔치, 입학식, 졸업식, 사돈네 장례식과 결혼식 등. 결혼한 형제자매들에게는 각자의 가족 생애주기에 따라 온갖 경조사가 뒤따른다. 이런 행사에 초청을 받게 되면 부조금을 챙겨야 한다. 그러나 비혼 1인가구들에게는 특별한 가족행사가 없기에 일방적으로 축하금을 내는 경험을 오랜 기간 계속하게 된다.

> 저는 오빠가 한 명 있는데 한 살 차이예요. 오빠가 결혼했을 당시를 생각해 보면, 결혼식, 그다음 해에 집들이, 그리고 아기 낳고 돌잔치. 이렇게 한 해 한 해 줄줄이 가족행사가 오빠한테만 있는 거예요. (박선미, 중소기업 사무직 직원, 44세)

나만 손해보고 있는 것 같다는 느낌. 가족모임에서 1인가구들이 느끼는 그 불편함은 금전적인 것뿐만이 아니라 정서적인 것이기도 하다. 가족행사는 가족구성원들의 소속감을 확인하고 다지는 자리이지만 1인가구에게는 은근한 소외감을 느끼는 자리가 되기도 한다. 공통의 화제에 대해 대화를 나누는 건 구성원들을 돈독하게 만들어준다. 그런데 가족 모임에서 대화는 주로 부부 관계나 자녀 교육을 중심으로 이루어진다. 공유할 경험이나 정보가 없는 1인가구는 자연스럽게 대화에서 배제되기 십상이다. 영애 씨도 결혼한 두 여동생이 자신을 "아직 결혼을 하지 않아" 세상 물정을 잘 "모르는" 사람으로 취급할 때, 흘려 넘기기 힘든 서운함을 느꼈다.

> 저는 동생이 두 명 있는데, 다 결혼을 했어요. 어떻게 보면 저는 미혼이라서 조금 더 편한 것도 있지만, 나름의 고충도 많거든요. 그런데 가족들을 만나면 가끔 자기들끼리 이야기를 하면서 "언니는 아직 결혼을 안 해서 몰라" 그렇게 얘기할 때가 있는데 그럼 많이 서운해요. (장영애, 온라인 쇼핑몰 직원, 41세)

사회학자 재닛 핀치Janet Finch가 말한 가족시연displaying family이라는 개념은 이들의 경험을 이해하는 데 도움이 된다.[11] 핀치는 가족은 일련의 퍼포먼스를 하면서 서로가 가족임을 내부나 외부에 시연한다고 설명한다. 명절에 함께 모여 음식을 나누고, 기일에 같이 모여 제사나 예배를 드리고, 친인척의 결혼식에 참석하고, 부모의 기념일을 챙기고, 가족사진을 찍어 걸어두는 일이 가족시연의 예다.

이런 가족시연을 통해 구성원들은 서로에게, 그리고 주변 사람들에게 가족다운 가족임을 인정받는다.

이 가족시연의 기본 형식 자체가 핵가족 중심으로 설계되어 있다. 부부의 기념일, 자녀의 생일과 학교 행사들이 시연의 핵심 콘텐츠이다. 비혼 1인가구는 의도치 않게 주변부로 밀려나게 된다. 무대에 들어서는 순간 엑스트라나 관객으로 역할이 정해져버리는 셈이다. 적지 않은 1인가구들이 부모와 형제자매의 가족에게 애정과 관심을 쏟으며 가족으로서의 역할을 수행하고자 노력한다. 하지만 이런 불균등한 구조하에서 합당한 배려와 인정을 받지 못한다고 느끼게 된다. 1인가구가 느끼는 서운함은 누군가의 악의 때문에 생기는 것이 아니다. 핵가족 중심의 사회에서 자동적으로 발생하는 구조적 배제에 가깝다.

그러다 보니 대부분의 1인가구는 이 감정을 쉽게 털어놓지 못한다. 딱히 누구를 탓할 수도 없다. 우애와 소속감을 다지는 가족시연의 자리에서 이런 감정을 드러내는 것은 어렵고 불편한 일이다. 명절과 제사는 가족됨을 다지는 자리다. 하지만 여성 구성원에게는 불평등과 불합리함을 확인하는 자리이기도 하다. 마찬가지로 비혼 구성원에게도 가족시연의 자리는 석연치 않음으로 채워진다. 하지만 조금만 잘못 표현해도 가족 전체의 분위기를 망칠 수 있다는 걸 잘 알기 때문에, 대부분은 그 마음을 조용히 접어두고 그냥 지나간다. 나만 참으면 되는 사소한 일이라고 생각하면서. 하지만 말하지 않는다고 감정이 사라지는 것은 아니다. 이 사소해 보이는 서운함이 쌓이고 쌓여 1인가구의 가족 범위 인식이 서서히 바뀌기 시작한다.

그렇게 1인가족이 되다

실망은 쌓여가고 기대는 사라지더라도 많은 1인가구들은 청년기와 장년기에 걸쳐 원가족의 다양한 빈틈을 메우며 지낸다. 형제가 수술을 하면 조카를 놀이공원에 데려가고, 부모님의 건강검진을 예약한다.

가족구성원으로서 맡은 몫을 해오던 1인가구들의 내 가족 범위에 실제로 큰 지각변동이 일어나는 계기가 있다. 바로 부모의 죽음이다. 내가 만난 1인가구들도 대부분 40대 후반에서 50대에 이르게 되면서, 자연스레 부모의 노환과 사별을 경험했다. 결혼을 하지 않은 비혼 1인가구에게 부모는 자신이 속한 유일한 가족인 원가족의 중심축이다. 따라서 부모의 노환과 죽음은 1인가구의 가족 인식의 뿌리를 뒤흔들어 버릴 만큼 커다란 반향을 일으킨다.

처음부터 나와 부모만을 내 가족의 경계선으로 인식해왔던 외동인 1인가구들에게 부모의 노령과 죽음에 대한 위기의식은 다른 1인가구들보다 더 일찍 찾아온다. 이들은 30대 초중반이 되면서부터 은퇴를 하거나 아픈 곳이 많아지는 부모님을 지켜보며, 이제 곧

"혼자만 가족이 되는" 순간이 오게 될 것을 체감한다.

> 부모님이 나이 들수록 점점 '이제 나 혼자 된다, 혼자만 가족이다' 이런 생각이 들어요. '아, 나는 진짜 혼자가 되겠구나' 이제 앞으로 내가 혼자 살아가야 하는 게 딱 체감이 되는 순간들이 있어요. (안희은, IT 기업 사무직 직원, 36세)

> 저는 형제도 없고 친척들과도 교류가 활발하지 않아서 결국에는 부모님이 돌아가시면 저 혼자 살아가야 하는 거죠. 제가 혼자 살아나갈 수 있는 방법을 찾아야 하는 거예요. (강범철, 모바일앱 회사 직원, 33세)

부모가 돌아가시면 "혼자만의 가족"이 될 것이라는 희은 씨의 위기감은 많은 장년기와 노령기 1인가구들에게는 현실이 된다. 실제로 내가 만났던 1인가구 중 부모님이 안 계신 40대 중반부터 60대에 이르는 인터뷰 참여자들은 형제자매가 있음에도 불구하고 내 가족 범위를 묻는 질문에 '나 혼자'라고 답했다. 가정 내에서 하나의 관계가 변화하면 그와 연결된 다른 관계들도 변화한다. 원가족의 중심축 역할을 해주던 부모가 사라지면서 1인가구들의 가족 내 역할과 관계성 또한 바뀌게 된 것이다.

숙희 씨는 20년 동안 부모의 돌봄을 전담하면서 형제자매들 사이에서 가족의 일원이라고 느낄 수 있었지만, 부모님이 돌아가시면서 그 역할을 잃었다. 숙희 씨가 부모를 돌볼 때는 오빠와 동생이 수시로 고마움을 표현하며 연락과 왕래를 자주 했다. 그래서 형제자매들까지를 내 가족으로 포함하는 데 주저함이 없었다. 하지만 부모님이 돌아가시고 난 다음부터 “형제들은 뿔뿔이 흩어지고” 연락이 뜸해지면서, 결국 “자기 혼자”만 남게 되었음을 깨달았다. 형제자매와 자신을 잇던 부모라는 연결고리가 끊어지면서 형제자매의 가족 내에서 자신의 입지도 줄어들게 되었다.

> 지금은 엄마 아버지 다 돌아가셨고요. 형제들은 이제 뿔뿔이 흩어지니까 저한테는 가족이라는 게 이제 저 혼자라는 생각이죠. (유숙희, 자영업, 61세)

부모가 돌아가시면서, 원가족이 주기적으로 모였던 가족행사와 모임도 뜸해졌다. 형제자매들은 자신의 자녀 그리고 손자녀들과 함께 새로운 가족행사와 모임을 꾸렸다. 하지만 1인가구들은 부모를 중심으로 한 가족행사가 줄어든 이후에는 가족의 일원으로서 마땅히 참여해야 할 가족모임이 없어졌다. 그 과정에서 1인가구가 형제자매들과 유지해 왔던 물리적, 정서적 접점도 점차 흐려졌다. 69세 손진석 씨도 부모가 돌아가신 후부터 고향에 내려가는 일이 줄어들었고, 그러다가 형제자매들과도 소원해졌다.

> 부모님이 안 계신 고향에는 자주 안 가게 되는 것 같아요. 어쩌다 한 번…. 특별한 일이 아니면 안 가고. 특별한 일도 이제는 별로 없고…. 뭐, 부모님 묘 벌초할 때나

내려가고, 그런 일 아니고는 안 가게 되는 것 같아요. (손진석, 무직, 69세)

형제와 친척이 많은 고령층 1인가구들에게도 부모의 죽음은 가족관계를 크게 약화시켰다. 그런데 애초에 형제자매가 없거나 친척과의 교류가 뜸한 젊은 1인가구들이 부모의 죽음 이후 마주하게 될 고립은 더 골이 깊을 가능성이 크다. 가족 외에 다른 공동체가 활발하지 않은 한국 사회에서 부모는 싱글들의 유일한 지지대이기 때문이다.

잊혀진 친족

1인가구가 나이 들면서 진짜 1인가족이 되어가는 이유가 오직 부모의 죽음 때문만은 아니다. 자기 자신의 노화도 이들이 혼자로 남게 되는 중요한 배경이 된다. 형제자매들과 점점 관계가 멀어지게 된 데에는 부모님이 돌아가시면서 가족 내에서 자신이 할 일이 줄어든 탓도 있지만, 자신이 다른 가족구성원들에게 짐이 되는 존재가 될까 봐 걱정하는 마음도 컸다. 1인가구들은 부모의 죽음, 자신의 나이듦을 겪으면서, '과연 자신의 노후는 누가 책임져줄 수 있을 것인가?'라는 질문을 품게 된다. 자신은 부모를 돌보고 형제자매 가족을 도왔지만, 정작 자신이 노인이 되어 돌봄이 필요할 때 이를 기꺼이 감당해 줄 누군가가 없다는 사실을 자각하게 된 것이다. 영애 씨는 부모를 비롯해 형제자매와 조카까지 내 가족이라고 답하긴 했지만, 정작 나이가 더 들고 자신이 죽게 되었을 때 "자식이 없는" 자신을 "뒤처리"해줄 사람이 없을까 봐 두려워했다.

> 만약 제가 경제활동을 할 수 없게 될 때, 나는 1인가구이고 동생은 생활이 바빠서 나를 돌볼 수 없는 상황이 되면… 저는 지금 그게 제일 무서워요. 만약에 내가 내일 아침에 눈을 뜨지 못했을 때 나의 뒤처리는 누가 할 것인가? 자식이 있으면 자식들이 이런 것들을 거둬줄 텐데, 나는 자식도 없고 그러기 때문에 정말 혼자가 되는 것이겠구나…. (장영애, 온라인 쇼핑몰 직원, 41세)

숙희 씨는 신체적으로 건강해서 다른 가족구성원들을 도울 수 있었던 때에는 확대가족까지 자기 가족이라 여겼었다. 하지만 예순이 넘고 병치레가 잦아지면서 누군가의 돌봄을 받지 못한 채 한두 달 홀로 칩거하는 일이 생겼다. 이런 경험을 통해 그는 "혼자 살다 죽는다는 게 먼 훗날의 얘기가 아니"라는 사실을 새삼 실감했다.

> 제가 이제까지 막 힘은 못 써도 큰 병은 없었거든요. 그런데 최근 어지러워서 일어나지도 못하고 한두 달을 나가지를 못하겠더라고요. 식구가 있으면 요리하기 싫어도 해야 되고 그러다보면 먹게 되잖아요. 그런데 혼자 있다 보니 그냥 과일 먹고 때우고 빵 먹고 때우고 이러다 보니까. '아, 혼자 살다 죽는다는 게 먼 훗날

얘기가 아니고 언제 이런 일이 생길지 모르겠구나' 하는 생각을 했어요. (유숙희, 자영업, 61세)

연구에 참여한 1인가구 중 나이가 많은 사람일수록 "당신의 가족은 누구입니까"라는 물음에 대해 '나 혼자'라고 답하는 경향이 뚜렷했다. 비로소 내 가족이 자기 자신뿐인 1인가족이 된 것이다. 금전적으로 충분한 경제활동을 못 하게 되거나, 신체적으로 쇠약해지는 50대 중후반 이후가 주된 터닝포인트였다. 형제자매와 조카를 포함한 확대가족까지 내 가족으로 인식하는 젊은 1인가구와 비교했을 때, 노년기가 가까워지는 1인가구들에게 매우 급격한 가족 인식 범위의 축소가 일어난다. 물론 자신이 혼자라고 말한 고령의 1인가구들에게도 여전히 형제자매나 조카 같은 혈육이 존재했다. 하지만 이들은 자기 때문에 다른 형제자매 가족들이 부담을 느끼는 것을 원치 않았다.

오빠에게 도움은 되고 싶지만, 짐은 되고 싶지 않고… 짐 되는데 누가 좋다고 그래요? 아프다 그러면 다 싫다고 그러지…. (유숙희, 자영업, 61세)

가족들한테 폐가 되고 걱정만 더 끼치지. 걔들도 자기 자식들 먹여 살리느라 바쁠 텐데 괜히 부담만 더 되는 것 같아서 더 연락하기가 힘들어요. 이제 다른 가족을 도울 형편도 안 되고 미안하니까. 그냥 소위 말하는 잠수를 타버리게 되는 거죠.

그냥 연락을 못 하죠. (권익창, 무직, 56세)

여기서 중요한 점은 이들이 1인가족이 된 것이 가족들과 감정적으로 틀어진 것이 아니라, 그들을 가족 안에 묶어두던 '역할'이 끝났기 때문이라는 점이다. 부모가 있을 때 1인가구는 부모 돌봄을 매개로, 조카가 어릴 때는 지원을 매개로 형제자매와 관계가 이어진다. 그런데 부모가 세상을 떠나고 조카들이 성장하면서 1인가구가 사용할 수 있는 기능적 연결고리들이 하나씩 사라지기 시작한다. 그때 이들은 "내가 더 이상 가족에게 도움이 되지 못한다"고 인식하게 된다. 이제 도움이 필요한 쪽이 자신이 되었다는 사실도 관계 축소를 더 빠르게 진행하게 만든다.

이들은 도움은 못 될지언정 가족들에게 "짐"이나 "폐"가 되고 싶지 않다. 그래서 자신이 더 이상 가족에게 기여할 수 없다고 생각되는 생애 후반기가 되면 익창 씨처럼 "잠수를 타거나" 진석 씨처럼 "혼자 떨어져 생활"하기 시작하곤 했다. 그렇게 이들은 홀로 남게 된다.

인간은 노년이 가까워지면서 누군가의 돌봄이 필요한 상황에 이른다. 대부분 자녀들이 그 돌봄을 담당한다. 비록 현대사회에서는 자녀에게 돌봄을 요구하지 못하게 되었다지만, 여전히 도의적 차원에서 자녀가 부모 돌봄의 일정한 책임을 지는 경우가 많다. 사회학자 전성표 교수는 오늘날 부모 부양은 '효도'가 아닌 양육의 대가에 대한 '교환'의 맥락에서 인식되기 때문에, 자녀를 잘 보살핀 부모가 자녀에게 노후 돌봄을 그나마 기대할 수 있다고 말한다.[12] 하지만 노년이 된 1인가구들은 비록 젊은 날 자신은 가족을 돕고 애정을 쏟았으며, 심지어 죽은 후 자기의 남은 재산을 조카에게 물려줄 의향까지 있다고 해도, 그것이 훗날 가족에게 돌봄을 마땅히 요구할 수 있는 근거가 되지는 못한다.

가족사회학자들은 가족을 역할과 의무의 교환관계로 해석하기도 한다. 그러나 1인가구는 형제자매 가족에게 돌봄의 역할을 수행할 수 있지만, 돌봄의 의무를 요구하기는 어려운 **주변부 가족구성원**peripheral family member일 뿐이다. 로버트 밀라도의 책 제목 그대로 '잊혀진 친족'인 것이다. 1인가구들이 1인가족이 되기까지, 그 흐름을 좇아가다 보니 이들은 본래 탈가족적인 존재라기보다 핵가족 중심의 가족관계와 문화가 이들을 밀어내면서 주변부로 이탈시킨 것은 아닌가 하는 생각이 들었다.

롤러코스터를 타는 1인가구의 생애

비혼 1인가구는 흔히 처음부터 혼자인 사람들처럼 여겨지지만, 실제로는 생애 후반부에 이르러서야 비로소 1인가족이 된다. 생애 중반까지 혈연가족들 사이에서 가족다움을 실천했던 이들의 가

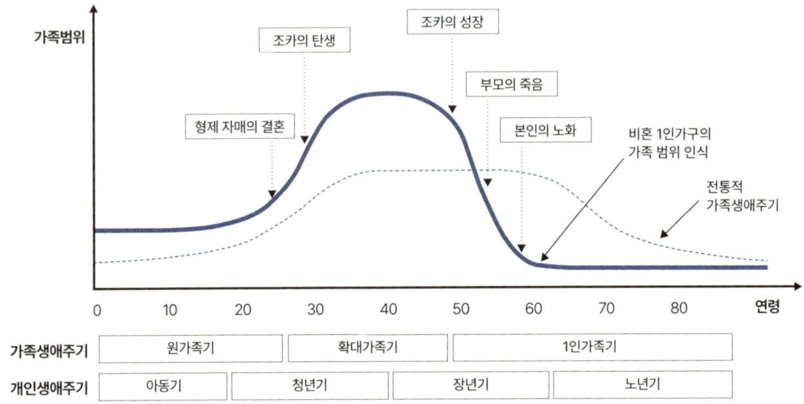

그림8. 비혼 1인가구의 개인-가족 생애주기 모형

족에 대한 감각은 나이가 들면서 크게 요동친다.

비혼 1인가구의 가족 생애주기는 원가족기, 확대가족기, 1인가족기로 나뉜다. 먼저 청년기의 비혼 1인가구는 같은 시기 결혼을 하며 새 핵가족을 이루는 형제자매들과 달리, 아동기부터 이어져 온 부모와 형제자매를 그대로 내 가족의 범위로 유지한다. 이것이 원가족기다. 이후 30대에서 40대에 걸쳐 조카들이 태어나면서 비혼 1인가구의 가족 범위는 조카들까지 포함하는 확대가족으로 넓어진다. 이 시기가 확대가족기다. 그런데 부모님이 돌아가시고, 조카도 청년이 되고, 자신도 늙어가는 50대 중반 이후부터는 가족 범위가 급격하게 축소된다. 그렇게 혼자만을 가족으로 생각하는 1인가족기에 다다르게 된다.

여기서 흥미로운 점은 전통적인 핵가족의 생애주기와 비교했을 때 비혼 1인가구의 가족 범위가 훨씬 더 급격하게 변한다는 사실이다. 부부와 자녀로 이루어진 핵가족은 자녀가 한 명씩 태어날 때마다 가족 규모가 늘어났다가, 자녀들이 하나씩 분가하면서 서서히 부부 2인으로 줄어든다. 그러고 배우자와 사별하면서 빈 둥지로 불리는 혼자의 시기를 맞는다. 이들 삶의 변화 추이는 비교적 완만한 곡선을 그린다. 반면 비혼 1인가구는 조카들까지 내 가족에 포함시키면서 부부-자녀가구보다 훨씬 넓은 가족 범위를 그렸다가, 부모의 죽음과 자신의 노화를 경험하면서 단번에 1인가족으로 급락한다. 마치 롤러코스터의 꼭대기에서 떨어지는 것처럼.

특히 주목할 점은 가족이 축소되는 시기다. 핵가족은 주로 60대 이후 자녀들이 결혼하고, 70대 이후 배우자와 사별하면서 늦은 나이에 가족 축소기를 겪는다. 하지만 비혼 1인가구는 이보다 훨씬 이른 시기인 50대 중후반부터 1인가족기를 맞는다. 기혼자들보다 인생의 후반기를 더 빨리 맞이하고 더 오래 겪게 되는 셈이다.

겉으로 보기에 비혼 1인가구들은 처음부터 끝까지 평행선처럼 굴곡이 없는 삶을 사는 것처럼 보일 수 있다. 하지만 실제로 이들이 경험하는 가족 관계의 변화는 핵가족보다 훨씬 더 역동적이고 드라마틱하다. 원가족에서 출발해 확대가족으로 크게 부풀었다가, 다시 혼자로 급격히 축소되는 이 궤적은 결혼한 사람들의 생애주기와는 전혀 다른 흐름이다.

아낌없이 주는 나무의 밑동

많은 사람이 인생의 어느 시점에는 1인가구가 된다. 가족을 이루며 살았던 사람들도 자녀를 독립시키고 배우자를 떠나보내면서 혼자 남게 된다. 하지만 다인가구로 살아왔다가 1인가구가 된 사람들에게는 크든 작든 정서적 자원과 연결망이 남아 있을 가능성이 크다. 전화상으로나마 인터넷 약정을 대신 바꿔주거나 쿠팡으로 장을 봐주는 자식도 있고, 예전에는 티격태격했던 시누이와 이제는 등산을 같이 갈 수도 있다. 미운 정이든 고운 정이든 정 붙일 데가 있다. 육아와 살림의 틈바구니에서 자원을 주고받으며 쌓아올린 다양한 관계망은 노년까지도 어느 정도 지속된다.

하지만 오랜 기간 혼자 살아온 비혼 1인가구는 이런 관계망을 충분히 확보하지 못한 경우가 많다. 한 뿌리를 공유했다고 믿었던 원가족들은 자신의 생애주기를 따라 새 가족을 이루며 흩어진다. 이들에게 원가족과의 관계망이 닫힌다는 건 더 급격한 고립을 의미하게 된다.

2016년 《한국경제》 신문 기사는 비혼의 고모·이모와 삼촌을 '골드 앤트, 골드 엉클'이라 부르며 "아낌없이 주는 나무"에 비유했다.[13] 그 이미지는 30~40대 조카바보에게만 통하는 것이 아니다. 노년이 된 비혼 1인가구에게도 유효하다. 동화 『아낌없이 주는 나무』에서 나무는 사랑하는 소년에게 과일과 가지를 모두 내어주고 밑동만 남는다. 밑동인 채로 소년이 돌아오길 온종일 기다린다. 골드 앤트와 엉클들도 비슷하다. 가족에게 줄 수 있는 골드를 다 쓰고, 나이가 들어서는 밑동만 남게 되는 경우가 적지 않다. 젊은 시절 부모와 형제자매에게 헌신했지만 결국 홀로 남겨진다.

이 대목만 떼어보면 '그러니까 괜히 가족에게 골드를 빼앗기지 말고 네 노후를 위해 쌓아두어라'는 메시지처럼 들릴지도 모르겠다. 그러나 앞서 살펴보았듯, 한 인간의 안녕은 경제적 자원만으로는 보장되지 않는다. 노년에 필요한 것은 더 많은 골드가 아니라, 골드로는 살 수 없는 것들이다. 자신을 지탱해 줄 관계와 공동체, 그리고 연결이다.

이 시점에서 이런 생각이 든다. 만약 아낌없이 주는 나무가 한 소년에게만이 아니라 마을 사람들에게 열매를 나누어주고 나뭇가지를 땔감으로 내어주었다면 어떻게 되었을까? 누군가는 나무에게 거름도 주고, 추운 겨울에 짚으로 보호대를 채워주고, 나이 들어 쓰러져 갈 때 버팀목을 대어주지 않았을까? 덜 기다리고 더 풍성한 인생을 살 수도 있었을 것이다.

만약 비혼 1인가구가 원가족에게 해왔던 실천을 공동체를 위해서도 했더라면, 그들이 가족에게서 그토록 얻기를 바랐던 시민권을 공동체 안에서 누릴 수 있었을지도 모른다. 상호호혜의 범위를 넓힐 수 있었다면 말이다. 실제로 어떤 1인가구들은 혈연가족을 넘어 대안가족을 만들려는 시도를 한다. 가족사회학자 김혜경 교수는 비혼 여성 커뮤니티 '비비' 사례를 소개한다.[14] 이들은 같은 아파트 단지에서 살면서 서로 반찬을 나누고, 함께 식사도 하고, 명절을 같이 보내며 '또 하나의 가족'처럼 지낸다. 「카모메 식당」의 세 친구, 사치에, 마사코, 미도리처럼 서로에게 '식구'가 되어준다. 하지만 혈연가족 위주인 한국 사회에서 한 개인의 노력과 의지만으로 이러한 길을 찾기는 쉽지 않다. 그렇다면 대부분이 1인으로 살아가게 될 시대에, 우리는 어떤 방식으로 서로에게 가닿을 수 있을까?

작은 가능성

상호호혜의 숲

아낌없이 주는 나무가 혼자 서 있는 밑동이 아니라, 서로 기대며 대지를 나누는 숲으로 존재하는 방법은 없을까?

일본 도쿄에서 180km 떨어진 도치기현 나스마치에 흥미로운 실험이 있다. 2016년 폐교한 초등학교를 개조해 고령자 공동주택을 만든 '나스 마을 만들기 광장'이다. 이 프로젝트를 기획한 지카야마 게이코 씨가 공동체 마을에 관심을 갖게 된 계기는 어머니의 간병이었다. 40년 전, 뇌경색으로 쓰러진 어머니를 모실 곳을 찾아다녔지만, 당시 일본의 요양시설은 6명이 커튼 하나로 나뉜 공간에서 암모니아 냄새를 맡으며 죽음을 기다리는 감옥 같은 장소였다. 그녀는 인생의 마지막이 쓸쓸하지 않으려면 공동체가 필요하다는 생각을 했다.

70대가 된 지카야마 씨는 자신의 마지막 거처를 직접 만들기로 했다. 뜻이 맞는 친구 3명이 자금을 모으고, 정부 보조금과 은행 대출까지 합쳐 총 90억 원 가까운 사업비를 마련했다. 2022년 말 공사가 끝나자 학교 운동장에는 1~2층짜리 주택들이 들어섰고, 실내 수영장은 간병이 필요한 사람을 위한 주택으로 개조되었다. 학교 옆에는 임종을 앞둔 사람이 여생을 보내는 '임종의 집'도 만들어졌다. 건강할 때부터 생을 마감할 때까지, 한 공간에서 단계별로 머무를 수 있는 구조다. 현재 83명이 이곳에 살고 있으며, 80% 이상이 고령자다.

나스 마을은 홀로 어려운 시절을 견디지 않아도 되는 '숲'의 가능성을 보여준다. 하지만 이 숲에는 한계가 있다. 우선 한 개인의 비범한 의지와 지인들의 동참, 그리고 상당한 자본력이 결합해야만 가능하다. 뜻과 운이 함께해야 조성될 수 있는 숲인 셈이다. 무엇보다 이곳은 고령자만의 숲이다. 비슷한 연령대, 비슷한 생애 단계에 있는 사람들끼리 서로를 돌보는 것도 물론 의미가 있다. 하지만 이것이 우리가 알고 있는 생태계로서의 숲은 아니다. 진짜 숲에는 오래된 나무와 어린 나무, 키 큰 수목과 덤불, 미생물과 벌레까지 다양한 개체가 공존한다. 청년은 노년 세대의 지혜가 필요하고, 노인은 청년 세대의 에너지가 필요하다. 더욱이 1인가구들만의 숲은 또 다른 고립을 낳는다. 한 세대, 한 집단만으로는 상호호혜의 순환 고리가 완성될 수 없다.

그래서 나는 독일의 다세대하우스Mehrgenerationenhaus에 더 주목한다. 다세대하우스는 우리나라의 다세대주택과는 전혀 다른 개념이다. 다세대하우스란, 마을 공동체와 공동주택을 조성할 때 다양한 형태의 가구들이 교류할 수 있도록 만든 마을의 공동거실을 뜻한다. 보통 마을의 폐교나 옛 청소년센터, 어머니센터를 리모델링해서 만드는 경우가 많다.

지역사회 주민들은 나이와 출신을 불문하고 누구나 다세대하우스의 구성원이 되어 공동생활에 참여할 수 있다. 구성원이 자발적으로 공동체 프로그램을 만들기도 한다. 8세부터 88세까지 함께하는 오케스트라가 운영되기도 하고, 일주일에 한 번은 함께 모여 식사를 하기도 한다. 맞벌이 부모를 대신해 비혼 청년이나 독거노인이 아이를 돌봐주고, 반대로 혼자 사는 이들이 아플 때면 기꺼이 돌봄자가 된다. 구성원에게 어려움이 생기면 함께 회의를 하며 해결방안을 찾는다. 다세대하우스에서는 혼자 살든, 여럿이 살든 모두 같이 생활한다. 세대 차이를 갈등이 아닌 자원으로 보고, 서로 다른 세대의 시간과 경험을 교환하는 구조다. 다세대하우스는 소가족 중심 사회에서 다시 대가족으로의 회귀를 지향한다. 다만 혈연으로 묶인 전근대 사회의 대가족이 아니라, 지역사회가 함께 만드는 새로운 형태의 대가족 시스템이다.

다세대하우스가 중요한 이유는 개인의 의지나 민간의 선의에만 기대지 않는다는 점이다. 정부가 제도적으로 뒷받침하고, 시민들이 자발적으로 참여한다. 2003년 니더작센주에서 처음 시작된 다세대하우스는 2006년부터 연방정부 차원의 프로그램으로 확대되어 현재 독일 전역에 550채가 운영되고 있다. 각 다세대하우스는 정부로부터 연간 5천만 원 남짓한 보조금을 받는다. 전국의 다세대하우스에는 3만 명이 넘는 자원봉사자가 활동하며, 하루 평균 6만 명의 주민들이 왕래한다.

독일의 다세대하우스를 그대로 옮겨올 필요는 없다. 한국의 맥락에서 어떤 형태의 공동체 마을이 가능할지는 더 많은 논의가 필요하다. 그러나 방향은 분명하다. 아낌없이 주는 나무가 상호호혜의 숲을 이루려면, 비슷한 종류의 나무들만 모아놓은 조림지가 아니라 다양한 생명이 서로 가진 것을 주고받는 생태계여야 한다. 개인의 뜻과 운만으로는 만들 수 없는, 국가와 지역사회가 함께 가꾸어야 하는 숲이다.

8장

마무리가 있는 인생

1인가구의 살림을 연구하면서 알게 된 50대 강현욱 씨는 보기 드문 살림꾼이었다. 그에게는 아무리 아파도 꼭 지키는 하루 루틴이 있다. 설거지를 하고, 방바닥 물걸레질을 한 다음, 쓰레기를 꼭 묶어 현관 앞에 두는 것이다. 기운이 있으면 돌돌이로 이불도 정리하고 잠옷으로 갈아입은 다음에야 자리에 눕는다. 몸이 힘들 때도 이 의식을 거르지 않는 이유는 원래 깔끔한 성미이기 때문만은 아니다. 그는 이러한 살림을 '죽음을 준비하는 행동'이라고 말했다.

> 내가 죽고 나서 누군가 집에 딱 들어왔는데 '이러니 죽어, 이러니 죽는 거지' 그런 소리 듣기 싫어서요. 죽어서 듣기 싫잖아요. 그래서 좀 깔끔하게 해놓고 사는 편

이에요. (강현욱, 무직, 52세)

자녀가 있는 40~50대 중장년에게 최대 이슈는 아이의 진학과 취업, 그리고 결혼일 것이다. 아이의 장래 걱정으로 자기 죽음에 대해서는 생각할 겨를이 없다. 하지만 같은 나이대의 1인가구들은 이미 생애 후반기에 접어들었다고 여기며, 훨씬 자주 죽음에 대해 생각한다. 혼자 살면서 혼자 맞게 될 죽음을 말이다.

죽음이라는 사회적 사건

혼자 사는 사람들이 급증하면서 혼자 맞는 죽음, 즉 고독사도 사회적 이슈로 떠올랐다. 뉴스는 연일 고독사 현장을 보도했고, 수많은 연구자가 고독사의 원인을 분석했다. 특히 이들은 고독사 당사자의 개별적 특징을 파악하는 데 집중했다. 가장 많이 지적된 특징은 건강 문제였다. 고독사 사망자 대다수가 암, 간질환, 신장질환과 같은 만성질환을 앓고 있었다는 점이 부각되었다. 우울증, 알코올 중독과 같은 정신 건강 상태도 간간이 조명되었다. 이 외에도 이혼과 사별로 인한 가족관계의 단절이나 빈곤과 같은 경제적 어려움이 고독사의 원인으로 지목되었다. 고독사 연구자들은 이러한 개인의 취약점을 중심으로 고독사 위험군을 미리 발굴해서 비극을 방지

해야 한다고 입을 모았다.

정부는 이러한 요구에 발 빠르게 반응했다. 보건복지부는 2020년부터 가난한 독거노인과 장애인의 집에 응급호출기를 설치하고, 활동 반응이 없을 때 안부를 확인하는 '응급안전안심서비스'를 도입했다. 서울시와 경기도를 비롯한 지자체들은 최신 기술을 접목했다. 고독사 위험군의 집에 사용 전력량 변화를 감지하는 '스마트플러그'를 설치하거나, AI가 자동으로 전화를 걸어 건강 상태를 체크하는 '인공지능 안부확인서비스'를 운영하기 시작했다.

하지만 이러한 시도에도 불구하고 고독사는 좀처럼 줄지 않았다. 2024년 보건복지부 「고독사 발생 실태조사」에 따르면, 고독사 사망자 수는 3,924명으로 집계되었다. 전년도 3,661명에 대비해 7.2% 증가한 수치였다.[1] 정부가 미처 파악하지 못한 허다한 사례들까지 합했다면 그 규모는 훨씬 더 늘었을 것이다.

여러 노력에도 고독사를 막기 어려운 이유는 크게 두 가지이다. 먼저 인간의 죽음은 근본적으로 예측하거나 막을 수 있는 사건이 아니다. 인간이 언제 어떤 방식으로 죽음을 맞이하게 될지 미리 알고 대비할 수 있다면, 필멸자mortal로 불리는 인간이 아니라 신에 가까울 것이다. 그러니 고독사 예방 정책은 애초에 한계가 있었다.

내가 더 주목하는 문제는 따로 있다. 바로 고독사의 원인을 개인에게서 찾고 있다는 점이다. 이러한 관점은 고독사의 발생 이유를 개인의 성향과 역량 문제로 축소한다. 그러나 인간은 개별 육체를 지닌 생물학적 존재일 뿐만 아니라, 다른 사람과 소통하며 자기 존재를 인식하는 사회적 존재이기도 하다. 사회심리학자 조지 허버트 미드George Herbert Mead가 『정신, 자아, 사회Mind, Self, and Society』에서 말했듯, 인간이 하는 모든 경험은 본질적으로 사회적 경험이다.[2] 혼자 맞는 죽음처럼 보이는 고독사도 개인의 비극을 넘어서 사회적 사건이다.

의학계에서는 죽음을 '생물학적 존재가 비생물학적 존재가 되는 것'이라고 정의한다. 그리고 죽음의 경위에 따라 자연사, 돌연사, 병사, 폭력사, 변사, 자살 등으로 구분해 왔다. 고독사 연구들이 사망자의 신체적, 정신적 질환을 파악하려는 것도 결국 의학적 사인을 밝히려는 노력이다. 하지만 고독사 당사자가 급성 심근경색으로 죽었든, 오랜 지병을 앓았든, 스스로 목숨을 끊었든 그의 생물학적 사인이 이 죽음의 본질을 말해주지 않는다. 우리가 어떠한 죽음을 고독사라고 부르는 것은 그가 혼자서 죽음을 맞았고 오랫동안 방치된 후 발견되었다는 사실, 다시 말해 그를 둘러싼 사회적 정황과 관련이 있다.

죽음 사회학자 로버트 카스텐바움Robert Kastenbaum과 크리스토퍼 모어먼Christopher Moreman은 『죽음, 사회, 그리고 인간 경험Death, Society, and Human Experience』이라는 저서에서 죽음의 사회적 측면을 강조했다.[3] 그들은 인간의 죽음을 죽어감dying-사망death-사후after death에 이르는 일련의 사건으로 확장한다. 한 사람의 죽음은 숨을 거두는 사망 순간만이 아니라, 죽음이 가까워져 오는 임종의 과정과 죽음 이후의 시간들로 이루어진다. 그리고 이 죽음의 과정에는 사망한 사람만이 아니라 주변 지인들과 사회시스템이 함께 동참한다. 죽음을 앞둔 기간 동안 의료기관에서 치료를 받고, 가족이나 지인들은 임종을 지켜본다. 그리고 죽음 이후에는 가까운 이들이 기일과 추모행사를 통해 망자의 죽음을 기억한다.

이때 고독사는 이러한 죽음의 사회적 경험이 어떠한지를 보여주는 용어다. 생물학적 사인과는 완전히 별개로, 죽어감-사망-사후의 과정 중 상당 부분을 혼자 감당해야 했던 죽음이라는 뜻이기 때문이다. 그러니 고독사를 특별히 건강관리를 잘하지 못하고, 정신적으로 불안정하며, 가난한 개인이 마주하는 특수한 경험으로 규정하는 것은 잘못된 해석이다. 취약계층이 아니더라도 혼자 사는 사람이라면 누구나 혼자 죽음을 맞이할 수 있다. 1인가구의 증가가 시대적 전환과 직결되어 있듯이, 고독한 죽음도 혼자의 시대가 불러온 필연적 현상이다.

어떤 풍경으로 끝나는가

달라진 삶의 방식은 죽음의 풍경에도 영향을 미친다. 과거 한 개인의 죽음은 공동체가 함께하는 집합적 의례였다. 대가족이 촌락을 이루며 살았던 농경사회에서 죽음의 의례는 마을 공동으로 치러졌다. 상여꾼들은 상여를 메고 마을 어귀를 천천히 돌았다. '이제 가면 언제 오나' 선소리꾼이 선창을 하면, 뒤따르던 이웃들은 '아이고 데고! 어허 넘차!'라고 만가를 받으며 함께 애도했다. 초상집 대문에는 행인들에게 망자의 죽음을 알리는 초롱이 달렸고, 장례는 곧 주민들이 모이는 마을 행사가 되었다. 하지만 핵가족이 중심이 되는 산업사회로 넘어오면서 장례는 가족 의례로 축소되었다. 임종은 가까운 가족들만의 경험이 되었고, 장례의 장소도 마을에서 장례식장으로 옮겨졌다. 초상집 초롱 대신 장례식장의 호수를 알리는 팻말이 달렸다.

그렇다면 전체 가구 중 절반이 1인가구인 시대에 죽음의 풍경은 어떻게 바뀔까? 그간 가족 중심으로 이루어졌던 방식도 그대로 유지되긴 어려울 것이다. 마을 행사에서 가족 의례로, 다시 가족 의례에서 혼자 맞는 죽음으로 중심축은 이미 이동하고 있다. 이제 혼자 사는 삶이 취약계층의 특징이 아니듯이 혼자 맞는 죽음도 특정 계층만의 미래가 아니게 되었다.

하지만 혼자 사는 생애 전반이 그렇듯이, 혼자 맞는 죽음에 대해서도 우리는 잘 알지 못한다. 구체적인 서사가 없다. 다만 언론이 보도하는 고독사 뉴스를 보며 각자 막연한 경각심과 두려움을 품고 있을 뿐이다. 고독사를 예방하자는 말은 넘쳐나지만, 혼자 죽을지도 모른다는 사실 앞에서 1인가구들이 무슨 생각과 감정을 갖는지를 드러내 놓고 공유해 본 적이 없다. 이미 고독사한 사람들의 뒷자리만 씁쓸하게 회자되다가 일상의 파도에 휩쓸려 사라지고 만다.

몇 년 전 『죽은 자의 집 청소』란 책이 출판계에 돌풍을 일으켰다. 특수청소부인 저자가 죽음의 현장을 기록한 이 책에는 여러 삶의 마지막 자리가 적나라하게 그려져 있었다. 그가 찾은 현장 중 다수는 1인가구가 고독사로 삶을 마무리한 장소였다. 벽지까지 다 벗겨내도 지워지지 않는 냄새, 널브러진 동물의 사체, 천장까지 메운 쓰레기산, 매트리스를 넘어 장판 아래까지 스민 몸의 얼룩이 그대로 담겼다. 저자는 에필로그에서 죽음에 대한 기록이 오히려 삶의 의미를 되새기는 계기가 되기를 바란다고 밝혔다. 그러나 이 책의 파장은 조금 복잡했다. 존엄한 삶과 죽음을 되묻겠다는 취지와 달리, 너무도 생생한 고독사의 묘사가 우리 머릿속에 먼저 와서 박혔다. 세심한 헤아림에도 불구하고 삶의 마지막 풍경들은 '이렇게 죽어서는 안 된다'는 경고로 읽혔다.

죽음은 유한한 인생을 사는 모든 인간이 비껴갈 수 없는 가장 보편적인 경험이다. 혼자 살든 그렇지 않든 누구나 언젠가 죽음을 맞는다. 그러니 굳이 고독한 죽음을 다른 죽음보다 더 비극적으로 바라볼 필요는 없다. 하지만 가족들 곁에서 죽음을 맞이할 사람들의 삶과 어쩌면 혼자서 죽음을 맞게 될 사람들의 삶은 결코 같지 않다. 자기 죽음에 대한 상상은 남은 생을 대하는 태도에도 영향을 미친다. 좋은 죽음을 예견할 수 없는 상황에서 좋은 일상을 살아가긴 쉽지 않다. 그리고 좋은 삶들이 모여 좋은 사회를 이룬다.

그렇다면 혼자 사는 사람들에게 좋은 죽음이란 무엇일까? 나는 혼자 사는 사람들이 죽음에 대해 어떤 생각을 하고 있고, 무엇을 바라고 있는지가 궁금했다. 혼자 맞는 죽음이 보편적 경험이 될 앞으로의 시대에 우리의 마지막은 어떤 풍경이 되어야 할까? 나는 이 질문을 안고 1인가구 22명을 만났다. 그리고 그간 쉽게 꺼내놓지 못했던 죽음에 관한 이야기를 천천히 풀어보았다.

아무리 아파도 출근하는 이유

인간은 살아가면서 점차 죽음에 가까워진다. 늘 의식하진 않아도 나이가 들고 이곳저곳 아프기 시작하면서, 자신이 얼마나 나약한 존재인지를 실감하게 된다. 어떤 아픔은 종종 만성질환의 형태로 나타난다. 1인가구의 고독사를 조사한 연구들에서도 만성적 질병은 주요 사인으로 반복해서 지목되어 왔다. 통계적으로도 1인가구는 다인가구에 비해 만성질환 유병률이 1.5배에서 3배까지 높다.[4] 결국 혼자 사는 사람들은 가족이 있는 사람들보다 더 이른 시점부터, 그리고 더 오랫동안 아픈 삶을 살게 되는 것이다.

취약한 건강 상태는 내가 만난 1인가구들도 입을 모아 지적한 부분이었다. 이들 대부분은 불규칙한 식단과 생활 습관으로 인해

장염, 위염, 면역력 저하와 같은 생활습관병lifestyle disease을 앓고 있었다. 앞선 장들에서 살펴보았듯이, 일상을 함께 나누는 식구가 없을 때 규칙적인 생활을 유지하기란 쉬운 일이 아니다. 살림을 상부상조할 상대가 없는 1인가구는 피곤하거나 어려운 일이 생기면 바로 리듬을 잃고 들쑥날쑥한 생활을 하기 쉽다.

더 큰 문제는 일상적 관계의 부재가 건강 악화의 원인이 될 뿐 아니라, 악화된 건강을 회복하는 데에도 걸림돌이 된다는 점이다. 유한한 육체를 가진 인간은 누구나 질병을 앓는다. 하지만 혼자 사는 사람이 가족이 있는 사람과 현격히 다른 점은 건강이 나빠졌을 때 소소한 돌봄조차 받기 어렵다는 데 있다. 40대 전현국 씨의 사례는 이를 단적으로 드러낸다. 그는 코로나 백신 때문에 심한 후유증을 겪었다. 하지만 휴가를 내지 않고 사무실로 출근했다. 사람들의 눈길이 닿는 사무실에 나와 있어야 응급한 상황이 생겼을 때 부축이라도 받을 수 있을 것 같았기 때문이다.

보통은 백신 휴가도 쓰고 집에서 쉰다고 그러는데, 저는 일부러 회사를 나왔어요. 혼자 있으니까 아파도 회사에서 아파야 사람들이 보고 조치를 해주지, 집에서 그냥 아파서 쓰러지면 큰일이잖아요. (전현국, 47세, 연구원)

그러나 아플 때마다 매번 광장으로 나오긴 쉽지 않다. 내가 만난 대부분의 1인가구들은 아무리 아파도 타인에게 쉽게 도움을 청하지 못했다. 혼자 산 지 얼마 되지 않은 20대 1인가구들은 아프면 곧장 부모님이 사는 본가를 찾아가기도 했고, 가까이 지내는 친구들에게 연락해서 와달라고 부탁하기도 했다. 하지만 중년에 접어든 이들은 타인을 호출하기 어려웠다. 친한 친구들이나 형제자매는 이미 결혼해서 가족을 이루었고, 부모님은 노쇠해졌다. 그러니 일단 참고 버티는 것이 이들이 신체적 아픔을 대하는 가장 일반적인 방식이었다.

제가 아팠을 때 몸이 무겁고 어지럽고 자리에서 혼자 일어나지 못할 때가 있거든요. 그런데 혼자 있으니까 아무것도 못 하잖아요. 그냥 참고 끙끙 앓아요. 다 낫고 나서 사람들한테 얘기하는 거죠. 내가 이런 일이 있었다고. (진아련, 자활근로자, 34세)

몸살이 와서 근육이 쑤시고 그럴 때는 혼자 괜찮아질 때까지 누워 있는 거 말고는 할 게 없어요. 몸이 안 좋으면 자기를 돌볼 수 없어요. 누군가의 손길이 필요하게 되는 거잖아요. 내가 아프면 자신을 케어하지 못해요. (백승민, 프리랜서 촬영기사, 42세)

이들이 혼자 아픔을 견디는 이유는 "폐를 끼치기 싫어서"이다. 미국의 사회학자 엘레나 포르타콜로네Elena Portacolone은 독립적인 라이프스타일이 싱글들에게 바람직한 표상으로 받아들여지고 있다고 지적한다.[5] 그래서 몸이 아파 마땅히 타인의 도움을 구해야 할 때도 타인에게 돌봄을 부탁하는 것을 꺼린다는 것이다. 실제 내가 만난 1인가구들도 "누가 내 걱정을 하는 것이 싫고", "완벽한 모습을 보여주고 싶다"며 타인에게 손을 내미는 대신 혼자 버티는 길을 택했다. 졸업 후 자취를 시작한 20대 장희수 씨에게는 남에게 약한 모습을 보여주는 것이 어딘가 멋없어 보였다. 어릴 때부터 몸이 약했던 40대 이재혁 씨도 마찬가지였다. 그는 비혼인 자신을 두고 가족들이 걱정하는 게 싫어서 일부러 멀리 떨어져 살았다. 이처럼 타인에게 독립적으로 '보이는 것'은 1인가구의 자존심이자 중요한 미션이었다.

> 남한테는 완벽한 컨디션만 보여주고 싶어요. 어차피 하루이틀 걸리면 나아지는 건데 굳이 다른 사람한테 아픈 모습을 보여주면서 그런 것보다는 그냥 혼자 있다가 나중에 "나 좀 아팠어" 이런 게 더 나은 느낌? (장희수, 사회복지사, 27세)

> 저는 누가 저 때문에 걱정하는 거 되게 싫거든요. 제가 아픈데 병원에 가면 가족들이 더 고생하잖아요. 그런 것도 보기 싫고 그래서 나와 있는 게 편하더라고요. (이재혁, 지방공무원, 40세)

문제는 이러한 혼자만의 투병이 일상의 병치레에서 끝나지 않는다는 것이다. 죽음에 이르는 건강 악화 앞에서도 이 패턴은 유지

된다. 『고잉 솔로Going Solo』의 저자 에릭 클라이넨버그Eric Klinenberg는 현대사회가 추구하는 자립심이 1인가구의 건강을 악화시키고, 나아가 고독사를 이끈다고 비판한다.[6] 그는 1995년 시카고 폭염 당시 수많은 혼자 사는 노인들이 죽음에 이르게 된 경위를 사회적인 측면에서 분석했다. 놀랍게도 이들 중에는 예기치 못한 자연재해로 인한 건강 악화마저 스스로 책임져야 한다는 인식 때문에 도움을 요청하지 않은 채 사망한 경우가 많았다. 자립성에 가치를 부여하고 의존성에 낙인을 찍는 문화로 인해 1인가구가 사회적 위험에 더 크게 노출된 것이다.

안 아프고 깔끔하게

심하게 아팠던 경험은 1인가구의 생애에서 중요한 전환점이 된다. 전통적인 생애주기에서는 결혼, 출산, 분가, 사별처럼 가족구성원의 변화가 분기점으로 작용한다. 하지만 결혼이나 출산과 같은 가족적 사건을 경험하지 않는 1인가구들에게 삶의 방향을 변화시키는 생애사적 사건이 무엇인지를 물었을 때, 대부분이 자신의 건강 변화를 꼽았다.

특히 내가 만난 중장년 1인가구는 예외 없이 신체의 노화가 가속화되는 40대 전후를 생애 최대 전환기라고 답했다. 이때 여러 1인가구가 주목하는 것이 셀프케어self-care, 즉 건강을 지키는 자기관리다. 개인화된 사회는 누구에게 의지하기보다 스스로를 잘 관리하고 경영하는 것을 미덕으로 여기기에 자기관리도 강조된다. 인간이 죽음을 막는 것은 불가능하지만, 평생 건강을 관리하며 유지하는 것은 실현 가능한 목표로 다가왔다.

현국 씨는 마흔이 되어 테니스를 시작했다. 30대까지 쉼 없이 달려온 그였다. 연구가 좋아서 책상 앞에 오랜 시간을 보냈더니 체력이 급속도로 약해졌고 여러 대사증후군으로 고생했다. 그는 뒤늦게 "혼자 살기 때문에 건강은 내가 지켜야 한다"는 사실을 깨닫고, 힘들어도 거의 매일 아침 출근하기 전에 테니스를 치기 시작했다. 그와 같은 1인가구에게 자기관리는 단순히 건강을 돌보는 것이 아니라 생존전략이다. 쓰러져도 구해줄 사람이 없는 이들에게 건강한 몸은 기댈 수 있는 마지막 보루이다. 내 몸이 "유일한 재산"이기 때문에 꾸준히 PT를 받는다는 42세 교사 신지영 씨의 말은 1인가구들의 이런 경각심을 고스란히 드러낸다.

> 혼자 사니까 아프면 안 돼. 그냥 아프면 안 되는 수준이 아니라 건강해야 해. 내 재산은 건강밖에 없어요. 지금 나를 보살펴줄 사람은 없으니까요. (신지영, 기간제 교사, 42세)

형편이 넉넉지 않은 조기태 씨도 같은 마음이었다. 테니스나

PT와 같이 돈 드는 운동은 못하지만, '내가 나를 구한다'는 심정으로 하루에 한 시간 정도 시간을 내어 동네 주변이나 한강 다리를 걸어 다녔다.

> 몸과 머리가 멀쩡할 때까진 걸어 다녀야 하니까, 운동을 열심히 하고 있어요. 가족도 없고, 진짜 친척도 없는데, 어디 가서 쓰러져 버리면 누가 구해줄 사람이 없잖아요. (조기태, 자활근로자, 58세)

1인가구가 건강관리에 신경을 쓰는 이유는 만수무강을 위해서가 아니다. 생명연장의 꿈을 꾸는 1인가구는 소수에 불과하다. 적지 않은 1인가구가 아프면서 장수하기보다 짧고 굵게 살더라도 아프지 않은 삶을 택할 것이다. 재혁 씨도 그중 한 명이었다.

> '어떻게 하면 좀 안 아프고 죽을 수 있을까'라는 생각을 많이 하죠. 심장마비처럼 짧게 아프다 갔으면 좋겠다, 안락사도 빨리 인정되었으면 좋겠다는 생각도 하고. (이재혁, 지방공무원, 40세)

이는 자녀가 있는 사람들과 또렷한 차이점이다. 젊을 때는 일찍 죽어도 상관없다고 여기던 사람일지라도 책임져야 할 가족이 생기면 생각이 달라지기 마련이다. 자녀의 대입까지만, 다음에는 결혼까지만, 그리고 그다음에는 손주들이 자랄 때까지는 살았으면 한다. 가족이 눈에 밟혀서 쉽게 죽음을 떠올리지 못한다.

하지만 내가 고독사 연구를 위해 만난 1인가구 대다수는 죽음이라는 사건 자체에 대해 오히려 담담했다. 50대 권익창 씨는 죽음을 인간이면 "어차피 다 겪어야 하는" 운명으로 여겼다. 살면서 이루고 싶은 일이 많다던 20대 스타트업 대표 문도영 씨조차도 죽음에 대한 태도는 크게 다르지 않았다. 누구나 한 번 살다 가는 인생이니, 그저 받아들일 뿐이었다.

> 사람 사는 거 다 한 번 태어났다가 죽는 거 아니에요? 죽는 걸 슬퍼할 일도 아니고. 시간이 되면 죽는구나. 어차피 죽음은 다 겪어야 하는 거기 때문에. 차라리 저는 죽음 전까지 살아가는 여정이 조금은 편하면 낫지 않을까. 고통 속에 살다가 죽을 때 편하면 뭐하냐. (권익창, 자활근로자, 56세)

> 그냥 어쩔 수 없는 것 정도로 받아들인 것 같아요. 내가 안 죽고 싶어서 뭘 한다고 해서 안 죽게 되는 것도 아니고. 언젠가 죽어야 하면 죽어야지 어쩌겠냐 이런 느낌인 거죠. (문도영, 스타트업 대표, 29세)

이처럼 내가 만난 1인가구들은 죽는 순간, 즉 사망death이라는 사건을 거부하거나 회피하지 않았다. 엄밀히 말해 모든 인간은 혼자 사망한다. 아무리 많은 사람에게 둘러싸여 임종을 맞더라도 사망 자체는 한 개인이 고스란히 겪어야 할 본래적으로 고독한 순간이다. 그래서 1인가구라는 이유로 혼자 맞게 될지 모를 사망의 순간을 특별히 더 두려워하진 않았다.

오히려 적지 않은 1인가구가 염려했던 지점은 사망에 이르기 전에 보내야 하는 시간이었다. 카스텐바움과 모어먼의 죽어감-사망-사후로 이어지는 죽음의 과정으로 보자면, 죽어감dying에 해당하는 기간이다. 죽기 전에 크게 아프지 않고 사망하길 바라는 것이다. 자신이 지병을 앓고 있거나, 가까운 사람의 고통스러운 투병 생활을 지켜본 사람들은 이런 바람이 더 컸다. 백승민 씨처럼 부모님이 병환으로 고생하다 돌아가신 모습을 지켜본 1인가구들은 자신은 이런 고통 없이 "깔끔하게" 떠날 수 있길 바랐다.

> 아버지가 당뇨합병증으로 돌아가셨고, 어머님은 뇌출혈로 쓰러지셨는데, 피가 안 멈췄다고 해야 하나 굳었다고 해야 하나, 하여간 식물인간이 되셨어요. 그런 걸 보다 보니 갈 거면 한 방에 깔끔하게 가는 게 낫겠다 싶어요. (백승민, 프리랜서 촬영기사, 42세)

물론 짧고 굵은 죽음을 바란다고 해도 투병 기간이 길어질 수 있다. 그래서 일부 1인가구들은 투병하는 동안 될 수 있으면 고통과 부담을 적게 만들려는 나름의 준비를 했다. 간병보험에 가입하거나, 실버타운이나 요양원을 알아보고, 의료진과 친분을 쌓아두는 것들이 이런 노력에 속했다.

작년에 제가 대상포진에 걸려서 지금도 완치가 안 됐는데요. 건강에 대한 두려움이 어느 순간부터 들기 시작하더라고요. 그래서 지금 실버타운도 준비하고 있어요. 아프기 전에는 생각도 안 했는데, 솔직히 지금도 요양원 같은 데서 받아준다면 들어갈 용의가 있어요. (이재혁, 지방공무원, 40세)

제가 주치의를 만들었어요. 6년 동안 한 병원만 다니고, 어떤 병이 있으면 무조건 거기만 가요. 그래서 의사 분이랑 되게 친해졌어요. 임종할 때 주치의가 있는 병원에서 깔끔하게 가고 싶어요. (신지영, 기간제 교사, 42세)

현욱 씨, 승민 씨, 지영 씨를 비롯해 대부분의 1인가구가 자신이 바라는 죽음의 모습을 표현할 때 유독 "깔끔"이라는 단어를 자주 사용했다. 이들에게 깔끔한 죽음은 오래 앓지 않고, 누군가에게 짐이 되지 않는 것을 의미했다.

참을 수 없는 존재의 가벼움

1인가구들은 신체적 고통 앞에서만 짧고 굵은 인생을 바라는 것이 아니다. 정서적 고통도 1인가구가 죽음을 가볍게 여기게 만들곤 한다. 정서적 질병은 신체적 질병만큼 고독사의 원인으로 지적되어 왔다. 특히 우울증은 혼자 사는 사람들이 자살을 선택하는 주된 원인으로 꼽힌다.

정신적 어려움이 죽음까지 이르는 데에는 여러 전조 증상이 존재한다. 그 첫 시작은 외로움이다. 물리적으로 타인과 분리되어 지내는 시간이 많은 1인가구는 심리적 외로움을 느끼기 쉽다. 2025년 국가데이터처가 발표한 통계에서도 '자주·가끔 외롭다'고 답한 1인가구는 48.9%로 전체 응답(38.2%)보다 10%p 이상 높았다.[7] 내 연구에 참여한 1인가구들도 거의 모두가 외로움을 느낀 경험을 말했다. 이들이 느끼는 외로움은 퇴근하고 집에 돌아왔을 때, 우연히 가족이 밥 먹는 것을 볼 때처럼 아주 평범한 순간들에서 출발한다.

> 혼자서 살다 보면 은연중에 '왜 이렇게 쓸쓸하지?' 그냥 지내다가도 남들이 가족들이랑 같이 밥을 먹는 모습을 본다든지, 식당에 갔는데 가족들끼리 있는 모습을 볼 때도, '나도 저러고 싶은데'라는 생각이 들 때도 있고요. (한상준, 택시 기사, 27세)

혼자 사는 삶에 대체로 만족하는 이들에게도 문득 밀려드는 외로움은 견디기 힘든 감정이다. 특히 나이가 들면서 몸이 아프기 시작할 때 이러한 외로움은 심화되고 미래의 외로움에 대한 두려움도 커진다.

> 혼자 사는 거 지금은 만족해요. 그런데 사람이 그리울 때가 있어요. 지금은 이렇게 오래 지냈으니까 괜찮은데 늙으면 좀 힘들 것 같아요. 몸이 힘들고 그러면 심

적으로 외로움을 더 탈 것 같아. (민영숙, 자활근로자, 45세)

2023년 11월 세계보건기구WHO는 외로움을 '긴급한 세계 보건 위협'으로 공식적으로 지목했다. 이 발표는 외로움이 매일 15개비의 담배를 피우는 것만큼 해악을 미친다고 강조한다.[8] 하루이틀 흡연은 별것 아닌 것 같지만 누적되면 건강에 치명적이다. 사소해 보이는 외로움들도 쌓이면서 심각한 문제를 일으킨다.

특히 주목할 점은 1인가구의 외로움은 쉽게 우울증으로 전이된다는 점이다. 우울 연구들은 1인가구가 다인가구보다 우울 수준이 두 배 이상 높다는 결과를 일관되게 보고해 왔다. 미국 매사추세츠종합병원 연구진은 영국 바이오뱅크UK Biobank가 보유한 10만여 명의 데이터를 사용해 수면, 운동, 식습관, 인터넷 사용, 사회적 관계 등 100개가 넘는 생활 요인 가운데 무엇이 우울증과 가장 강하게 관련되는지 조사했다. 그 결과 '다른 사람에게 고민을 털어놓는 빈도'와 '가족 및 친구와의 만남 빈도'등 사회적 관계 요인이 우울증의 가장 강력한 예측 변수인 것으로 드러났다.[9]

50대 참여자 김민석 씨도 예외가 아니었다. 과거 심한 우울증을 앓았던 그는 대화 상대가 없어 일상의 감정을 풀지 못하고 쌓기만 했던 것을 자신이 우울증에 걸린 원인이라고 말했다.

대화 상대가 없으니까 우울증에 걸리기 쉬워요. 이게 말을 해야 풀리는데 마음속에 품고 있으니까. 쌓이고 쌓여서 우울증으로 간 거죠. '세상아, 빨리 종말해라, 전쟁이라도 나라' 이러면서 '그냥 편하게 죽고 싶다'는 생각으로 발전했어요. (김민석, 무직, 57세)

우울증은 '마음의 감기'라고 불릴 만큼 현대인에게 흔한 질병이다. 하지만 문제는 1인가구의 우울증은 상대적으로 쉽게 자살 생각과 시도로 이어진다는 점이다. 한국보건사회연구원 강은나 박사가 이끈 연구에 따르면, 자살 생각과 시도 비율은 다인가구에 비해 네 배나 높게 나타난다.[10]

1인가구를 더 우울하게 하고 죽음을 생각하게 만드는 밑바탕에는 이들이 느끼는 희미한 사회적 존재감이 깔려 있다. 사회심리학자 미드는 사람은 혼자서 자아를 만들어가는 것이 아니라 다른 사람들과의 관계 속에서 '나'라는 존재를 형성해 간다고도 말했다. 특히 가족은 가장 기본이 되는 사회적 관계로서, 가족 안에서 부여받는 역할과 정체성은 한 개인을 구성하고 정의하는 중요한 토대가 된다. 부모로서의 역할, 자녀로서의 역할이 한 사람의 삶을 이끌어가는 원동력이 되는 것이다.

그런데 혼자 사는 사람들은 인생의 후반부로 갈수록 이런 역할을 잃어간다. 가족 안에서 자연스럽게 얻게 되는 정체성이 흐리기 때문에, 내가 누구인지, 내 삶의 의미가 무엇인지를 정의하기 쉽지 않다. 물론 직장에 다닐 때는 회사에서의 직급이 자아정체성 상당

부분을 뒷받침해 준다. 하지만 일자리가 불안정하거나 무직인 상태가 되면 그마저 녹록지 않다. 사회에 자리매김하지 못하고 부유하게 되기 쉽다. 그래서 끊임없이 노력하지 않으면 "혼자만의 세상에 갇히게" 된다. 독립영화 감독인 김아리 씨도 이런 낮은 사회적 존재감으로 인해 한동안 우울증을 겪었다.

> 주변과 관계를 맺으면 자기가 어떤 사람인지 알게 되고 자기가 인식되는 게 있는데, 사람을 안 만나다 보니 내가 어떤 사람인지 모르겠어요. 나에 대해 누군가 얘기를 해주거나, 남이 나를 어떻게 대하는지에 따라 내가 나를 생각하고 평가할 수 있는데. 그런 것도 안 되니까 혼자 그냥 갇혀서 생각하게 되는 거죠. (김아리, 독립영화 감독, 29세)

타인과 상호작용하며 얻게 되는 역할과 정체성은 우울감에 빠졌을 때 삶을 다시 일으키는 힘이다. 민석 씨의 표현으로 말하면, 힘들 때 모든 것을 놓아버리고 싶은 충동이 들다가도, 가족은 "삶의 끈을 잇는 연결고리"가 된다. 가족을 향한 책임감은 개인에게 무거운 짐이 되기도 하지만, 삶을 붙들어 매는 애착의 끈이기도 하다. 사회학자 벡과 벡-게른스하임은 이렇게 말한다. 가족과 공동체와의 상호의존적 관계는 "개인의 삶을 단단하게 고정하는 닻"이라고. 그런데 1인가구에게는 땅에 삶을 붙박아줄 관계의 닻이 부실하다. 그래서 결국 "죽음도 가볍게 여기기 쉽다"는 것이 민석 씨의 설명이다.

혼자 살면 죽음을 가볍게 생각하게 돼요. 가족이 있으면, 가족에 대한 책임감, 사랑, 이런 것이 연결고리가 되는데, 1인가구는 연결고리가 하나도 없잖아요? 나 혼자 죽어도 누가 슬퍼할 사람도 없고. 크게 누가 뭐라고 할 사람이 없으니까. 어려운 상황이 닥치면 확 죽고 싶다는 생각이 쉽게 드는 거죠. (김민석, 무직, 57세)

떠나면 그만이라지만

하지만 이렇게 죽음 앞에서 나름 초연한 태도를 보이던 1인가구들조차 공통으로 두려워하는 죽음의 장면이 있었다. 22명 중 20명에 이르는 압도적 다수가 가장 두려워한 죽음의 지점은 죽기 이전도 죽는 순간도 아니었다. 바로 죽음 이후after death의 상황이었다.

죽기 전에 겪는 병고나 사망의 순간은 1인가구만의 특별한 경험은 아니다. 1인가구와 다인가구를 가르는 차이는 죽음 이후부터 본격적으로 펼쳐진다. 보통은 직계가족이 주도하여 망자의 시신을 수습하고, 장례를 치르며, 매해 기일을 추모한다. 그러니 직계 비속이 없는 1인가구에게 죽음 이후는 그야말로 "그림이 전혀 그려지지 않은" 상황이 되는 것이다.

솔직히 죽음 이후에는 그림이 그려지지 않아요. 아파서 죽어가는 거는 그냥 요양원 같은 데 가면 된다고 생각해요. 나를 알뜰살뜰 챙겨주는 자식은 없겠지만, 죽는 거는 병원이나 요양원에 나를 위탁해도 되잖아요. 그런데 죽음 이후에는 나를 거둬줄 사람이 없다는 게 굉장한 공포가 있는 거죠. (홍수경, 대학교수, 50세)

홍수경 씨는 사회적인 지위와 안정적인 수입이 보장된 전문직 여성이다. 그래서 닥쳐올 노화와 병환을 크게 걱정하지 않았다. 살펴줄 자식은 없어도 간병인을 구할 수 있고 괜찮은 요양원에 들어갈 수도 있기 때문이다. 하지만 그다음 상황은 모든 것이 물음표였다. 내가 죽으면 누가 장례를 치러주지? 누가 유품을 정리해주지? 내 유해는 어떤 식으로 다루어질까? 누가 내 죽음을 기억해줄까? 수경 씨는 이런 질문들에 답할 수 없었다.

자활근로를 하며 살아가는 영숙 씨도 비슷한 불안감을 표현했다. 영숙 씨는 죽는 것 자체는 두렵지 않았다. 하지만 아무도 찾아오지 않아 "냄새"를 통해 발견되는 상상을 하면 더럭 "겁"부터 났다.

죽는 거 자체는 겁이 안 나는데. 그다음은 겁이 나요. 만약에 제가 집에서 죽었는데 아무도 찾아오는 사람이 없잖아요? 그럼 내가 언제 죽었는지 그 시체를 처리를 못 할 거 아니에요. 그러다가 막 썩고 냄새가 나서 그때야 발견하면 되게 싫을 것 같아요. (민영숙, 자활근로자, 45세)

이처럼 1인가구가 느끼는 고독한 죽음에 대한 공포는 혼자서 죽는 사건이 아니라 죽은 다음에 홀로 "발견될" 자기 모습에서 비롯되었다. 이들의 두려움은 인간의 죽음 경험이 지극히 사회적이라는 점을 다시 한번 방증한다. 사실 죽음 이후는 죽은 자가 인식할 수 없다. 본인이 직접 맞닥뜨리는 상황이 아니다. 하지만 많은 1인가구가 죽기 전에 자신이 몸소 겪게 될 고통보다 죽은 다음에 자기 모습이 타인에게 추하게 비춰질까 봐 걱정했다. 자기 죽음을 타인의 시선 속에서 맥락화하는 것이다.

1982년, 문화사회학자 올랜도 패터슨Orlando Patterson은 노예제를 연구하면서 사회적 죽음social death이라는 개념을 제시했다.[11] 노예, 흑인, 범죄자, 성매매 여성. 이들은 생물학적으로는 살아 있지만, 사회적으로는 존재하지 않는 사람처럼 취급되기도 한다. 그는 이를 사회적 죽음이라고 불렀다. 반대로 육체는 죽었어도 의미 있는 인생으로 가족과 공동체에서 기억되면서, 기일과 추모행사를 통해 사회적 존재감을 유지하는 경우도 있다. 이처럼 육체적 죽음과 사회적 죽음의 시기가 항상 동일하지는 않다.

1인가구가 고독사를 떠올릴 때 느끼는 공포는 물리적 죽음에서 오는 고통만이 아니다. 오히려 사람들에게 무시당하고 외면받는 사회적 죽음으로 인한 고통에 가깝다. 이들은 물리적 죽음 이후에 자기 죽음이 사회적으로 어떻게 회자될지를 상상했다. 그리고 그 상상 속에서 이미 자신의 사회적 죽음을 겪고 있었다.

추한 모습으로 보이기보다는 편안하게 죽은 모습 있잖아요. 그런 모습이 조금 덜

부끄러울 것 같아요. 헤벌레 입을 벌리고 옷도 덜 걸치고 실오라기 하나 없이 죽은 모습을 남에게 보였다, 만약 이러면 너무 수치스러울 것 같아요. (고정민, 정신건강 사회복지사, 30세)

상상하기도 싫지만 만약에 제가 진짜 한 달이 넘어서 부패될 때까지 사람들이 몰랐다는 거, 이게 굉장히 저는 최악일 것 같습니다. (신지영, 기간제 교사, 42세)

수치심은 인터뷰 참여자들이 고독사를 떠올리며 자주 언급했던 키워드다. 이들의 마음을 불편하게 했던 것은 자기 죽음이 뒤늦게 발견되었을 때 뒤따를 타인의 반응이다. 외로워서, 찾아주는 사람이 없어서 죽은 불행한 인생으로 기억될까 봐 두렵고 수치스러운 것이다. 이런 감정은 미디어가 전달하는 고독사 이미지와 깊은 관련이 있다.

비참하다는 프레임

2000년대 『제3의 길The Third Way』로 영국, 미국, 한국의 정치 담론에 막대한 영향을 미쳤던 영국의 사회학자 앤서니 기든스는 사실 학계에서는 근대성modernity을 연구한 학자로 더 널리 알려져 있다. 그는 근대성의 핵심적인 특징 중 하나로 매개된 경험mediated experiences을 꼽았다. 현대인은 직접 경험이 아니라 미디어를 통해 세

계를 인식하고 자아정체성을 형성한다는 것이다.[12]

우리가 누군가의 고독사를 접하게 되는 계기도 대부분 미디어를 통해서다. 현대사회에서 사람들은 가족처럼 매우 친밀한 사이가 아니면 죽음을 직접 지켜볼 기회를 잃어버렸다. 이제 우리는 주로 미디어를 통해 타인의 죽음을 간접적으로 감각한다. 결혼과 출산도 예능 프로그램을 통해 간접경험하듯이, 죽음의 경험도 미디어의 영역이 되었다. 특히 고독사는 직접 임종을 본 타인이 아무도 없어서, 결국 사후에 미디어를 통해서만 접할 수 있는 대표적인 죽음이다. 아무도 돌아보지 않았던 죽음이었기에, 사방으로 알려지는 역설이 발생한다.

그런데 미디어가 고독사를 재현하는 방식에는 치명적 한계가 있다. 미디어는 고독사 당사자의 죽음을 사회에 전달하는 창구가 되어주지만, 동시에 죽음을 이미지로 축소하는 위험을 안고 있다. 죽음이 화면과 지면 안에 담기는 순간, 타인의 죽음은 그 입체적인 맥락을 잃고 대상화된다. 특히 미디어는 사람의 이목을 끄는 것을 중요시하기 때문에, 고독사를 선정적으로 시각화하곤 한다. 아래 기사 제목이나 문구에서 보듯이, 고독사 현장에 대한 묘사는 '부패한 시신', '악취', '땟자국', '구더기'와 같이 매우 부정적이고 자극적인 단어들로 가득하다.

"돌보는 이 없이 홀로 지내다 쓸쓸하게 숨지는 이" (국민일보, 2018.02.28.)

"가난의 늪에 빠진 하류인생의 쓸쓸한 말로" (국민일보, 2019.12.16.)

"부패한 채로 발견된 시신…", "여름날 악취가 풍기는 잡동사니…" (중앙일보, 2017.10.05.)

"땟자국이 남아 있는 이불과 옷가지…", "구더기가 들끓었고…" (아시아경제, 2013.01.19.)

국제 분쟁지역의 폭력과 죽음을 연구해 온 정치학자 데이비드 캠벨David Campbell은 미디어가 인간의 죽음을 이미지로 대체하면서 오히려 망자의 삶의 맥락과 존엄성을 가려버리는 참혹한 외면horrific blindness을 낳았다고 비판했다.[13] 고독사 보도 역시 비슷한 문제를 안고 있다. 비참한 죽음의 장면에 가려서 한 인간이 오롯이 살아온 삶의 여정은 소거되어 버린다. 고독사 뉴스에서는 '누가, 어떻게 살다가 죽었는가?' 대신에 '어디서, 얼마나 심한 모습으로 발견됐는가?'가 더 주된 관심사다. 그가 살아가면서 세상에 남겼을 추억이나 온기는 미디어에는 좀처럼 담기지 않는다. 수십 년의 자취보다 사망 현장이 더 스포트라이트를 받는다. 더욱이 미디어는 고독사한 개인의 질병, 장애, 빈곤, 심리적 이상 등을 강조하면서, 고독사의 부정적 이미지를 확대 재생산한다. 이에 따라 고독사는 단지 혼자 맞은 죽음이라는 객관적 상태가 아니라, 인간이 맞는 가장 처참한 죽음이라는 사회적 이미지를 덧입게 된다.

내가 만난 1인가구들도 미디어가 프레임한 고독사 담론에 크게 영향을 받고 있었다. 이들은 고독사 현장을 부정적으로 묘사한 기사와 사회의 반응을 반복 학습하면서, 자신도 사후에 이런 부정적 시선의 대상이 될까 봐 무서워했다.

> 저는 죽은 후가 너무 무서워요. 그런 얘기 듣잖아요. 시체가 한 달 이상 썩어서 하도 냄새가 나서 들어가 보니까 어떻더라, 이런 거. (신지영, 기간제 교사, 42세)

> 고독사 뉴스라는 게 보통 조그만 공간에서 혼자 살다가 돌아가시는 경우를 많이 듣잖아요. 그래서 좁은 원룸에 혼자 있으면 그 생각이 들고 더 피폐해지고 그런 것 같아요. (송나영, 메이크업 아티스트, 35세)

아프거나 외로워도 가능하면 남에게 좋은 모습을 보이려는 1인가구들에게 비록 죽은 다음이라 할지라도 타인에게 추하게 비치는 것은 상상만으로도 견딜 수 없는 치욕이 된다. 이런 이유로 내가 만난 1인가구들은 죽은 후에 "부패하고 썩어서" 형체가 없어진 모습이 아니라, "편안하고 깨끗한 모습"으로 발견되기를 소망했다. 살림꾼인 현욱 씨가 평소에 "깔끔하게" 집안을 치워놓는 이유도 죽은 후 남들에게 뒷말을 듣지 않기 위함이었다. 죽은 후 받게 될 타인의 평가를 의식하는 것이다.

사회복지시설에서 일하는 20대 희수 씨는 우울증으로 죽음을 생각했지만, 고독사에 붙여진 낙인을 떠올리며 자살 생각을 접기로 했다. '외로워서 죽었다'라는 소리를 듣느니 차라리 지금 도움을 청하는 편이 낫겠다 싶었다. 남들에게 초라한 모습을 보이고 싶지 않다는 체면은 그녀를 괴롭게 만드는 요소였지만, 동시에 그녀가 죽지 못하게 잡아주는 버팀목이기도 했다.

> 혼자 힘들어서 죽음을 심각하게 생각하는 단계까지 갔는데, 제가 진짜 죽어서 '외로워서 죽었다'는 소리를 들으면 뭔가 내 이미지가 별로 안 좋아질 것 같아서 싫어요. 남들이 '아, 걔 그렇게 됐대', 이거보다는 차라리 살아 있을 때 도움을 구하는 게 체면을 덜 구기는 일이지 않을까 싶어요. (장희수, 사회복지사, 27세)

아이러니하게도 1인가구에게 고독사는 혼자 맞는 사적인 사건이라기보다 철저하게 타인과의 관계 속에서 인식되는 사회적 사건이었다. 이들에게 좋은 죽음이란, 육체적으로 편안한 죽음을 넘어서 타인에게 좋은 모습으로 기억되는 죽음인 것이다.

누가 나를 위해 울어줄까

그렇다면 1인가구들이 원하는 좋은 죽음은 어떻게 가능할까? 내가 만난 1인가구들이 원하는 바는 크게 두 가지였다.

첫째, 이들은 죽기 전에 자신의 존재 의미를 되돌아보고 그간의 자취를 잘 마무리할 기회를 갖고 싶어했다. 죽음의 준비 과정을 연구해 온 사회복지학과 길태영 교수는 가족이 있는 사람들은 '자손들이 다 잘 사는 것을 보고 죽는 죽음', '자녀가 임종을 지켜주는 죽음'을 좋은 죽음으로 여긴다고 설명한다.[14] 가족 안에서 맡은 바 본분을 다하고, 그 결실을 확인하며 떠나는 죽음이 호상이다. 이때 남겨진 가족들이 고인의 삶을 기리는 애도는 한 인간의 죽음을 예우하는 매우 중요한 의례다.

하지만 1인가구는 자신의 지난 인생과 죽음을 기려줄 사람을 찾기 쉽지 않다. 이런 이유로 연구에 참여한 1인가구들은 적어도 죽기 전에 자기 삶을 스스로 돌아볼 기회가 있었으면 좋겠다고 여겼다. 수경 씨가 말했듯, "자신을 미리 애도하는" 시간을 갖길 바랐다.

> 노트 한 권이라도 '나'라는 사람에 대해 기록을 남기고 써나가도 너무 의미 있을 것 같아요. 죽기 전에 그걸 하면서 여러 생각도 들 것 같고, 그동안 살아온 것에 대해 저 자신을 미리 애도한다고 해야 하나… 그런 것도 할 수 있을 것 같아요. (홍수경, 대학교수, 50세)

유희영 씨는 여기서 더 나아가 자기 애도의 과정에서 자기 존재에 대한 사회적 인정을 받고 싶다고 덧붙였다. 비록 죽기 전에 가족구성원에게 "당신은 좋은 아내였어, 좋은 엄마였어"라는 말을 들을 순 없겠지만, 한 명의 사회구성원으로 자기가 이 세상에 존재했음을 사회가 알아주길 바랐다. 그러면 무의미하지 않은 죽음을 맞을 수 있을 것 같았다. 전통적으로 가족이 수행해 왔던 애도를 사회가 함께하면서 죽음을 의미 있게 마무리할 수 있도록 도와주길 원하는 것이다.

> 비참하지 않게, 무의미하게 죽지 않는 상황을 만들어주는 게 어떨까? 그런 생각을 했어요. 가족이 있으면 '당신 좋은 남편이었어, 좋은 엄마였어', 이런 것이 있는데 우리는 없으니까. 외로웠어도 힘들었어도 얼마나 잘 살아왔는지, '당신은 좋은 사회구성원이었어'라는 인정이 필요한 것 같아요. (유희영, 대기업 부장, 42세)

그녀의 이야기는 미국의 정치철학자 낸시 프레이저Nancy Fraser와 독일의 사회철학자 악셀 호네트Axel Honneth가 사회정의에 관해 벌인 논쟁인 『분배냐, 인정이냐?Umverteilung oder Anerkennung?』를 떠오르게 했다.[15] 두 철학자는 경제적 결핍만이 아니라 관계적 결핍이 중요한 불의로 떠오른 현시대에 대한 진단을 공유한다. 따라서 앞으로는 물질적 재분배만이 아니라 타인의 존재를 긍정하는 사회적 인정이 사회정의를 이루는 중요한 축이 될 수 있다고 보았다. 희영 씨가 바로 이 사회적 인정을 화두로 꺼낸 것이다.

희영 씨가 인정을 통해 얻고자 한 것은 소셜 아이덴티티 즉, 사회적 존재감이다. 한 인간을 도구가 아니라 목적으로 존중하면서 사회 안에 자리를 내어주는 것을 뜻한다. '그동안 애썼다'라는 위로와 함께 '네가 우리의 구성원이어서 기뻤어, 함께 해주어서 고마웠어'라는 메시지를 사회로부터 받고 싶어 했다.

> 소셜 아이덴티티, 그게 없는 삶은 무서운 것이거든요. '너 어떤 사람이야? 너 어떤 의미가 있어?' 이걸 찾으려고 혼자 부단한 노력을 하다 보면 지치잖아요. 그렇게 스스로를 입증해야 하는 사람들에게는 기초에너지가 필요하거든요. 기초에너지가 있어야 이렇게 힘을 내고 살아가는데, 스스로 케어도 하고 일도 하는데. 만약 내가 의미 있는 사람이라는 소셜 아이덴티티가 생기면 그 기초에너지를 얻는 거지요. (유희영, 대기업 부장, 42세)

솔로이코노미처럼 시장을 통해 소모되고, 고독사 뉴스처럼 미디어를 통해 소비되는 1인가구가 아니라, 그 자체로 "의미 있는 사람"으로 받아들여지는 것. 이렇게 사회로부터의 존재 인정은 오늘을 더 잘 살아가는 데도 "기초에너지"가 된다. 희영 씨는 그런 기반 위에서 비로소 다시 힘을 내어 살아가고, 일을 하고, 자신을 돌볼 수 있을 것 같다고 답했다. 비록 벡 부부가 말한 가족이라는 닻은 없지만, 사회공동체가 이처럼 자기 존재를 인정해 준다면, 한없이 가벼운 혼자의 삶에도 안정감과 무게감을 가질 수 있다고 생각했다.

20대 후반인 아리 씨는 이러한 자기 애도의 과정을 "자기 서사를 회복"하는 일이라고 표현했다. 한동안 심한 우울증을 앓았던 그녀는 "내가 어떻게 살아왔고, 앞으로 어떻게 될지에 대한 상이 아예 사라지고", 삶에 대한 "자기 서사가 없어지는" 경험을 했다. 독립영화 감독으로서 누구보다 삶의 의미와 가치를 추구해 왔던 그녀였다. 하지만 "자신의 삶에 관한 이야기를 구축할 수 없게 되면서" 깊은 공허감에 빠져들고 자살까지 생각하게 되었다.

> 내가 어떻게 살아왔고 앞으로 어떻게 될지에 대한 상이 아예 안 그려지고, 이전의 삶을 다 부정하게 되었던 것 같아요. 그러다 보면 앞으로 살아가는 것 자체도 긍정할 수가 없는 거죠. 그렇게 자기 서사가 아예 없어지니까 내 삶을 이어갈 수가 없으니까. 과거도 미래도 없는 상태에서 허무함을 느꼈던 거죠. (김아리, 독립영화 감독, 29세)

그런 이유로 아리 씨는 자기 서사를 회복하는 것이야말로 죽음에 대한 사전 애도일뿐만 아니라, 자신을 긍정하고 수용하면서 지금의 삶에서 고독함을 덜어낼 수 있는 길이라고 믿었다.

자기 서사를 구축하는 방식은 다양할 것이다. 수경 씨처럼 노트에 작은 자서전을 써 내려갈 수도 있다. 하지만 혼자서 자기 자신을 들여다보는 것은 쉬운 일이 아니다. 사회심리학자 미드의 말처럼, 인간은 자신을 바라보기 위해 타인이라는 거울을 필요로 한다. 이런 면에서 아리 씨는 자기 삶에 관한 이야기를 다른 사람들과 함께 써 내려가는 공동체 프로그램을 추천했다.

실제로 아리 씨는 한 사회적 협동조합이 기획한 저소득 중장년 남성의 고독사 방지 프로그램을 촬영한 적이 있었다. 참여자들이 풀어놓은 생애사를 바탕으로 희곡을 만들고 공연하는 프로그램이었다. 처음에는 예술과 거리가 먼 중장년 1인가구가 연극을 통해 자기 마음을 열 수 있을까 의심스러웠다. 하지만 점차 타인의 말을 경청하고 공동의 이야기로 모아가는 모습을 지켜보면서 깨달은 바가 있었다.

> 혼자서 자기 이야기를 하는 건 어렵잖아요. 자기가 어떤 사람인지를 이야기하기는 어려운데, 다른 사람들과 같이 대화하면 마치 거울을 보는 것처럼 얘기할 수 있어요. 그걸 보면서, '아, 혼자서 자기 서사를 만들기는 어렵겠지만, 같이 관계를 맺다 보면 훨씬 더 자연스럽게 그게 될 수 있겠구나' 이런 걸 깨달은 것 같아요. (김아리, 독립영화 감독, 29세)

아리 씨의 소개로 만난 민석 씨와 현욱 씨는 이 연극 프로그램에 참여한 당사자이기도 했다. 특히 민석 씨는 처음 만났던 날에 부탁하지도 않았는데 본인이 출연한 연극 대본과 포스터를 가지고 왔을 만큼 이 프로그램을 자랑스럽게 여겼다. 그는 "여기가 내 이야기"라며 대본을 한 장씩 넘기면서 빨갛게 표시된 대사들을 일일이 보여주었다. 그의 서사는 그렇게 다른 사람들의 서사와 어우러져 한 권의 책으로 완성되었다.

연극 콘셉트가 죽은 다음 이승과 저승 사이에 식당이 있어서 자기 얘기를 하는 건데, 어떤 분은 알코올 중독에 당뇨로 한 발을 절단하기도 했어요. 남들 살아온 이야기를 들으면서 '나보다 더 힘든 삶도 있구나', '나랑 비슷한 사람들도 많구나'. 이런 이야기를 나누다 보면 위로도 되고 지지도 되고 이제 '나도 다른 사람을 돕는 삶을 살고 싶다' 이런 생각이 드는 거지요. (김민석, 무직, 57세)

민석 씨에게 연극 프로그램은 단순한 고독사 방지를 넘어 "나도 다른 사람을 돕는 삶을 살고 싶다"는 삶의 방향을 재설정하는 계기가 되었다. 과거 자살을 시도했던 현욱 씨도 이 프로그램을 통해 타인에게 마음을 열기 시작했다. 진행자며 참여자들과 교류하며 새로운 것을 배우고 함께 만들어가는 즐거움을 누리게 되었다. 늘 만나는 술친구들과는 느끼지 못했던 기쁨이었다.

오스트리아 정신과 의사였던 빅터 프랭클은 『죽음의 수용소에서』에서 '의미를 향한 의지'가 고통 속에서도 인간을 살게 만드는 힘이라고 말했다. 그는 유대인 집단수용소에서 살아남은 생존자로서 극한의 상황에서도 존재의 의미를 추구하는 인간의 존엄함을 드러내고자 했다. 그간 생존을 위해 고군분투해 온 1인가구들도 자기 삶의 의미를 함께 반추하고 애도하는 시간을 가질 수 있다면, 신자유주의의 파도 속에서도 인간의 존엄성을 지켜갈 수 있지 않을까.

요람에서 무덤까지

죽기 전 자기를 애도하는 시간과 함께 1인가구들이 두 번째로 바란 것은 죽은 다음에 자신의 흔적과 자취를 잘 정리해 줄 사회안전망이다. 그들의 이야기를 들으며 '요람에서 무덤까지'라는 말이 떠올랐다.

1942년, 영국 정부는 제2차 세계대전으로 피폐해진 사회를 재건하고 구성원들 간 연대를 회복하기 위해 복지국가 건설을 천명했다. 당시 이 프로젝트를 이끌었던 윌리엄 베버리지William Beveridge는 일명 베버리지 보고서Social Insurance and Allied Services(Beveridge Report)에 복지국가의 청사진을 담았다.[16] '요람에서 무덤까지'는 이 보고서를 상징하는 슬로건으로 지금까지 회자된다. 내가 박사 과정을 밟을 학교로 런던정경대를 택한 데에는 베버리지가 이 대학의 학장이었다는 사실도 한몫했다.

베버리지 보고서가 출간된 이후, 지난 80여 년간 여러 국가가 복지국가를 표방하면서 요람에서 무덤까지의 생애주기를 따라 다양한 사회안전망을 확충해 왔다. 한국도 예외는 아니었다. 한창 일하는 세대를 위해 산재보험과 고용보험을 도입했고, 노년기를 위한 국민연금과 노인장기요양보험을 시행했다. 최근 저출생이 화두가 되면서 아동수당, 육아휴직, 출산 지원정책처럼 요람을 위한 대책도 늘렸다. 하지만 무덤을 위한 사회안전망은 여전히 빈약하다. 고독한 죽음이 중요한 사회적 위험으로 떠올랐지만, 삶을 위한 복지는 있어도 죽음을 위한 복지는 미흡한 것이다. 내가 만난 1인가구들은 이러한 정책 공백을 절감하고 있었다.

아무리 혼자 잘 살아온 1인가구라도 결국 죽음 이후의 마무리는 남의 손에 맡겨야 한다. 하지만 이를 남에게 부탁하는 일이 쉽지 않다. 원가족에게조차 선뜻 말을 꺼내기 어렵다. 각자 떨어져 살면서 "변변하게 해준 게 없는" 형제·자매에게 죽음 이후를 맡기는 것은 "있을 수 없는 일"로 여겨졌다.

> 부모님도 당연히 돌아가셨을 거고, 동생은 미국에서 살고 있고, 동생이 저를 케어할 거라는 생각은 아예 않고요. 당연히 그건 있을 수 없는 일이라고 생각하고요. (홍수경, 대학교수, 50세)

> 도움받고 싶지 않아요. 왜냐하면 제가 해준 게 없으니까. 우리 형들이나 형수님한테 변변하게 해준 게 없거든요. 해준 게 없는데 아프다고 손 벌리는 거 별로예요. 그냥 조용히 절 같은 데 가서 자연인처럼 죽어야죠. (권익창,자활근로자, 56세)

결국 가족에게 도움을 구하기 어려운 1인가구들은 자기 죽음을 정리해 줄 타인을 물색하기도 했다. 죽은 후 "거둬줄 사람이 없는 것이 공포"라고 말했던 수경 씨는 친한 친구의 딸에게 슬쩍 장례를 부탁했다. 죽음 이후를 완전한 타자인 친구 딸에게 부탁할 만큼 마땅한 대안이 없었다. 하지만 수경 씨는 이런 개인적 부탁이 "안전한" 대비책이 되진 못한다는 것을 잘 알고 있었다. 그래서 더욱 죽음 이후를 위한 사회안전망이 필요했다.

> 친한 친구가 딸이 있어요. 언젠가 '딸이 내 제사를 지내줄 수 있을까?' 이런 말을 했어요. 이모 죽고 나면 납골당까지만 좀 갖다 달라고. 그런데 사실 말이 그렇지, 안 해줄 수도 있는 거잖아요. 이게 꼭 들어주는 것이 아니니까 안전하다고 볼 수는 없지요. (홍수경, 대학교수, 50세)

최근 1인가구의 증가로 고독사가 빈번해지자, 정부는 공영장례를 확대하기 시작했다. 하지만 1인가구가 느끼기에 개선할 점이 많았다.

먼저 지원 대상이 저소득층이나 무연고자에 한정되어 있다는 점이다. 한국 사회의 대표적 공공부조제도인 「국민기초생활보장법」에는 사망자의 장례를 정부가 지원하는 장제급여가 포함되어 있다. 하지만 이는 수급자만을 대상으로 하고 있고, 지원 비용도 약 80만 원 정도로 미미한 수준이다. 「장사 등에 관한 법률」 제12조에도 지자체가 무연고 사망자의 시신을 매장·화장해야 한다는 조항이 있지만, 이 역시 무연고자로 지원 범주를 제한하고 있다.

하지만 내가 만난 거의 모든 1인가구가 소득과 관계없이 자기 죽음을 정리하는 일을 공공이 담당해주기를 바랐다. 이들은 만약

이를 위해 추가 재정이 필요하다면 기꺼이 비용을 지불하겠다는 입장이었다. 수급자인 현욱 씨는 매달 정부에서 받은 60만원 남짓의 생계급여에서 일부를 갹출하는 아이디어를 냈으며, 대학교수인 수경 씨는 선뜻 유산 일부를 낼 수 있다고 말했다. 기간제 교사인 지영 씨는 소득에 따라 차등적으로 비용을 걷는 방식을 제안하기도 했다. 이처럼 이들은 소득수준에 상관없이 죽음 이후를 지원하는 보편적 장례 서비스를 바랐다.

> 국가가 상조처럼 하거나 생계급여에서 조금씩 떼거나 해서, 매달 얼마씩이라도 내서 모아놓으면 좋지 않겠나 싶어요. 그래서 좀 저렴하게 죽을 때 주변에서 손가락질 안 받고 갈 수 있도록 국가가 한번 생각해 줬으면 좋겠어. (강현욱, 무직, 52세)

> 뭔가 나라에서 어떤 소정의 금액을 지불하면 깨끗하게 정리해 주는 시스템이 있으면 좋을 것 같아요. 내 유산 일부를 떼어서 국가에서 저를 케어해 주면 좋겠어요. 남들한테 폐도 안 끼치고. 그게 시스템적으로 정착되면 좋겠죠. (홍수경, 대학교수, 50세)

> '나는 돈을 주면서까지 케어를 받고 싶어' 이런 사람이 있을 거 아니에요. 고소득자면 선택적으로 돈을 더 낸다거나 이런 식으로요. 그럼 정말 큰 안정감이 생길 것 같아요. (신지영, 기간제 교사, 42세)

그다음으로 1인가구들이 지적한 문제는 현재의 공영장례가 시신 처리 정도에 그치고 있다는 점이다. 대부분 공영장례는 약식으로 장례식을 치르고 화장비용을 지자체가 부담하는 데 머물러 있다. 고인이 살아온 집을 방문해 유품이나 발자취를 잘 갈무리해 주는 수준까지는 이르지 못하고 있다. 수급자들 사이에서는 공영장례에서 시신이 "짐승 사체 다루듯" 처리된다는 이야기가 돌았다. 사실 여부와 별개로, 이런 풍문은 기태 씨를 더욱 처량하게 만들었다. 삭막한 공영장례는 안전망이 아닌 절망으로 다가왔다.

> 지금 고독사 처리는 진짜 짐승 사체 다루듯이 처리한다고 하더라고. 가족이 없는 사람은 누가 돌봐주는 사람 없으면 그냥 길거리에 개처럼 죽어서 썩어빠져서 뼈만 남아야 하나? 그런 심정이 되더라니까요. (조기태, 자활근로자, 58세)

카스텐바움과 모어먼은 인간의 죽음이 단순한 생체의학적 마감에 그치지 않는다고 주장한다. 온전한 죽음은 자기 자신, 자신이 살아온 시공간, 나아가 그 안에서 함께해 온 인연과 사물에 대한 마무리까지를 포함한다. 내가 만난 1인가구들이 원하는 죽음 이후의 정리도 단순히 시신을 처리하는 기능적 행위가 아니었다. 이에 더해 자신이 남기고 간 흔적들을 "잘 마무리"해 주기를 바랐다. 통장이나 유산을 뜻에 따라 정리하는 일도 여기에 속했다.

만약에 지금 죽으면 여태까지 쓴 카드값, 신용카드값을 내줄 사람이 없잖아요. 돈이 없어서 안 갚는 건 아니잖아요. 통장이나 그런 것 정리해 주는 거, 잘 마무리를 해주는 그런 시스템을 만들면 참 좋겠어요. (조기태, 자활근로자, 58세)

어차피 저 같은 1인가구들은 자식도 없으니까, 재산도 별로 없지만 가진 것은 기부를 하고 싶어요. 제가 소속돼 있는 공연단체에 기부하거나 장학금으로 남기고 싶은데 그걸 처리해 주면 좋겠어요. (홍수경, 대학교수, 50세)

금전적 정리만이 아니다. 자신이 소중히 여기던 물건들도 마찬가지다. 에릭 클라이넨버그는 함께 사는 사람이 없는 싱글들은 집 안 물건에 의미를 부여하는 경우가 많다는 사실을 관찰했다. 5장에서 다루었듯이, 내가 만난 1인가구 중에도 책, 레고, 퍼즐, 레트로풍의 MD 플레이어 등 특정 물건을 수집하는 사람들이 많았다. 이들은 이 물건들을 '친구', '정체성', '보물', '가족'이라 부르며 매우 아꼈다. 따라서 애착이 있는 유품들이 폐기물처럼 취급당하지 않고, 누군가 신경 써서 조심스레 정리해 주었으면 했다.

반려동물과 함께 사는 1인가구에게는 자기 장례보다 남겨진 반려동물의 장래가 더 중대한 사안이었다. 아련 씨는 자기가 죽으면 "삶에서 유일한 위안"이었던 반려견이 제때 발견되지 못할까 봐 매우 염려스러웠다. 자기가 죽어도 강아지가 안전하게 인도될 수 있다면 큰 안정감을 얻을 수 있을 것 같았다.

제가 죽은 후를 생각하면 집에 혼자 남게 될 강아지가 너무 걱정돼요. 제가 인간 관계가 좁아서 갑자기 죽으면 개도 어떻게 될 것 같아서요. (진아련, 자활근로자, 34세)

이처럼 내가 만난 1인가구들은 자신의 '인체'만이 아니라 자신의 '인생'이 예의가 갖춰진 끝을 맞이하기를 소망했다.

이러한 소망은 뜬구름 잡는 이야기만은 아니다. 2008년 노인장기요양보험이 시행되기 전까지 병간호는 당연히 가족이 전담해야 하는 것으로 여겨졌다. 하지만 장기요양보험 도입 이후 간병과 요양이 사회서비스로 제공되면서 개인과 가족의 부담이 크게 줄었다. 현재 혼자 사는 사람들이 늘고 있는 만큼, 이제 죽음의 의례도 보편적인 사회서비스로 제공하는 길을 모색할 수 있다. 일부 저소득층에게 장례비용을 현금으로 지원하는 데 그치지 않고, 시신 수습부터 유산과 유품 정리까지를 아우르는 장례 서비스를 마련하는 것이다. 이를 위해 새로운 공공상조보험을 도입할 수도 있겠지만, 현재의 장기요양보험에 장례급여 항목을 신설하는 방식도 가능하다. 혼자 살아왔다고 해서 홀로 버려지는 게 마땅한 것은 아니다. 복지국가의 사회안전망이 무덤 바로 앞에서 끊겨서는 안 된다.

좋은 죽음, 그래서 좋은 삶

아는 얼굴 다 모였네 여기에
한 공간에 다 있는 게 신기해
모르는 사람이 계속 우는데
누군지 기억이 안 나 미안해
종종 상상했던 내 장례식엔
축하와 환호성 또 박수갈채가
있는 파티가 됐으면 했네

듀엣 그룹 악동뮤지션의 이찬혁은 「장례희망」이라는 곡에서 자신이 꿈꾸던 장례식의 모습을 그렸다. 아는 얼굴이 모두 모인 축제와 같은 광경이 그의 장례희망이었다.

혼자가 필연이 된 이 시대에는 아마 마을 잔치 같은 죽음의 풍경을 다시 보기 어려울지 모른다. 하지만 그렇다고 각자 자기만의 방에 갇혀 타인의 고독한 죽음을 창문 너머로 바라보며 그것이 내 것이 될까 봐 떨고 있어야 하는 건 아니다. 절망적인 죽음이 만연한 사회에서 희망적인 삶을 꿈꾸기란 어렵다. 전체 가구의 절반에 해당하는 1인가구가 자기 죽음을 암담하게 상상한다면, 우리는 감히 이 시대를 좋은 시대라고 말할 수 없다. 고독한 죽음에 대한 비관적이고 개인적인 시선은 1인가구들이 질병이나 우울에 빠졌을 때 사회에 손을 내밀지 못하고 자기 안으로 숨어들게 만든다.

그래서 이 혼자의 시대에 필요한 것은 고독한 죽음을 존엄한 죽음으로 감싸는 공동체적 포옹일 것이다. 고독사 사망자를 하나의 사건이 아니라 한 명의 사람으로 대하는 마음. 자신과 타인의 존재를 인정하고 함께 애도하는 과정. 망자와 그 주변에 예의를 다하는 사회적 장례시스템. 이처럼 마무리가 있는 생애가 가능하다면, 위기에 처한 1인가구들을 애써 발굴하려 하지 않아도 그들이 스스로 손을 내밀며 사회 밖으로 나올 것이다. 한 사람의 삶과 죽음을 귀하게 여기는 사회가 고독한 죽음을 막을 수 있는 본질적 해법이다. 이를 위한 장례희망들이 저마다의 삶에서 상상되길 바란다.

작은 가능성

무덤 곁의 친구들

모든 미디어 콘텐츠가 죽음을 대상화하여 다루는 것은 아니다. 고독한 죽음에 대한 공동체의 태도에 관해 생각할 거리를 제공하는 콘텐츠 두 편을 소개한다.

2013년 개봉한 영화 「스틸 라이프」는 영국에서 공영장례를 담당하는 공무원 존 메이의 이야기를 그리고 있다. 그는 자신도 혼자 살면서 22년 동안 무연고 사망자들의 유품을 단서로 가족이나 친구를 찾고 장례식을 치러주는 일을 담당해 왔다. 하지만 유가족과 지인들의 거부와 외면으로 혼자 장례를 치르는 일이 다반사였다. 대부분의 공무원이 행정적으로 장례를 처리하는 데 비해, 그는 고인들의 사진을 사진첩에 정리하고 유품들을 바탕으로 추도문을 정성스럽게 작성하며 죽음에 예의를 다하고자 했다. 그러나 느린 행정 처리로 결국 해고당하게 된다. 존 메이는 마지막으로 담당한 무연고자의 장례식에 많은 지인과 가족이 모일 수 있도록 최선을 다한다. 하지만 그날, 공교롭게도 그는 교통사고로 홀로 죽음을 맞는다. 그의 장례식에는 아무도 찾아오지 않았다.

하지만 이 영화가 진짜 전하고자 하는 반전의 메시지는 클로징 부분에 담겨 있었다. 그가 지금까지 장례를 치러주었던 수많은 무연고자의 영혼들이 그의 무덤 곁으로 차례로 모여들어 그의 죽음을 애도하는 장면 말이다. 그는 외로운 죽음을 맞았지만, 가치 있는 생을 살았음을 이 장면이 단번에 보여주었다. 이 영화는 사회가 죽음을 어떻게 다루어야 하는지, 그리고 이때 한 사람의 한 걸음이 얼마나 큰 의미가 있는지를 생각하게 해준다.

2025년에 방영된 KBS1 다큐 인사이트 「도쿄산책」은 실제로 무덤 곁을 지키는 사람들의 이야기를 소개한다. 일본에서는 혼자 죽음을 맞는 사람들을 위한 '무덤친구', 일본어로는 하카토모墓友 만들기가 지역사회에서 활발히 이루어지고 있다. 한 무덤에 여럿이 묻히는 합장묘 풍습이 있는 일본에서는 통상 가족이 합장하는 경우가 많았다. 하지만 최근 1인가구 증가로 전혀 모르던 사람들이 합장묘에 들어가는 경우가 늘었다. 이에 10여 년 전 한 고령자생활협동조합을 시작으로 같은 합장묘를 계약한 사람들끼리 생전에 서로 만날 기회를 갖는 무덤친구 모임이 확산되었다. 무덤친구들은 가끔 식사를 하고 안부를 묻고 병문안을 가고 성묘를 하며 느슨하지만 의미 있는 관계를 만들어간다. 혈연에 기반한 가족관계는 아니지만, 죽음을 함께 준비하면서 그간 꺼내지 못했던 인생사나 고민들도 나누며 서로에게 안정감을 주는 새로운 인간관계가 되어가고 있다. 죽음 앞에서 욕심을 내려놓고 숨김없이 순수한 관계를 맺는 것이다.

보통 우리는 육아나 간병같은 살아 있을 때의 돌봄에 대해 말한다. 하지만 영원이라는 시간 개념을 가진 인간에게는 죽은 후에도 돌봄이 필요하다. 누군가 나를 기억하고 애도하고 무덤을 찾아주는 일 말이다. 인간은 죽음 너머까지 연결을 원하는 존재다. 이 두 편의 이야기는 혼자의 시대에 그 연결이 어떤 모습일 수 있는지를 상상하게 해준다.

나가며

몇 년 전, 마침내 1인가구 연구에 본격적으로 돌입하려고 했던 그때 공교롭게도 코로나19 팬데믹이 시작되었다. 때로는 택배 하나가, 어느 날은 카페의 손님이, 또는 버스 안에서의 짧은 스침이 감염의 매개가 되었다는 뉴스가 연일 보도되었다. 바이러스가 퍼지는 경로를 따라 그동안 보이지 않았던 인간의 연결망이 선명하게 모습을 드러냈다. 우리는 같은 공기를 마시며 살아가는, 서로 얽혀 있는 존재임을 삶으로 느꼈다. 당시 자신의 방에서 하루 대부분을 보내던 인터뷰 참여자들과 마스크를 쓰고 멀찍이 떨어져 대화를 나누며, 나의 안전이 타인의 안녕에 달려 있다는 사실이 피부에 와닿았다. 나와 그들의 삶은 고립과 단절에서 불과 몇 미터 떨어져 있었다. 그간 누려온 보통의 일상이 사회라는 시스템에 기대어 있었다는 걸 비로소 깨달았던 시간이었다. 그러나 이후 다시 일상으로 복귀한 우리는 빠르게 그 시절을 잊어갔다.

현대사회를 살아가는 우리는 '나의 노력'이 인생을 좌우한다고 믿는다. 조금 더 탄탄한 커리어를 쌓으면, 재테크로 노후 준비를 착실히 하면, 균형 잡힌 식단과 운동으로 건강을 잘 챙기면, 명상하고 상담받으며 정신건강을 관리한다면, 내 삶이 흔들릴 일은 없을 것만 같다. 하지만 지난 몇 년간 1인가구의 삶을 가까이 들여다보며, 우리가 외면해 온 진실을 다시 마주할 수 있었다. 상호의존성. 바로 인간은 서로를 필요로 하는 존재라는 사실 말이다.

"당신이 바라보는 세계는 어떤 곳인가요?"

사회복지학자가 되기 위해 대학원에 진학한 나는, 도대체 어떤 사회를 꿈꾸며 공부에 임해야 할지 막막했다. 그래서 쑥스러움을 무릅쓰고 주변 사람들에게 자주 이 질문을 던지곤 했다. 그중 한 친구가 했던 대답을 지금도 잊지 못한다. 그는 세계를 "하나의 아픔이 다른 아픔을 응시하면서, 함께 치유되어 가는 공간"이라고 말했다. 이는 내가 지금까지 사회복지학에 몸담아 오며 마음 깊이 새긴 사회관이 되었다.

이는 개인의 낭만 어린 응답에 그치지 않는다. 우리가 어떤 사회를 만들어가길 원하느냐는 실제 사회를 구상하는 데 결정적인 영향을 미친다. 사회는 자연발생적으로 형성되지 않았다. 인류는 인간과 사회에 대한 특정한 신념 위에서 시스템을 구축해 왔다. 우리가 살고 있는 이 자본주의 사회도 결국 인간에 대한 어떤 믿음을 바탕으로 세워진 인공의 구성물이다.

그런데 안타깝게도 현대사회의 주요 학문들은 개인의 이기성과 독립성을 사회의 기본 원리로 보아왔다. 경제학은 각자의 이익 추구가 사회를 작동시킨다고 설명했고, 정치철학은 인간을 자기 보존 욕구가 가장 강한 존재로 이해했다. 이러한 사유는 인간을 본래 각자도생하는 존재로 여기는 관점을 강화해 왔다. 이 시각은 학문에 머무르지 않고 사회제도와 정책의 기본 논리로 굳어졌다. 후기 산업사회는 이를 충실히 따르며, 개인에게 최대한의 선택과 책임을 부여하는 방향으로 진화해 왔다. 이 과정에서 상호의존성은 부차적인 속성으로 밀려났다. 그리고 그 끝에서 혼자 살아가는 삶은 자율적 선택으로 포장된 사회적 필연이 되었다.

돌봄 윤리학자 에바 키테이는 인간의 상호의존성을 다시 사회의 중심에 놓아야 한다고 주장한다. 좋은 사회를 만들려면 인간은 서로에게 의존할 수밖에 없다는 사실을 인정하는 것에서부터 출발해야 한다는 것이다. 이를 인정하지 않는 사회는, 의존성이 발견되는 사람들을 낙오자로 낙인찍는다. 의존하는 인간을 인정하지 않는 사회는, 곧 인간의 인간다움을 외면하는 사회다. 그것은 서로를 살리는 사회라기보다 생존을 각자에게 맡기는 정글에 가깝다. 개인의 독립을 과잉 신화화한 사회에서, 상호의존적인 인간은 오랫동안 자신의 본성을 억누르며 살아간다. 그리고 이러한 보이지 않는 억압은 결국 개인의 몸과 정신에 누적되어, 만성질환과 우울의 형태로 되돌아온다.

그렇다면 이 혼자의 시대에 드리운 그림자는 앞으로도 계속 짙어지기만 할 것인가? 그렇지 않을 수 있다. 휴머노이드 로봇이나 인공지능과 같이 급속도로 발전하는 과학기술이 개인화된 사회의 공백을 메워주거나, 결혼 제도 바깥의 다양한 관계가 점차 사회적으로 인정되면서 언젠가는 새로운 균형에 도달할 수 있다. 하지만 이 자율 조정에 대한 믿음이 간과한 것이 하나 있다. 바로 시간이다. 사회가 새로운 균형점을 찾아가는 그 '사이의 시간' 동안, 누군가는 어마어마한 고통을 감내해야 한다. 1930년대 대공황 시기에 전 세계가 그러했고, 1997년 IMF 외환위기 때의 우리나라가 그랬다. 결국 시스템은 또 다른 균형을 찾았다지만, 그 사이를 살았던 수많은 사람의 삶은 돌이킬 수 없는 내상을 입었다. 일자리를 잃고, 집을 잃고, 관계를 잃었다. 심지어 새롭게 도달한 균형점이 정말 인간을 위한 시스템인지도 의심스럽다. 현재를 사는 청년 세대들은 그때 도입된 노동시장의 유연화 방침에 자신의 노동력을 비정형, 프리랜서, 파트타임과 같은 모습으로 깎아가며 맞추고 있다.

나는 지금의 1인가구 역시 비슷한 과도기 위에 서 있다고 생각한다. 후기 산업사회가 삶의 형태를 이미 바꾸어놓았지만, 이를 받쳐주어야 할 제도는 여전히 과거에 머물러 있다. 이 지체된 불균형의 시간 사이에서 많은 사람이 조용히, 이유도 명확히 모른 채 다치고 있다. 주말이면 빨래방의 창가에 앉아 멍하니 행인들을 구경하는 39세 프리랜서, 외롭지만 이제 사람과 관계를 맺는 것 자체가 너무나 어렵다는 41세 직장인, 대화할 상대가 없어 우울증을 앓았던 56세 수급자, 비좁은 원룸에서 살림을 할 에너지를 잃어버린 35세 메이크업 아티스트, 돈이 있어도 요리할 여력이 없어 배달 음식을 시켜 먹는 53세 사업가, 죽은 후 장례를 치러줄 사람을 물색하던 50세 대학교수. 이들은 모두 이 '사이의 시간'을 걷고 있는 사람들이다. 내가 그렇듯 말이다.

동물행동학자 최재천 교수는 결혼과 출산을 하지 않고 혼자 사는 세태를 환경이 척박할 때 번식을 멈추는 동물들의 본능에 빗대어 설명한다. 생존이 위협받는 위기 상황에서의 자연스러운 적응 방식이라는 그의 진단은 매우 설득력 있게 다가온다. 하지만 사회과학자인 나는 그 생물학적 반응을 인간의 숙명으로 수용하는 데서 멈추고 싶지는 않다. 인류는 적자생존의 정글을 그대로 받아들이고 이에 단순히 적응만 하며 살아온 존재는 아니기 때문이다. 우리는 오히려 이 정글의 법칙에 저항해 서로를 돌보는 시스템을 구축하며, 문화적 진화를 일궈왔다. 무엇보다 지금의 신자유주의 체제는 우리가 도저히 거스를 수 없는 거대한 자연도 아니다. 인간이 만들었고 그래서 개선할 수 있고 개선해야 하는 인공의 사회 구성물이다.

그래서 지금 우리에게 필요한 것은 적응이 아니라 수정이다. 세계 대공황으로 방임된 자유시장의 한계가 드러나자 여러 나라들이 수정자본주의를 표방하며 복지국가를 일궈냈다. 나는 오늘날에도 이런 노력이 필요하다고 생각한다. 개개인이 위기에 적응하려 애쓰는 것을 넘어, 사회를 조금 더 나은 방향으로 고쳐가려는 노력 말이다. 혼자의 시대가 고립의 시대로 귀결되지 않으려면, 결혼이라는 전통적인 틀 바깥에서도 사람들이 안전하게 서로를 돌볼 수 있는 사회안전망이 필요하다. 시장의 논리와 가족의 논리 사이를 가로지르는 새로운 공동체의 길이 놓여야 한다. 각 장의 끝에 덧붙인 사례들은 바로 그 길을 향한 걸음들이다. 이러한 걸음들이 모여 길이 될 때, 비로소 우리는 혼자의 시대를 지나 연결의 시대로 나아갈 수 있다고 믿는다.

끝으로 이 책이 지어진 과정에 대해 이야기하고 싶다. 이 책은 '김수영 지음'으로 출판되는 것이 민망할 정도로 많은 이들의 손길을 거쳐 완성되었다.

무엇보다 수년간 이어진 Alone 프로젝트를 위해 자신의 내밀한 일상을 내어준 인터뷰 참여자들께 무한한 감사의 마음을 전하고 싶다. 내가 1인가구라는 정체성을 마주하기 꺼렸듯이, 이들도 자신의 사적인 경험을 꺼내놓기가 쉬운 일은 아니었을 것이다. 하지만 그들이 기꺼이 건네준 이야기의 실타래 덕분에 비로소 혼자의 시대에 필요한 공동의 지도를 그려낼 수 있었다. "돈밖에 가진 게 없다"

는 진모 씨의 솔직한 고백을 통해 혼자 사는 삶의 어디에 위험한 웅덩이가 있는지 표시할 수 있었다. "나는 어떤 사람이고, 어떤 의미가 있는지"를 사회에서 인정 받는 게 중요하다는 희영 씨의 안내 덕분에, 혼자들이 쉬어 갈 오아시스는 어떤 모습이어야 할지 구상할 수 있었다. 그들의 목소리를 더 촘촘히 담아내지 못한 아쉬움은 오롯이 연구자인 나의 한계로 남겨둔다.

또한, 함께 연구를 수행해 준 제자들도 고마운 이들이다. 논문을 쓰기 위해 방대한 연구 자료들을 모으고, 머리를 맞대며 고민하던 순간순간들을 잊지 못할 것이다. 주옥, 명주, 연수, 다연, 수빈, 하늬, 준혁, 혜림, 종연, 영민, 송이. 이들이 없었다면 나 혼자서는 결코 이 Alone 프로젝트라는 대장정을 이어갈 수 없었다.

이 책이 본격적으로 빚어지는 모든 순간에는 김한솔 편집자님의 세심한 손길이 머물렀다. 조용히 학술논문만 써오던 내게 어느 날 대중서 출판을 권하는 그녀의 메일 한 통이 도착했다. 그 조심스럽고도 다정한 제안이 아니었다면, 이 책은 세상 밖으로 나오지 못했을 것이다. 딱딱한 학술 언어에 갇혀 있던 나의 사유가 살아 숨쉬는 문장으로 변모할 수 있었던 것은 오롯이 편집자님의 감각과 헌신 덕분이다. 마치 실력 있는 PD가 투박한 대본을 생생한 영상으로 탈바꿈시키듯, 편집자님은 내 글에 생기를 불어넣어 주었다. 글쓰기의 시작부터 끝까지 이토록 신실한 동행을 만난 것은 저자로서 누린 커다란 행운이었다.

더불어 이 책의 출판을 지원해주신 다산북스 대표님, 원고를 미리 읽고 귀한 의견을 주신 다른 편집자들, 글의 결을 살려 책을 아름답게 꾸며주신 디자이너님, 꼼꼼하게 교정교열을 봐주신 전문가들, 이 책을 세상에 알리기 위해 애써주실 마케터들, 인쇄와 유통을 담당해주실 모든 분들께도 감사의 인사를 전한다. 한 권의 책이 독자의 손에 닿기까지 얼마나 많은 수고가 필요한지를, 이번에 다시 한번 절감한다.

마지막으로 이 책이 혼자만의 독백으로 끝나지 않도록 지금 바로 이 문장까지 읽어준 독자 여러분께도 감사드린다. 당신이 이 책을 펼쳐주었기에, 혼자들의 이야기가 세상 밖으로 흘러나올 수 있었다.

맺음말을 쓰고 있는 오늘은 2026년 새해 첫날이다. 이 문단을 마치면, 원고를 쓰느라 그간 연락이 뜸했던 친구들에게 안부 전화를 해볼 참이다. 그렇게 나는 연결의 방향으로 소소한 한 걸음을 옮긴다.

이 책에 등장하는 사람들

표1. 2장 「나를 갈아 만든 일」, 3장 「나를 수리하는 여가」 인터뷰 참여자

「1인가구의 생산 재생산 활동에 대한 사례분석」(2022)

가명	나이	성별	직업	월 소득	일한 기간	혼자 산 기간
최세현	30세	남	회계사	650	4년	1.5년
박선주	33세	여	프리랜서 패션 디자이너	350	9년	9년
이서연	26세	여	프리랜서 데이터 분석가	200	0.5년	7년
권은성	39세	여	과외교사	350	12년	10년
서경수	41세	남	IT 기업 디자이너	700	12년	20년
구현지	41세	여	외국계 식음료 기업 직원	500	13년	4년
지호준	39세	남	1인 디자인 기업 대표	500	7.5년	20년
엄민아	43세	여	외국계 자동차 기업 직원	500	9년	23년
유희영	42세	여	대기업 부장	800	16년	22년
허가은	42세	여	방송국 PD	550	17년	15년
공하은	29세	여	교구회사 직원	220	3년	8년
박현준	30세	남	과외교사	350	6년	8년
성지나	30세	여	노무사	400	3년	5년
이건우	30세	남	시민단체 실무자	210	3년	1년
정병수	47세	남	의료기기 판매 기업 직원	330	21년	15년
조의진	26세	남	프리랜서 디자이너	100	2년	5년
김아리	29세	여	독립영화 감독	170	5년	10년
윤수빈	27세	여	화장품 판매 기업 직원	250	3년	3년
강진모	53세	남	중소기업 대표	750	25년	25년
임혜수	49세	여	고위공무원	750	23년	14년
곽형준	38세	남	자영업자/프리랜서 영상제작자	0	12년	17년

표2. 4장 「돈 많은 1인가구, 과연 행복할까?」 인터뷰 참여자

「부르디외의 다차원적 자본 관점으로 바라본 1인가구」(2022)

가명	나이	성별	직업	혼자 산 기간
정영철	47세	남	회계사	20년
김민석	56세	남	무직(수급자)	25년
강현욱	52세	남	무직(수급자)	40년
장희수	27세	여	사회복지사	9년
신지영	42세	여	기간제 교사	17년
백승민	42세	남	일용직(방송촬영보조, 대리운전기사)	24년
정고운	29세	여	석사급 연구원	3년
민영숙	45세	여	자활근로자	3년
윤태환	51세	남	자활근로자	23년
조기태	57세	남	자활근로자	40년
이재혁	40세	남	지방 공무원	10년
진아련	34세	여	자활근로자	5년
권익창	55세	남	자활근로자	15년
노정호	33세	남	스타트업 직원, 유튜버	4년
문도영	29세	남	스타트업 대표	5년
송나영	35세	여	메이크업 아티스트	1년
고정민	30세	남	정신건강 사회복지사	5년
한상준	27세	남	택시 기사	3년
유희영	42세	여	대기업 부장	22년
서경수	41세	남	IT 기업 디자이너	21년
임혜수	49세	여	고위공무원	15년
강진모	53세	남	중소기업 대표	26년

표3. 5장 「왜 셰프도 혼자 살면 라면만 먹을까?」 6장 「혼자 하는 살림의 경제학」 인터뷰 참여자

「1인가구는 왜 혼자서 살림하기 어려울까」(2025)

	가명 및 기호	성별	나이	월 소득	직업	주거상태	혼자 산 기간
저소득층	백승민1_저	남	42세	50	일용직	월세(고시원)	24년
	김민석2_저	남	56세	55	무직(수급)	월세(반지하원룸)	25년
	강현욱3_저	남	52세	60	무직(수급)	SH임대(반지하투룸)	40년
	권익창4_저	남	56세	100	자활근로자	월세(원룸)	15년
	조기태5_저	남	57세	100	자활근로자	LH임대(지하투룸)	40년
	윤태환6_저	남	51세	100	자활근로자	LH임대(오피스텔)	23년
	진아련7_저	여	34세	110	자활근로자	월세(단칸방)	5년
	민영숙8_저	여	47세	115	자활근로자	월세(원룸)	3년
	김산호9_중	남	27세	150	과외교사/대학원생	월세(원룸)	3년
	송나영10_중	여	35세	150	메이크업 아티스트	월세(원룸)	1년
	김아리11_중	여	29세	170	독립영화 감독	LH임대(투룸)	10년
	서효주12_중	여	26세	200	중소기업 직원	월세(하숙)	7년
	장희수13_중	여	27세	200	사회복지사	월세(오피스텔)	9년
	정고운14_중	여	29세	200	석사급 연구원	월세(하숙)	3년
	이건우15_중	남	30세	210	시민단체 실무자	청년주택(원룸)	1년
중소득층	고정민16_중	남	30세	250	정신건강 사회복지사	전세(원룸)	5년
	노정호17_중	남	33세	300	스타트업 직원	월세(원룸)	4년
	박은택18_중	남	47세	330	중소기업 직원	전세(투룸)	15년
	조윤지19_중	여	33세	350	프리랜서 디자이너	월세(1.5룸)	9년
	박현준20_중	남	30세	350	과외교사	월세(원룸)	8년
	권은성21_중	여	39세	350	과외교사	월세(원룸)	10년
	신지영22_중	여	42세	350	기간제 교사	월세(1.5룸)	17년
	성지나23_중	여	30세	400	노무사	월세(투룸)	5년
고소득층	문도영24_고	남	29세	500	스타트업 대표	자가(투룸)	5년
	홍수경25_고	여	50세	600	대학교수	자가(아파트)	20년
	최세현26_고	남	30세	650	회계사	전세(원룸)	4년
	유성재27_고	남	41세	700	대기업 팀장	전세(투룸)	20년
	전현국28_고	남	47세	700	박사급 연구원	자가(아파트)	20년

고소득층	지호준29_고	남	39세	700	1인 디자인 기업 대표	전세(투룸)	20년
	강진모30_고	남	53세	750	중소기업 대표	월세(원룸), 빌딩 소유	25년
	임혜수31_고	여	49세	750	고위공무원	자가(아파트)	14년
	유희영32_고	여	42세	800	대기업 부장	자가(아파트)	22년

표4. 7장 「아낌없이 주는 나무의 생애」 인터뷰 참여자

「1인가구는 1인가족인가 – 비혼 1인가구의 비가족적 이미지에 대한 비판적 고찰」(2024)

가명	성별	나이	직업	혼인 상태	월 소득	학력	주거상태
이송주	여	25세	게임회사 직원	미혼	250	대졸	월세(다세대빌라)
강범철	남	33세	모바일앱 회사 직원	미혼	250	대졸	전세(다세대빌라)
안희은	여	36세	IT 기업 사무직 직원	미혼	350	대졸	전세(오피스텔형)
김호영	남	29세	외국계 해양운송 회사 직원	미혼	400	대학원졸	월세(연립)
유숙희	여	61세	자영업	미혼	200	고졸	자가(단독주택)
최혜진	여	45세	운수회사 직원	미혼	450	대졸	전세(아파트)
장영애	여	41세	온라인 쇼핑몰 직원	미혼	400	대졸	월세(다세대 빌라)
손진석	남	69세	무직(수급자)	미혼	52	대졸	월세(옥탑방)
권익창	남	56세	구직 중(수급자)	미혼	55	고졸	월세(반지하원룸)
민영숙	여	45세	자활근로자	미혼	115	고졸	월세(원룸)
박선미	여	44세	중소기업 사무직 직원	미혼	350	대졸	전세(다세대빌라)
오준민	남	55세	사립학교 교직원	미혼	450	대졸	전세(연립)

표5. 8장 「마무리가 있는 인생」 인터뷰 참여자

「관계적 맥락에서 바라본 1인가구의 고독사」(미발표 논문)

이름	성별	연령	직업	혼자 산 기간
전현국	남	47세	박사급 연구원	20년
김아리	여	29세	독립영화 감독	10년

김민석	남	57세	무직(수급자)	25년
강현욱	남	52세	무직(수급자)	30년 이상
장희수	여	27세	사회복지사	9년
신지영	여	42세	기간제 교사	17년
백승민	남	42세	프리랜서 촬영기사	24년
정고운	여	29세	연구원	3년
민영숙	여	45세	자활근로자	3년
윤태환	남	51세	자활근로자	23년
조기태	남	58세	자활근로자	30년 이상
이재혁	남	40세	지방공무원	10년 이상
진아련	여	34세	자활근로자	5년
권익창	남	56세	자활근로자	15년
노정호	남	33세	스타트업 직원	5년 미만
문도영	남	29세	스타트업 대표	5년
송나영	여	35세	메이크업 아티스트	1년
고정민	남	30세	정신건강 사회복지사	5년 이상
한상준	남	27세	택시 기사	3년
유희영	여	42세	대기업 부장	22년
홍수경	여	50세	대학교수	10년 이상
지호준	남	39세	1인 디자인 기업 대표	20년

1장. 가보지 않은 길

1 2025년 8월 행정안전부는 한국의 1인가구를 1012만 가구로, 같은 해 12월 국가데이터처는 804만 가구로 발표했다. 이는 측정 기준 때문에 발생하는 차이이다. 행정안전부는 주민등록상의 세대를, 국가데이터처는 다양한 정부 행정자료를 병합하는 등록센서스와 5년마다 직접 방문하는 인구주택총조사를 바탕으로 실거주 가구를 파악한다.

2 European Commission. (2019). *Household Composition Statistics: One-Person Households by Country*. Eurostat Database.

3 Our World in Data. (n.d.). Percentage of one-person households, 1960 to 2018. Our World in Data. https://ourworldindata.org/social-connections-and-loneliness

4 국가데이터처. (2025). 「2025 통계로 보는 1인가구」.

5 안현찬, 김승연, 변금선, 김성아, 남원석, 박은숙, 최현임, 박민진, 문진영, 박지선. (2022). 「서울시 1인가구 실태조사 및 제도개선 연구용역」. 서울연구원.

6 장진희, 김영정, 김혜영, 장명선, 이인휘. (2017). 「서울 거주 1인 가구 실태조사 및 기본 계획 수립 연구 용역」. 서울시여성가족재단.

7 안현찬 외(2022), 앞의 글.

8 국가데이터처(2025), 앞의 글.

9 김윤주, 강재구, 김혜윤, 서혜미. (2019. 8. 5.). 「"결혼하면 죽을 때까지 노예" 여성 50명 중 20명 비혼 결심」. 《한겨레》. https://www.hani.co.kr/arti/society/society_general/920073.html

10 박종경. (2019. 11. 1.). 「결혼행복지표 vs 결혼기대지표: 동시대에서 바라보는 결혼의 기대와 현실」. 『한국리서치』. https://hrcopinion.co.kr/archives/14439

11 김연수. (2025). 「청년은 왜 결혼을 기피하는가?」 [석사학위논문, 서울대학교].

12 통계청. (2024. 10. 30.). 「인구위기 대응 정책 지원을 위한 통계 제공 확대」 [보도자료].

13 통계청. (2024). 「인구동향조사: 시도별 평균초혼연령」. 국가데이터처 국가통계포털(KOSIS). https://kosis.kr/statHtml/statHtml.do?orgId=101&tblId=DT_1B83A05&conn_path=I2

14 정연욱. (2025. 8. 27.). 「'1인 가구' 천만 돌파…혼자 사는 게 대세?」. 「KBS 뉴스」. https://news.kbs.co.kr/news/view.do?ncd=8341793

15 안현찬 외(2022), 앞의 글.

16 안현찬 외(2022), 앞의 글.
17 여성가족부. (2024. 4. 17.).「2023년 가족실태조사」 결과 [보도자료].
18 강나연, 정복미. (2019).「1인가구와 다인가구의 영양소섭취, 식행동 및 식품섭취빈도에 대한 차이분석」.『대한지역사회영양학회지』, 24(1), 1-17.
19 안현찬 외(2022), 앞의 글.
20 Gan, T., Yang, J., Jiang, L., & Gao, Y. (2023). Living alone and cardiovascular outcomes: a meta-analysis of 11 cohort studies. Psychology, *Health & Medicine*, 28(3), 719-731.
21 김문길, 김태완, 오미애, 박형존, 신재동, 정희선, 이주미, 이병재, 박나영, 이봉주, 김태성, 안상훈, 박정민, 이상록, 정원오, 이서윤, 김화선, 함선유. (2016).「2016년 한국복지패널 기초분석 보고서」. 한국보건사회연구원.
22 김수환, 김유리, 김건우, 김광현. (2017).「제6기 국민건강영양조사 결과를 바탕으로 한 30세 이상 1인가구 성인의 건강행태」.『대한가정의학회지』, 7(3), 330-336.
23 강은나, 이민홍. (2016).「우리나라 세대별 1인가구 현황과 정책과제」.『보건복지포럼』, 234, 47-56.
24 Bell, D. (1973). *The coming of post industrial society.* Harper.
25 Lesthaeghe, R. & van de Kaa, D. J. (1986). Twee demografische transities? In D. J. van de Kaa & R. Lesthaeghe (Eds.), *Groei of Krimp?*(pp. 9 – 24). Van Loghum Slaterus.
26 Ochiai, E. (2014). Introduction: Reconstruction of Intimate and Public Spheres in Asian Modernity. In E. Ochiai & L. A. Hosoya (Eds.), *Transformation of the Intimate and the Public in Asian Modernity*. Leiden: BRILL. p. 1 – 36
27 OECD. (2024). OECD Family Database: SF2.4 Share of births outside of marriage. https://www.oecd.org/els/family/database.htm
28 Bloch, E. (1991). *Heritage of Our Times*(N. Plaice & S. Plaice, Trans.). Polity Press. (Original work published 1935)

2장. 나를 갈아 만든 일

1 Pfau-Effinger, B. (2004). Socio-historical paths of the male breadwinner model: An explanation of cross-national differences. *The British Journal of Sociology*, 55(3), 377-399.
2 행정안전부. (2025).「2025년 행정안전통계연보」.
3 국가데이터처(2025), 앞의 글.
4 Beck, U. (2000). *The Brave New World of Work*. Polity Press.
5 Guichard, J. (2009). Self-constructing. *Journal of Vocational Behavior*, 75(3), 251-258.

6 Giddens, A. (2010). 『현대성과 자아정체성』 [*Modernity and Self-Identity: Self and Society in the Late Modern Age*] (권기돈 역). 새물결. (원서 출판 1991)

7 고용노동부, 한국고용정보원. (2024). 「'24년 상반기 청년층 대상 채용동향조사」.

8 Beck, U. (1997). 『위험사회』 [*Risk Society: Towards a New Modernity*] (홍성태 역). 새물결. (원서 출판 1992)

9 통계청. (2024). 「통근 근로자 이동특성 실험적통계 작성결과」 [보도자료].

10 Wilkinson, K., Tomlinson, J. & Gardiner, J. (2017). Exploring the work-life challenges and dilemmas faced by managers and professionals who live alone. *Work, Employment and Society*, 31(4), 640-656.

11 Rose, N. (1998). *Inventing Our Selves: Psychology, Power, and Personhood*. Cambridge University Press.

12 Goldin. C. (2021).『커리어 그리고 가정 : 평등을 향한 여성들의 기나긴 여정』 [*Career and family : women's century-long journey toward equity*] (김승진 역). 생각의힘. (원서 출판 2021)

13 국가데이터처(2025), 앞의 글.

14 한병철. (2012). 『피로사회』 [*Müdigkeitsgesellschaft*] (김태환 역). 문학과지성사. (원서 출판 2010)

15 노정연. (2008. 3. 1.). 「방송을 만드는 사람들, 한국의 젊은 여성 PD 3인방」. 『레이디경향』. https://lady.khan.co.kr/issue/article/10718/?pt=nv&ref=naver

16 Beck, U. & Beck-Gernsheim, E. (2002). *Individualization: Institutionalized Individualism and Its Social and Political Consequences*. Sage Publications.

17 Thomas, M. (2016). The impact of mandated maternity benefits on the gender differential in promotions: Examining the role of adverse selection [Working Paper].

18 최문빈, 권철우, 전봉걸. (2024). 「기업의 모성보호제도가 여성고용에 미치는 영향」. 『시장경제연구』, 53(2), 101-133.

19 임기준. (2023. 11. 25.). 「유니코써치, 2023년 100大 기업 여성임원 현황 조사」. 『우먼컨슈머』. https://www.womancs.co.kr/news/articleView.html?idxno=87745

20 Bauman, Z. (2009). 『액체 근대』 [*Liquid Modernity*] (이일수 역). 강. (원서 출판 2000)

21 Foucault, M. (1991). Governmentality. In G. Burchell, C. Gordon & P. Miller (Eds.), *The Foucault Effect: Studies in Governmentality*. University of Chicago Press.

3장. 나를 수리하는 여가

1 안현찬 외(2022), 앞의 글.

2 국가데이터처(2025), 앞의 글.

3 문화체육관광부. (2024). 「2024 국민여가활동조사」.

4 Gilligan, C. (2013). *The ethic of care* (Monographs of the Víctor Grífols i Lucas Foundation, No. 30). Fundació Víctor Grífols i Lucas.

5 Bauman(2000), 앞의 글.

6 엠브레인 트렌드모니터. (2022. 4. 29.). 「"자기계발 필수 시대" 현대인, 재능 공유 플랫폼으로 몰린다」. https://www.trendmonitor.co.kr/tmweb/trend/allTrend/detail.do?bIdx=2366&code=0405&trendType=CKOREA

7 교육의 봄. (2024. 6. 25.). 「2024년 국내 매출액 1000대 기업 입사지원서 분석을 통한 과잉 스펙 실태 발표」 [기자회견문].

8 Illous, E. (2010). 『감정 자본주의』 [*Cold Intimacies*] (김정아 역). 돌베개. (원서 출판 2007)

9 Beck(2000), 앞의 글.

10 문화체육관광부(2024), 앞의 글.

11 한병철(2012), 앞의 글.

12 Bauman, Z. (2019). 『고독을 잃어버린 시간: 유동하는 근대 세계에서 띄우는 편지』 [*44 Letters from the Liquid Modern World*] (오윤성 역). 동녘. (원서 출판 2010)

13 Beck, U. & Beck-Gernsheim, E. (1999). 『사랑은 지독한 혼란』 [*The Normal Chaos of Love*] (강수영 외 역). 새물결. (원서 출판 1995)

14 Hochschild, A. R. (2003). *The Commercialization of Intimate Life: Notes from Home and Work*. University of California Press.

15 통계청. (2021. 12. 8.). 「2021 통계로 보는 1인 가구」 [보도자료].

16 장진희 외(2017), 앞의 글.

17 Bauman, Z. (2013). 『방황하는 개인들의 사회』 [*The Individualized Society*] (홍지수 역). 봄아필. (원서 출판 2001)

18 Giddens, A. (2001). 『현대 사회의 성·사랑·에로티시즘: 친밀성의 구조변동』 [*The Transformation of Intimacy: Sexuality, Love, and Eroticism in Modern Societies*] (권기돈 역). 새물결. (원서 출판 1992)

19 Department for Digital, Culture, Media & Sport. (2018). *A Connected Society: A Strategy for Tackling Loneliness: Laying the Foundations for Change*. HM Government. https://www.gov.uk/government/publications/a-connected-society-a-strategy-for-tackling-loneliness

20 서울특별시. (2024). 「외로움 없는 서울」. 서울 정책 아카이브. https://www.seoul.go.kr/policy/view.do?id=1056&lan=KO

4장. 돈 많은 1인가구, 과연 행복할까?

1 Eakin, E. (2001. 1. 6.) The intellectual class struggle. *The New York Times*. https://www.nytimes.

com/2001/01/06/arts/the-intellectual-class-struggle.html

2 Bourdieu, P. (1986). The forms of capital (R. Nice, Trans.). In J. G. Richardson (Ed.), *Handbook of Theory and Research for the Sociology of Education* (pp. 241-258). Greenwood Press. (Original work published 1983)

3 Coleman, J. S. (1988). Social capital in the creation of human capital. *American Journal of Sociology*, 94(Suppl.), S95-S120.

4 Bourdieu, P. (2005). 『구별짓기』 [*La Distinction*] (최종철 역). 새물결. (원서 출판 1979)

5 Sennett, R. (2009). 『뉴캐피털리즘: 표류하는 개인과 소멸하는 열정』 [*The Culture of the New Capitalism*] (유병선 역). 위즈덤하우스. (원서 출판 2006)

6 Beck(1997), 앞의 글.

7 Sennett, R. (2010). 『장인: 현대문명이 잃어버린 생각하는 손』 [*The Craftsman*] (김홍식 역). 21세기북스. (원서 출판 2008)

8 Bourdieu(1986), 앞의 글.

9 Cooley, C. H. (2018). 『사회 조직의 이해』 [*Social Organization: A Study of the Larger Mind*] (정헌주 역). 한국문화사. (원서 출판 1909)

10 김성아, 박민진, 김정아. (2022). 「서울시 1인가구 외로움 · 사회적 고립 실태와 대응전략」. 서울연구원.

11 이화정·김소연·나종연. (2025). 「1인 근로자가구의 소득수준별 생활만족도 연구」. 『소비자정책교육연구』, 제21권 4호 p.77-103

12 Oldenburg, R. (2019). 『제3의 장소 The Great Good Place』 [*The Great Good Place: Cafes, Coffee Shops, Community Centers, General Stores, Bars, Hangouts, and How They Get You Through the Day*] (김보영 역). 풀빛. (원서 출판 1989)Oldenburg(2019), 앞의 글.

5장. 왜 셰프도 혼자 살면 라면만 먹을까?

1 윤고은. (2010). 『1인용 식탁』. 문학과지성사, 43쪽.

2 정세호. (2021). 「청년 1인가구를 위한 식생활교육 프로그램 개발 및 평가」 [박사학위논문, 고려대학교].

3 Hanna, K. L., and Collins, P. F. (2015). Relationship between living alone and food and nutrient intake, Nutrition Reviews, 73(9): 594-611.

4 Schoeppe, S., Vandelanotte, C., Rebar, A. L., Hayman, M., Duncan, M. J., and Alley, S. J. (2018). Do singles or couples live healthier lifestyles? Trends in Queensland between 2005-2014, *PloS One*, 13(2): e0192584.

5 곽정현, 최수빈, 주다정, 이민호, 백진경. (2021). 「국민건강영양조사(2013~2015년)를 이용한 가구유형에 따른 중장년층의 만성질환 위험요인 연관성 분석」. 『한국식품영양학회지』, 34(1), 88-95.
6 Reyes Uribe, A. C. (2019). "I go upstairs and eat in front of the television": The cooking and eating behaviors of Mexican older women living alone. *Journal of Cross-Cultural Gerontology*, 34(2), 171-186.
7 The Care Collective. (2021). 『돌봄 선언: 상호의존의 정치학』 [*The Care Manifesto: The Politics of Interdependence*] (정소영 역). 니케북스. (원서 출판 2020)
8 Kittay, E. F. (2016). 『돌봄: 사랑의 노동 - 여성, 평등, 그리고 의존에 관한 에세이』 [*Love's Labor: Essays on Women, Equality, and Dependency*] (김희강, 나상원 공역). 박영사. (원서 출판 1999)
9 Foucault, M. (2016). 『감시와 처벌: 감옥의 탄생』 [*Surveiller et punir: Naissance de la prison*] (오생근 역). 나남출판. (원서 출판 1975)
10 Levinas, E. (2018). 『전체성과 무한: 외재성에 대한 에세이』 [*Totality and Infinity: An Essay on Exteriority*] (손영창 역). 그린비. (원서 출판 1961)
11 Held, V. (2017). 『돌봄: 돌봄윤리 - 개인적, 정치적, 지구적』 [The Ethics of Care: Personal, Political, and Global] (김희강 역). 박영사. (원서 출판 2005)
12 Archer, M. S. (2003). *Structure, agency and the internal conversation*. Cambridge University Press.
13 Tronto, J. C. (1993). Moral Boundaries: A Political Argument for an Ethic of Care. Routledge.
14 연합뉴스. (2025. 3. 13.). 「금천구, 취업부터 독립 · 건강과 축제까지 청년의 생각과 목소리 담은 정책 추진」. https://www.yna.co.kr/view/RPR20250313002500353
15 스스로가구연구소. https://www.ssrogagu.com/

6장. 혼자 하는 살림의 경제학

1 장미혜. (2002). 「한국 사회에서 사회계급별 소비양식의 차이」. 『경제와 사회』, 53, 201-231.
2 장희경. (2014). 「20세 이상 성인 여성의 소득계층에 따른 영양상태 및 식습관 평가: 제4기 (2007~2009) 국민건강영양조사 자료를 이용하여」. 『한국식품영양학회지』, 27(4), 660-672.
3 박민진, 김성아. (2022). 「1인가구의 외로움과 사회적 고립 및 정신건강 문제의 특성과 유형: 서울시 1인가구를 중심으로」. 『한국보건사회연구』, 42(4), 127-141.
4 강나연, 정복미(2019), 앞의 글.
5 이신애, 황원경, 정승환. (2022). 「2022년 한국 1인가구 보고서: 한국 1인가구 새롭게 들여다보기」. KB금융지주 경영연구소.
6 국토교통부. (2024). 「2023년도 주거실태조사」.
7 Lefebvre, H. (2011). 『공간의 생산』 [*La Production de l'espace*] (양영란 역). 에코리브르. (원서 출판

1974)

8 국토교통부. (2024).「2023년도 주거실태조사」.

9 이희연, 노승철, 최은영. (2011). 1인 가구의 인구 · 경제 · 사회학적 특성에 따른 성장패턴과 공간분포.「대한지리학회지」, 46(4), 480-500.

10 통계청. (2024).「가계동향조사」.

11 Hanrahan, K. B. (2015). Living care-fully: The potential for an ethics of care in livelihoods approaches. *World Development*, 72, 381-393.

12 조필규. (2016).「1인 가구의 경제적 특성이 외식산업에 미치는 영향」.『대한지역사회영양학회지』, 21(4), 321-331.

13 한국농촌경제연구원. (2021).「2021년 가구의 가공식품 소비 지출 변화와 특징」.

14 Kim, S., Lee, K. & Lee, Y. (2018). Selection attributes of home meal replacement by food-related lifestyles of single-person households in South Korea. *Food Quality and Preference*, 66, 44-51.

15 윤성진, 이재춘, 박미선, 조윤지. (2025).「비친족가구의 증가에 따른 주거정책 개선 방향」. 국토연구원.

16 은서란. (2023).『친구를 입양했습니다: 피보다 진한 법적 가족 탄생기』. 위즈덤하우스.

7장. 아낌없이 주는 나무의 생애

1 Beck, U. & Beck-Gernsheim(2001), 앞의 글.

2 Bauman, Z. (2013).『리퀴드 러브』[*Liquid Love*] (권태우, 조형준 공역). 새물결. (원서 출판 2003)

3 Morgan, D. (2012).『가족의 탐구: 가족실행의 새로운 접근』[*Family Connections: an Introduction to Family Studies*] (안호용 역). 이학사. (원서 출판 1996)

4 Duvall, E. M. & Hill, R. (1948). Report of the committee on the dynamics of family interaction. Paper presented at the National Conference on Family Life, Washington, DC.

5 장경섭. (2023).『내일의 종언(終焉)?: 가족자유주의와 사회재생산 위기』. 집문당. / 장경섭. (2023).『압축적 근대성의 논리』(박홍경 역). 문학사상.

6 머니투데이. (2016. 5. 4.).「"조카는 예쁘나 애 낳기 싫은 조카바보들" 결혼정보회사 가연, '당신도 조카바보인가?' 설문조사 발표」.『머니투데이』. https://ubiz.mt.co.kr/articleView.html?no=2016050412077482064

7 지은숙. (2014).「부모를 돌보는 비혼 남성의 남성성: 일본의 젠더 질서와 가족 돌봄의 역학」.『한국여성학』, 30(4), 77-117.

8 Milardo, R. M. (2009). *The Forgotten Kin: Aunts and Uncles.* Cambridge University Press.

9 Bernardes, J. (1999). We must not define "the family"!. *Marriage & Family Review*, 28(3-4), 21-41.

10 Hamwey, M. K., Rolan, E. P., Jensen, A. C., & Whiteman, S. D. (2019). "Absence makes the heart grow fonder": A qualitative examination of sibling relationships during emerging adulthood. *Journal of Social and Personal Relationships*, 36(8), 2487-2506.

11 Finch, J. (2007). Displaying families. *Sociology*, 41(1), 65-81.

12 전성표. (2007).「부모 부양: 효도인가, 교환인가?」.『[KGSS] 가족, 정부 그리고 계층』(pp. 49-75). 삼성경제연구소.

13 한국경제. (2016. 9. 16.).「"골드 이모·골드 고모" 진화하는 조카바보」.《한국경제》. https://www.hankyung.com/article/201609138618g

14 김혜경. (2019).「가족구조에서 가족실행으로: '가족실천'과 '가족시연' 개념을 통한 가족연구의 대안 모색」.『한국사회학』, 53(3), 217-253.

8장. 마무리가 있는 인생

1 보건복지부. (2024).「고독사 발생 실태조사」.

2 Mead, G. H. (2010).『정신·자아·사회』[*Mind, Self & Society: From the Standpoint of a Social Behaviorist*] (나은영 역). 한길사. (원서 출판 1934)

3 Kastenbaum, R. & Moreman, C. M. (2024). *Death, Society, and Human Experience*. Routledge.

4 안현찬 외(2022), 앞의 글 / 곽정현 외(2021), 앞의 글.

5 Portacolone, E. (2013). The notion of precariousness among older adults living alone in the US. *Journal of Aging Studies*, 27(2), 166-174.

6 Klinenberg, E. (2013).『고잉 솔로 싱글턴이 온다: 1인 가구 시대를 읽어라』[*Going Solo: The Extraordinary Rise and Surprising Appeal of Living Alone*] (안진이 역). 더퀘스트. (원서 출판 2013)

7 국가데이터처(2025), 앞의 글.

8 Johnson, S. (2023. 11. 16.). WHO declares loneliness a 'global public health concern'. *The Guardian*. https://www.theguardian.com/global-development/2023/nov/16/who-declares-loneliness-a-global-public-health-concern

9 Massachusetts General Hospital. (2020. 8. 14.). Study of more than 100 modifiable factors for depression identifies social connection as the strongest protective factor [Press Release]. https://www.massgeneral.org/news/press-release/study-of-more-than-100-modifiable-factors-for-depression-identifies-social-connection-as-the-strongest-protective-factor

10 강은나, 이민홍(2016), 앞의 글.

11 Patterson, O. (2025).『노예제와 사회적 죽음』[*Slavery and Social Death: A Comparative Study*] (김혁, 류상윤 공역). 이학사. (원서 출판 2018)

12 Giddens(1991), 앞의 글.

13 Campbell, D. (2004). Horrific blindness: Images of death in contemporary media. *Journal for Cultural Research*, 8(1), 55-74.

14 길태영. (2019). 「한국노인의 좋은 죽음에 대한 인식: 질적 해석적 메타통합의 적용」. 『노인복지연구』, 74(2), 193-218.

15 Fraser, N., & Honneth, A. (2014). 『분배냐, 인정이냐?: 정치철학적 논쟁』 [*Umverteilung oder Anerkennung? Eine politisch-philosophische Kontroverse*] (김원식 · 문성훈 역). 사월의책. (원서 출판 2003)

16 Beveridge, W. (1942). *Social Insurance and Allied Services (Beveridge Report)* (Cmd. 6404). His Majesty's Stationery Office.

필연적 혼자의 시대

초판 1쇄 발행 2026년 1월 26일
초판 2쇄 발행 2026년 2월 19일

지은이 김수영
펴낸이 김선식

부사장 김은영
콘텐츠사업본부장 임보윤
책임기획 김한솔 **디자인** 권예진 **책임마케터** 최민경
콘텐츠사업3팀장 이승환 **콘텐츠사업3팀** 김한솔, 권예진, 이가현
마케팅사업1팀 이고은, 지석배, 최민경, 김은지 **홍보1팀** 김민정, 홍수경, 변승주
브랜드사업본부 정명찬
브랜드홍보팀 오수미, 서가을, 박장미, 박주현 **영상홍보팀** 이수인, 염아라, 이지연, 노경은
저작권팀 성민경, 이슬 **편집관리팀** 조세현, 김호주, 백설희
재무관리팀 하미선, 임혜정, 이슬기, 김주영, 오지수
인사총무팀 강미숙, 김재경, 김혜진, 김주림, 황종원
제작관리팀 이소현, 김소영, 유미애, 이지우, 이승협
물류관리팀 김형기, 김선진, 주정훈, 양문현, 채원석, 박재연, 이준희, 최대식
외부스태프 사진 오주헌

펴낸곳 다산북스 **출판등록** 2005년 12월 23일 제313-2005-00277호
주소 경기도 파주시 회동길 490
전화 02-704-1724 **팩스** 02-703-2219 **이메일** dasanbooks@dasanbooks.com
홈페이지 www.dasan.group **블로그** blog.naver.com/dasan_books
종이 스마일몬스터 **인쇄** 상지사 **후가공** 평창피앤지 **제본** 상지사

ISBN 979-11-306-7462-9 (03300)